THE
LUGANO
REPORT

수전 조지 지음 _ 이대훈 옮김

21세기 자본주의의 유지 방안

루가노 리포트 21세기 자본주의의 유지 방안

지은이_ 수전 조지
옮긴이_ 이대훈
펴낸이_ 박미옥
펴낸곳_ 도서출판 당대

제1판 제1쇄 인쇄_ 2006년 8월 1일
제1판 제1쇄 발행_ 2006년 8월 7일

등록_ 1995년 4월 21일(제10-1149호)
주소_ 서울시 마포구 서교동 395-99 402호
전화_ 323-1315~6
팩스_ 323-1317
e-mail_ dangbi@chol.com

ISBN_ 89-8163-133-6

차례

위임위원회가 특별연구팀에 보내는 편지

수신: 특별연구팀

발신: 위임위원회

발신일: 1996년 10월 15일

친애하는 여러분,

우리 위임위원회의 제의를 흔쾌히 수락한 데 대해 심심한 감사의 말을 드립니다.

이미 숙지하고 있겠지만, 이 과업은 앞으로 한 해 동안 여러분의 절대적인 관심과 전폭적인 활동을 필요로 합니다. 위임위원회는 1997년 11월 말까지 여러분의 연구보고서가 제출될 수 있을 것으로 기대하겠습니다.

보고서는 위임위원회에서만 회람될 것입니다. 그리고 보고서의 내용과 연구위탁 자체가 위임위원회를 벗어나서 논의되거나 거론되는 일은 없을 것입니다. 따라서 위임위원회는 여러분 또한 연구를 수행할 때나 상호 의견교환을 할 때, 이 점을 명심하고 신중하게 행동해 줄 것을 기대합니다.

여러분의 임무는 자유주의 경제와 시장자유 경제 그리고 이를 가장 잘 집대성한 과정, 즉 '세계화'의 범위를 유지 · 발전 · 심화시켜 나갈 수 있는 지침을 제시하는 것입니다. 여러분은 한 치의 가감 없이 있는 그대로 솔직하게 의견을 피력해야 할 것입니다. 나아가 이와 같은 제안들이 현실적으로 힘을 발휘하리라는 것을 굳게 믿으십시오. 위임위원회의 재량 아래, 여러분이 제시한 의견 및 결론은 국가 수뇌부를 비롯하여 국가 안보기관 그리고 기업계 및 금융계의 지도자들과 공유할 수도 있습니다.

여러분 모두를 개별적으로 접촉하였던 미스터 '용담'은 앞으로도 계속 여러분과 위임위원회의 교량 역할을 담당하게 될 것입니다. 구체적으로 미스터 용담은 여러분에게 연구위탁의 조건 및 범위 등 계약사항에 관하여 보다 자세하게 알려주고, 위임위원회의 신원과 관련된 사항을 제외하고는 여러분이 제기할 수 있는 일체의 문제들에 대해 답변해 주는 등 실무를 처리해 나갈 것입니다.

위임위원회는 특별연구팀이 여러 학문분야에서 상당한 연구업적을 내고 있는 뛰어난 사람들로 구성되어 있으며 구성원 모두가 확고한 신념과 투철한 헌신성에 있어서 타의추종을 불허함을 확신합니다. 따라서 실로 중차대한 이 과업에 임하여 이론뿐 아니라 실용적인 면에서도 걸출함을 겸비한 성과를 낼 것임을 믿어 마지않습니다.

여러분의 건투를 빕니다.

연구보고 제출서

답신: 리포트를 제출합니다

1997년 11월 28일

수신: 위임위원회

위임위원회는 세계경제와 자유시장 체제의 미래에 관해 연구하고 그 결과를 제출할 것을 요청하였습니다. 이에 본 특별연구팀은 연구결과를 알려드리기 위해 리포트를 첨부합니다. 특별연구팀은 1996년 11월부터 1997년 11월까지, 위임위원회가 지정하신 1년 내에 과업을 완수하였습니다.

비록 이런 말씀을 드리는 것이 적절한 처신이 아닐 수 있겠습니다만, 특별연구팀은 위임위원회에 최대의 경의를 표하는 바입니다.

특별연구팀이 위임위원회의 부름을 받았던 지난 1년간은 디킨스의 말을 차용해서 표현드리면 "최고의 시기이면서 동시에 최악의 시기"였습니다. 한편으로는 눈부신 경제적 팽창과 시장의 흡인력을 선명하게 확인하였지만, 또 한편으로는 위기와 비상사태의 징후들을 감지할 수 있었던 한 해였습니다. 아마 세계화의 우수성이 이토록 빠른 속도로 이토록 광범위하게 파급된 적은 일찍이 없었을 것입니다. 더불어 그 위험성이 이토록 분명하게 드러난 것 역시 유례가 없을 것입니다.

물심양면으로 특별연구팀에게 연구의 장을 배려해 주신 위임위원회는, 그럼에도 불구하고 긍정적인 징후와 경고의 신호 그 너머를 내다보기로 결정하였습니다. 그리고 다음과 같은 점을 요구하고 지시하였습니다. 어느 한쪽으로 편향됨 없이 객관성을 유지할 것, 통념적인 지식을 거부할 것, 일체의 개인적인 감상을 배제할 것, 연구결과물에 대해 '공평성과 엄밀성'을 견지할 것 등입니다.

이와 같이 자유로운 연구 분위기는 흔치 않은 것도 사실이지만, 그만큼 막중한 책임이 뒤따름을 잘 알고 있습니다. 우리 특별연구팀은 이 같은 막중한 책임을 명예롭게 완수하였기를 바라 마지않습니다.

연구위임과 관련한 계약사항에 따르면, 이 리포트는 기밀을 유지하는 것으로 되어 있습니다. 바로 이 점이 특별연구팀이 최고의 솔직함을 견지하면서 연구를 진행할 수 있었던 일종의 보증수표였습니다. 특별연구팀 구성원 개개인도 스스로 기밀유지를 의무라 생각하고 지켜나갈 것입니다.

만의 하나 이 리포트의 내용이나 리포트 작성자의 신상이 일부 혹은 전체적으로 누설되었다 하더라도, 우리는 개별적으로든 집단적으로든 리포트와의 연관성을 일절 부인할 것이며 나아가 그 진실성에 대해 논박할 것입니다.

다만 특별연구팀이 향후에 대해 이 같은 대비책을 강구하고 있다고 해서, 우리가 완수한 과업 자체를 부정하는 것은 결코 아닙니다. 오히려 그와 반대입니다. 오늘날 우리가 대면하고 있는 세계의 적나라한 실체를 규명해 낸 집단은 특별연구팀이 유일무이하다는 것을 추호도 의심치 않습니다.

그렇지만 특별연구팀은 이 리포트가 특별히 의도하고 있는 열람자 이외의 사람들이 과연 리포트에 담긴 내용을 있는 그대로 받아들일 수 있을지 우려됩니다. 반드시 필요한 객관성을 견지한다거나, 편견에 사로잡혀 격한 감정을 표출하는 우를 범하지 않을 것이라는 데 대해 사실 회의적입니다.

따라서 리포트는 실로 중요한 내용을 담고 있는 만큼, 이와 같은 위험을 감수해서는 안 된다고 사료되는 바입니다.

특별연구팀 전원의 동의 아래 리포트를 송부합니다. 물론 전원의 의견일치가 쉽게 이루어졌던 것은 아닙니다. 특히 연구과정의 마지막 단계에 들어와서, 특별연구팀의 몇몇 구성원은 첨부한 리포트에 담겨 있는 주장 및 권고안의 함의와 관련하여 유보적 입장을 표명하기도 했습니다.

그러나 현단계 세계상황의 진단에서부터 실행 가능한 대안전략 및 해결방안의 강구에 이르기까지 일련의 과정을 거치면서, 권고사항은 충분히 실행에 옮길 수 있는 현실적인 제안들로만 구성되리라는 것을 확신하게 되었습니다. 사실 리포트의 권고사항들은 우리 자신은 물론이거니와 미래세대들이 반드시 고수해야 할 도덕적 원칙을 비롯한 제반 원칙들에서 도출해 낸 것입니다.

앞서 언급한 "이 리포트가 특별히 의도하고 있는 열람자" 문제와 관련하여, 특별연구팀은 다소 염려가 없지 않음을 인정하는 바입니다. 물론 특별연구팀은 다음과 같은 사항을 확약받았습니다. 작성된 리포트는 정책결정자 위치에 있는 사람들이 열람할 것이며, 이들은 특별연구팀의 권고사항을 일부 혹은 전부 실행에 옮기는 것을 진지하게 검토할 것이다. 그럼에도 불구하고 특별연구팀은 위임위원회 위원들의 신상과 이 리포트의 정확한 위상에 관하여 좀더 많은 정보가 주어졌더라면 바람직하였을 것이라는 생각을 여전히 가지고 있습니다.

분명한 사실은, 위임위원회의 확약에 힘입어 특별연구팀은 리포트의 최종 종착지와 관계없이 최선을 다해 이 과업을 완수했으며 우리 스스로 결과에 만족한다는 것입니다.

첨부한 리포트는 방대한 범위의 주제들을 최대한 압축해 놓았습니다. 그렇다고 해서 통상적인 의미의 '약식 실무지침서' 종류는 결코 아닙니다. 이런 차원에서 접근하는 것은, 리포트의 발간에 아낌없이 투자하신 열람자들을 모욕하는 것이라고 판단하였습니다. 특별연구팀은 위임위원회가 리포트의 열람 및 검토에 충분한 시간을 할애할 것이라는 데 전혀 이의를 가지지 않습니다.

이 자리를 빌려, 위임위원회와 특별연구팀의 교량 역할을 해주신 미스터 '용담'의 탁월한 능력에 치하드립니다. 지난 1년 동안 미스터 용담은 우리의 과업이 원활하게 진행될 수 있도록 모든 편의와 물자를 빈틈없이 제공해 주셨습니다.

특별연구팀은 스위스의 쾌적한 호반도시 루가노에 전원이 참석하여 리포트 작성에 들어갔습니다. 이런 이유로 해서 특별연구팀이 작성한 보고서를 『루가노 리포트』라고 명명하였습니다. 보다 격식에 맞는 제목은 『21세기 자본주의의 유지 방안』이 될 것입니다.

리포트를 작성하는 동안 처음부터 끝까지 경계를 게을리 하지 않았던 것처럼, 아래와 같이 서명날인은 필명으로 합니다(ABC순). 특별연구팀에서 부여된 필명이 어느덧 진짜 이름처럼 애정을 느끼게 되었습니다.

서명인	수선화	*Asphodel*
	우엉	*Burdock*
	양지꽃	*Cinquefoil*
	아니스	*Dill*
	에델바이스	*Edelweiss*
	디기탈리스	*Foxglove*
	조팝나물	*HAWKWEED*
	말냉이	*Penny-cress*
	때죽나무	*Snowbell*

1부

1. 위험요소

특별연구팀이 전해 들은 위임위원회의 연구위탁 계약사항은 매우 포괄적이면서도 주눅 들게 만드는 것이었다. 일찍이 어떤 연구팀도 이와 같이 단호한 계약사항을 접한 적은 없으리라고 본다. 계약사항이 요구하는 바는 다음과 같다.

- 새 천년에 접어들면서 시장자유 자본주의 체제를 위협하는 요소, 이 체제의 세계화를 유지해 나가는 데 장애가 되는 요소를 밝혀낼 것.
- 이러한 위협요소와 장애요소에 근거할 때 예상되는 세계경제의 경로를 고찰할 것.
- 세계화된 시장자유 자본주의 체제가 지구 전체를 지배할 가능성을 극대화할 수 있는 전략 및 구체적인 조치, 요구되는 방향전환 등을 제시할 것.[1]

특별연구팀은 『리포트』를 크게 2부로 나누어 1부에서는 위협 및 위험요소를, 2부에서는 제안 및 권고 사항을 다루고자 한다.

특별연구팀은 위임위원회가 제시한 다음과 같은 전제에 대해 무조건적으로 동의한다. '21세기에 시장을 기반으로 한 전지구적인 자유주의 세계체제는 표준이 되는 동시에 승리를 구가할 수 있어야 한다.' 왜냐하면 개인의 자유와 책임을 기반으로 한 경제체제만이 여타 자유와 가치들을 보장해 줄 수 있다고 보기 때문이다.

또한 특별연구팀은 위임위원회의 요청에 충실히 부응하여, 리포트 작성에 임해서 최대한 사적 감정과 편견, 선입견을 배제하였다. 우리의

학문배경과 문화적 배경이 위임위원회의 요구를 리포트로 현실화시키
는 데 적임이었기를 희망하며, 또한 믿어 마지않는다.

위협과 장애

자유주의 관점에서 볼 때, 위협과 장애는 곳곳에 만연해 있으며 그리고
이 체제는 일반적으로 생각하는 것보다 훨씬 더 큰 위험에 빠져 있다.
다가올 세기와 그 이후에도 이 체제를 보호하는 일이 말하기는 쉬워도
현실적으로 그리 녹록하지는 않을 것이다.

그렇다고 해서 특별연구팀이 새로운 소련제국 같은 것의 부활을 예
상하고 있는 것은 아니다. 이 점, 오해 없기 바란다. 적어도 향후 수십
년 동안, 이론적인 면에서나 실천적인 면에서 세계 시장경제에 위협적
인 경쟁상대가 될 만한 세계 정치경제 체제가 대두할 수 없다는 데 대해
서는 추호도 의심치 않는다. 마르크스주의가 다시 부활한다든가 다른
대안체제가 확고하게 자리 잡을 것으로는 예상되지 않는다. 또한 종교
적 도그마의 경우 주변부에서 말썽을 일으킬 소지는 충분히 있지만, 정
치적으로나 경제적으로 위협적인 권력으로 부상할 것으로는 보이지 않
는다.

정치적 입장이나 이데올로기, 종교적 신념에서 발로한 위협과 달리,
체제에 대한 위협요소들은 겉으로 잘 드러나지 않기 때문에 그만큼 파
악해 내기가 어렵다. 현 체제가 얼마나 우수한 실천력과 더불어 순수이
론 면에서도 일관성을 겸비하고 있는지 보여주는 것만으로는 충분치 않
다. 현재 수백만 명이 북아메리카와 유럽의 전통적인 거점들에서 수익
을 거두어들이고 있고 또 최근 들어와서는 세계 곳곳이 이 체제수혜자
들에게 개방되고 있다는 사실은 아무도 부정할 수 없다.

더욱이 이들 수백만 체제수혜자들은 자신들의 몫을 더 늘려나갈 수
있다는 믿음을 더욱더 굳혀나가고 있다. 왜냐하면 과거에 공산주의가
그러했던 것과 똑같이, 자본주의는 경제이론이자 지적 성과물일 뿐 아

니라 영원한 혁명적인 힘이고 희망의 원천이기 때문이다. 가장 심층적인 차원에서 볼 때, 바로 이 점이 자본주의와 공산주의가 서로 필사의 적수가 될 수밖에 없었던 이유이다.

즉각적인 물질적 풍요에 대한 욕망이 공산주의나 종교가 약속하는 찬란하지만 막연한 미래나 내세보다 (훨씬 더 진실성이 있는 것은 말할 나위도 없고) 훨씬 큰 힘을 발휘한다는 것은 지금까지의 역사가 증명해 주고 있다. 이 경쟁에서는 시장의 소음과 찡그렁거리는 소리가, 언제 도래할지도 모르는 파라다이스를 외치는 세속적인 합창이나 거룩한 합창을 항상 능가할 것이다. 그런데, 왜 시장체제가 위협을 받게 된다는 것인가? 이하에서는, 그 이유 몇 가지를 제시하고자 한다.

생태파괴에 잠재해 있는 재앙

우리 주변의 곳곳에 위험징후들이 널려 있음에도 불구하고, 표준 경제모델에서 이런 신호들이 포착되는 일은 극히 드물다. 자연은 자유시장체제의 미래에 가로놓여 있는 장애물 가운데서도 가장 큰 장애이지만, 결코 적대적인 대상으로 취급해서는 안 된다. 따라서 이것이 던지는 메시지는 보호 아니면 파괴라는 것이다.

대개 경제전문가들은 생태적 위험은 가급적 거론을 삼가는 것이 바람직하다는 식으로 처신하고 있다. 이 점에서는 생태적 위험을 제대로 파악한 경제전문가든 그렇지 못한 사람이든 마찬가지이다. 아마 경제전문가들은 우리 경제체제의 주요 모순인 생태적 위험을 적나라하게 분석하거나 밝히게 되면 체제의 보존에 부정적인 영향이 가해질 수 있고, 또한 자기 분야의 학문적 역할과 자기 직업의 입지가 훼손될 수 있음을 우려하는 것 같다.

주류 경제학 집단이 어떤 한계를 지녔고 또 어떤 식으로 부정을 하든, 1970년대 초에 니콜라스 조제쿠-로젠 Nicholas Georgescu-Roegen이 자신의 저서[2](이 책은 나중에 허만 달리 Herman Daly 교수 등에 의해 유명해졌다)에서 말한 선구적 명제는 그후 명백하게 입증되고 있다. 즉 궁극적으로 경제는 실질 에너지의 흐름과 잠재적 에너지의 흐름이나 '엔트로피'entropy와 '소모된' 비가용성 에너지에 초점을 맞추어서 분석되어야 한다는 것이다. 이를 달리 표현하면, 인간의 신체를 비롯하여 여타 물질체계와 마찬가지로 경제 역시 열역학 제2의 법칙[3]의 틀 속에서 이해되어야 한다는 것이다.

이 법칙을 응용해서 다음과 같은 간단한 논리를 도출해 낼 수 있다. 경제체제는 자연계의 하위체계이며, 그 역은 성립되지 않는다. 경제를 포괄체계로 설정하고 자연을 단순히 그 하위체계로 놓고서, '기계론적 인식론'(조제쿠-로젠의 개념이다)을 이용해서 경제현상을 고찰하는 것은 전적으로 인위적인 인식방법론이다. 또한 이 같은 접근방법론에서는 재앙을 불러들이는 처방밖에 나올 수 없다고 본다.

역학에서, 모든 현상은 가역성을 지니고 있다. 신고전학파 경제학자와 케인스주의 경제학자, 마르크스주의 경제학자 거의 모두가 이 '가역성' 개념을 서로 유사하게 인식하고 있다. 이를테면 영속성을 가지는 사건은 존재하지 않으며, 만물은 일정한 시간 내에 '최초의 조건'으로 회귀할 수 있다는 것이다. 조제쿠-로젠이 밝히고 있듯이, 이것은 난센스다.

경제적 과정은 자기지속성을 가진 고립된 과정이 아니다. 누적적인 방식으로 환경을 변화시키고 다시 이 변화된 환경의 영향을 받는 항상적인 교환을 통해서, 경제적 과정은 지속되어 나간다.

이 기본 진리를 수용한다는 것은 곧 세대를 거듭하며 승계되어 현재 학문의 근간을 이루고 있는 근본 원리들 대부분을 수정해야 함을 의미한다. 따라서 이론적으로나 실천적으로 적극적인 호응을 불러일으키기에는 한계가 엄연히 존재한다.

그러나 특별연구팀의 임무는 특정 직업을 수호하는 것이 아니라, 현

세계를 있는 그대로 규명하는 것이다. 자본주의적 경제권이 자연에 부과하는 엄청난 압력(물론 과거 사회주의 경제권은 이보다 훨씬 더 심했다)을 부정한다는 것은 어리석은 짓이다. 표준적인 경제통계에서는 재생 가능한 자원의 소비와 재생 불가능한 자원('자연자본')의 소비 모두를 소득 및 성장의 기여요소로 다룬다. 그에 따라 성장은 경제적 복지와 동의어로 간주된다.

이와 같은 시스템 속에서는, 벌목되어서 통나무로, 목재로, 숯으로, 가구 등으로 판매된 숲은 회계상으로 수입으로만 계상된다. 숲으로 대표되는 자연자본의 파괴라든가 이 숲이 제공하는 이산화탄소 흡수, 안정적인 토양 유지, 생물 종 다양성의 유지 등과 같은 '서비스'는 어디에도 계상되지 않는다.

공기와 물과 토양은 무상 혹은 거의 무상에 가까운 재화로 간주되기 때문에, 이 요소들의 희소성 가치는 계산되지도 않거니와 인정도 되지 않는다. 어종 고갈, 표토 손실, 광물자원 감소, 오존층 파괴, 야생동물과 희귀식물의 멸종 등등은 바로 그 생산자들(예를 들어 농업기업과 천연자원기업)의 수입 또는 그들에게 지급할 보상금으로 간주될 따름이다. 그리고 정작 그 생산자들은 이 자원들을 더욱더 고갈시킬 방안을 수립하는 데 온 힘을 기울이고 있다.

장기적인 차원에서 자유주의의 성공을 지향한다면, 이와 같은 대응방식은 자살행위나 다름없다. 경제는 유한한 물질세계에 속하며, 그 역은 성립하지 않는다. 본질적으로 생태계의 현실은 일종의 '소여所與'를 조건으로 하고 있다. 즉 생태계의 자원은 결코 팽창될 수 없으며, 생태계의 흡수용량은 인간의 개입에 의해 확장되지 않는다. 그리고 일단 파괴된 생태계는, 케인스의 말을 빌리면 "결국 우리 모두가 죽어 있는" 상태가 아닌 한 '최초의 조건'으로 회복되지 않는다.

오히려 경제는 에너지와 원료 등 투입요소를 재화 및 서비스의 산출요소로 변형시키며, 이 과정에서 생성된 폐기물과 오염물질, 열

entropy을 생물계로 방출한다. 다시 말해 경제는 닫힌 체계 내에서 작동하는 열린 체계이다.

현재의 서술방식과 측정·계산 기술 가지고는 우리가 필요로 하는 것들을 밝혀내지 못한다. 현존하는 이런 기술들은 한마디로 부적절한 도구라고 할 수 있다. 왜냐하면 기업이나 국가의 회계는 '수학적 기계론'을 구성방식으로 하고 있음으로 해서, 경제를 자연으로부터 독립되어 작동하는 것으로 간주하기 때문이다.

따라서 생태계로부터 추출하는 재화와 서비스는 가치가 평가절하되거나 전혀 가치가 없는 것으로 평가되며, 다시 생태계로 돌아간 오염물질이나 폐기물, 열은 비용으로 측정되지 않는다. 그러나 분명한 사실은, 실질적 생태비용은 '객관화되어야' 하며 이렇게 해서 산출된 비용은 사회와 지구 전체가 부담해야 한다는 것이다.

이로부터 즉각 제기될 수 있는 것은 규모의 문제이다. 20세기까지 그랬던 것처럼 만약 생태계와 견주어볼 때 경제의 규모가 작다면, 환경문제는 적절치 않거나 그 중요성이 훨씬 떨어지거나 혹은 지역 차원에서 간간이 제기되는 수준에 그칠 것이다. 그러나 경제가 커짐에 따라 규모 역시 중요한 문제로 대두하였다.

현재 세계생산 규모는 1900년의 총생산량과 맞먹는 양을 불과 2주일도 안 걸려서 생산하는 수준에 이르렀다. 경제적 산출(혹은 처리량, 이 개념은 자원 획득·변형·폐기 과정을 훨씬 역동적으로 전달해 준다)은 거의 25~30년 단위로 배가되고 있다. 그렇기 때문에 21세기 초가 되면, 생산활동의 규모는 생태계의 한계점은 물론이고 생명을 유지시켜 주는 지구의 역량까지 압박하게 될 것이다.

기술발달에 힘입어 이 진행과정을 얼마간 지연시킬 수는 있겠지만, 중단시킨다는 것은 전혀 불가능하다. 시장경쟁 체제가 자연의 일정한 한계점들을 넘어서는 원인이 되고 있음을 보여주는 징후들이 이미 나타나고 있다(그 가운데 일부는 정치당국이 상당히 늦게까지도 인지하지 못할 수도 있다). 이런 자연의 한계점에 육박한 것 가운데 잘 알려져 있는 것으로는 오존층 파괴라든가 인위적인 기상변화, 어장 붕괴 등이 있다.

인간이 자연계에 개입함에 따라 발생하게 된 경제적 비용을 가장 직접적이고도 선명하게 보여주는 전형적인 예로는 강력한 열대성 폭풍의 빈발을 들 수 있다. 여러 과학자들에 따르면, 엄청난 파괴력을 가진 이런 폭풍이 갈수록 잦아지는 것은 지구온난화와 관계가 있다고 한다. 허리케인은 미 대륙에서 가장 고비용을 발생시키는 자연재해인데, 현재 기상예보관들은 이 비용이 더 치솟을 수 있다고 예측한다.

세계 유수의 보험사들은 이와 같은 '자연'재해의 발생빈도가 증가함에 따라, 보험업계의 존립이 위태로울 정도로 엄청난 재정고갈에 시달릴 개연성이 있다고 판단하고 있다. 이에 현재 보험업계는 기발한 금융기구의 설립을 제안하고 있는데, 대중들에게 파국적인 폭풍은 발생하지 않을 것이라는 쪽에 돈을 걸도록 유도함으로써 미래의 비용부담을 덜고자 하는 것이다.

생태적 긴장은 또한 더 큰 정치적 불안을 야기하고 더 많은 무장충돌을 촉발시킬 것이다. 세계인구의 70%가 이미 '물 부족' 지역에 살고 있는 것으로 추산되고 있다. 따라서 '생태충돌'은 중동과 아프리카 사하라사막 지대와 아시아에서 제일 먼저 발생할 것이고, 뒤이어 상대적으로 자원상태가 양호한 지역들에까지 파급될 것이다. 이 경제적 귀결은 아무도 예측할 수 없다.

거대기업과 부유한 지역공동체, 부자 들이 아무리 많은 자산을 보유하고 있다 해도, 생태파괴의 영향을 피해 갈 수는 없다. 심지어 이들 역시 진행되고 있는 생태파괴 앞에서는 무력할 것으로 보인다. 결국 이것이 의미하는 바는, 이 체제의 수혜자들이 자신들에게 이득을 가져다준 체제를 수호해 내지 못하는 모순이 발생한다는 사실이다. 앞으로 특별연구팀은 이 모순을 자주 언급하게 될 것이다.

여기서 핵심을 이루는 것은 '무임승차' 문제이다. 이런 파괴적인 추세를 돌려놓는 데 들어가는 비용은 극소수가 지불하겠지만, 그 혜택은 모두 다 누리게 된다는 것이다. 가령 어떤 기업이 어장을 복구하기 위해 저인망 어업을 중단했다고 하자. 이렇게 되면 상대적으로 양심적이지 않은 경쟁업체들이 뛰어들어서 닥치는 대로 남획을 하고, 생태에 대한 책임감을 느끼고 저인망 어업을 중단한 기업은 파산지경으로 몰릴 것이다. 한마디로 단기적 이윤획득이 최고의 가치가 되고 있기 때문이다.

이런 상황에서는 누구도 먼저 나서려고 하지 않을 것이고, 결국에는 극한에 가서야 비로소 모두가 나서는 사태가 벌어질 것이다. 기업가들은 엄격하게 기업규제를 할 수 있는 막강한 국가를 원치 않는다. 하물며 그것이 세계정부라면 더할 것이고, 따라서 규제할 주체가 없게 된다. 이 추세를 바꾸어놓거나 멈추게 할 수 있을 정도의 힘을 가진 주체가 없기 때문에, 파괴는 계속된다. 그런데 이렇게 해서 죽어버린 이 지구상에 과연 누가 살아남을 수 있을까.

파괴적 성장

시장자유화 체제가 성장으로부터 위협을 받고 있다고 말한다면, 아마 제정신에서 하는 소리가 아니거나 이단이라고 치부해 버릴 것이다. '모든 사람'이 다 이렇게 알고 있다. 성장은 경제의 원동력이며, 성장이 없다는 것은 곧 경제의 침체 및 하강을 뜻한다고. 이를 감히 은유적으로 표현한다면, 사하라 사막이나 북극처럼 환경이 혹독한 지역을 여행하는 사람에게는 계속 앞을 향해 나아가든가 죽음을 감수하든가 양자택일의 길밖에 없는 것과 마찬가지로 시장이라는 대장정에 오른 모험가는 결코 가만히 서 있어서는 안 된다는 것이다.

멈춘다는 것은 결국 머지않아 뒤쳐져서 대오에서 낙오되어 길에서 죽음을 맞이하게 된다는 뜻이다. 이리하여 성장은 이 체제의 끝없는 추구대상이 되었으나, 성장을 추구하는 과정들 대부분이 지금은 반생산적이고 심지어 해롭고 파괴적인 경향마저 보이고 있다. 그러므로 성장의 개념은 재검토되고, 재정립되어야 한다. '성장' 개념과 '복지' 개념도 냉철하게 구분되어야 한다. 크고 많을수록 반드시 더 나은 것은 아니라는 의미이다.

미국의 한 언론에서 발표한 간단한 예 한 가지를 들겠다. 미국 보험업계의 통계에 의하면, 1995년 현재 자동차 절도로 인해 발생한 비용이 80억 달러이고 같은 해 운전자들이 자기 차에 도난방지 시스템을 장착하는 데 든 비용은 총 6억 7500만 달러이다. 게다가 2000년이 되면 자동차 도난방지 시스템의 시장규모는 13억 달러에 이를 것으로 추산하고 있다. 이에 대해 언론은 다음과 같이 논평했다. "그러나 이로써 자동차 장비 산업이 팽창할 것이므로 낙관적인 추세가 예상된다." 실로 근시안적인 주장이 아닐 수 없다.

그럼에도 불구하고 이런 종류의 경제활동은 국민총생산(GNP)에서 '성장'으로 표시된다. 암 치료, 교도소 건설, 약물중독자 재활사업, 테러 공격으로 인한 복구사업 등등도 마찬가지이다. 결국 GNP를 빠른 속도로 증가시킬 수 있는 가장 효과적인 방법은 전쟁을 일으키는 것이 되지 않을까 싶다.

과거에는 성장과 전체적인 복지수준 향상이 상호 밀접한 연관성을 가졌지만, 이런 상관관계는 이제 더 이상 성립하지 않는다. 오히려 대부분의 사람들이 살아가는 데 전혀 필요치 않은 사회현상들에서 비롯되는 경제성장이 갈수록 더 많아지고 있기 때문이다. 과거의 오류를 바로잡거나 수정해서 성장을 정확하게 측정하는 것은 불가능하겠지만, 보다 엄격한 새로운 시각에서 이런 경제적 모순을 점검할 필요성은 긴급을 요함을 강조해 두는 바이다.

성장을 위한 성장을 무조건 환영할 것이 아니라, 성장이 발생시키는 사회적 비용과 생태적 비용을 포함한 총비용을 계산해야 할 것이다. 현재 이 사회적·생태적 비용은 누군가가 유해한 성장으로부터 금전적 이익을 획득하는 형태로 나타난다.

사회 양극화와 극단주의

한편 시장자유화 경제의 미래는 누가 성장의 수혜자가 되는가에 따라 크게 달라질 수도 있다. 만약 그 수혜대상을 하위 50%의 인구로 설정하는 정책을 지향하게 되면, 상대적으로 가난한 이 사람들은 그 돈을 대부분 소비행위에 쓰게 될 것이고 그에 따라 수요는 지속적인 증가추세를 보일 것이다. 그러나 성장이 발생시키는 이익을 사회의 최상층에게 돌아가게 한다면, 이들 최상층의 수혜자는 그 자금을 상품이나 서비스 시장보다 금융시장에 투자할 것이고 그만큼 금융시장에 대한 투자규모는 증가할 것이다. 그 결과 수요는 하락하고 상품재고의 증가가 위험수준을 넘어서서, 급기야 과잉생산과 경기침체를 불러오게 될 것이다. 그러므로 소득재분배는 이 체제의 장기적인 안녕을 유지하는 데 있어서 핵심적인 문제이다.

그런데 그 속에는 다음과 같은 위험들이 가로놓여 있다. 즉 경쟁이 치열하고 규제가 해제된 경제라는 점과 다수가 이익을 획득하지만 최상층이 가장 많은 이익을 거두어들이게 된다는 점이 그것이다. 이와 관련한 증거는 상당히 많은 나라들에서 압도적으로 나타나고 있다. 구체적으로, 시장 자유화와 규제완화를 받아들인 나라의 경우 상위 20%의 사람들은 사회적 지위가 향상된다. 최상층으로 올라갈수록 그만큼 더 많은 이익을 거두어들인다. 그리고 동일한 법칙이 나머지 80%에게는 반대로 적용된다. 즉 이들 모두는 어떤 식으로든 손해를 보게 되며, 빈곤의 정도가 심할수록 그에 비례하여 손해가 더 커지므로 최빈곤층이 가장 크게 손해를 보게 된다는 것이다.

아마 마르크스주의자들은 지금도 여전히 이렇게 부르겠지만, 첨예한 사회적 양극화와 '계급투쟁'은 실질적인 위협요소이다. 불평등은, 일정한 한계를 넘어서게 되면 그 체제를 위협하게 되므로 반드시 면밀한 체크가 요구된다. 부富나 생활수준의 심각한 격차가 분노나 파괴적인 행동, 폭력을 유발할 수 있다는 사실은 거의 뉴스거리도 되지 않거니와,

20세기 말이 되면 이 해묵은 진실에는 다음과 같은 새로운 주름이 하나 더 늘어날 것이다. 다름아니라 정보의 부익부 빈익빈 경향이다. 이에 따라 다량의 정보를 소유한 계층은 점점 더 정보가 빈곤한 계층의 분노와 폭력을 유발하게 될 것이다. 정보 빈곤층은 세계 곳곳에 존재하며, 또 물질적 빈곤층과 겹칠 수도 있고 그렇지 않을 수도 있다.

정보 빈곤층은 무엇보다도 정보를 충분한 양이나 충분한 속도로 생산·수용·조작할 수 없다는 바로 그 사실 때문에, 사회에서 퇴출되지 않았을 때도 역기능을 하게 된다. 컴퓨터 시대에는 이들의 일하고자 하는 의지와 육체적 힘은 갈수록 그 유용성이 떨어지기 때문이다.

사실 미국을 비롯한 일부 부유한 국가들의 경우, 사회계층간의 빈부 격차가 매우 크고 또 완벽한 자체설비와 보안시설이 갖추어진 주거단지가 수천 개나 된다는 것 자체가 이에 대한 심각한 우려를 반영하고 있다. 그럼에도 불구하고 부유한 국가들은 한동안 계급갈등을 흡수할 수 있을 것으로 보인다. 그러나 이 같은 상대적 평온상태가 얼마나 오랫동안 유지될 수 있을지는 불투명하다. 특히 중산층이 과거에는 직접적인 비용 지출 없이도 누릴 수 있었던 사회적 혜택―만족할 만한 수준의 공립학교, 주거지역의 치안유지 등―을 더 이상 기대할 수 없게 되면, 평온상태의 유지는 더욱더 불투명해진다.

유럽연합의 경우, 사회적 양극화는 덜 심각하지만 만성적 실업과 저소득층의 임금정체 현상, 임시직 증가(예를 들어 유럽대륙의 국가들), '빈곤노동계층'의 가파른 증가(예컨대 영국)가 사회적 적개심과 공포를 고조시키고 있다.

유럽에서는 고용문제가 정권의 창출 및 해체에서 핵심적인 이슈로 작용하는가 하면, 시민들은 이를테면 메주로 콩을 쑤려는 식의 헛된 노력을 계속하고 있다. 한마디로 유럽인들은 일자리를 원하면서도, 노동시장 유연화를 위해서는 지금까지 자신들이 누리던 사회적 이익을 포기해야 한다는 것을 한사코 받아들이지 않는다. 많은 시사전문가들이 '몰락해 가는 중산층'과 이들의 불안에 관해 언급하고 있다. 현재 유럽의 중산층들은 자신들뿐 아니라 자식세대도 안정된 생활을 보장받지 못할 수 있다는 두려움을 가지고 있다. 이런 일련의 사태추이 때문에, '세계화'는 갈수록 원성을 사고 있다.

제3세계의 여러 국가들, 특히 극심한 빈부격차가 고착화되어 사회의 표준처럼 되어버린 라틴아메리카에서는 부富의 혜택들이 이미 그 약점들 때문에 상쇄되고 있다. 바야흐로 라틴아메리카에서 사설경호원은 필수적인 요소가 되어버렸으며, 부유층의 자녀들은 유괴의 두려움 때문에 보호자를 대동하지 않고는 학교를 다닐 엄두도 낼 수 없는가 하면, 기업은 보안비용을 필수적으로 지출해야 하며, 여자들이 보석으로 치장하고 길을 다닌다거나 조깅이나 자전거 타는 것은 상상조차 할 수 없다. 자가운전이나 택시 타는 것도 위험하지만, 그렇다고 대중교통을 이용할 수 있느냐면 이 또한 언감생심인 지경이다.

텔레비전에서 환상적으로 그려지고 있는 호사스런 생활모습(흔히 여기에 눈살이 절로 찌푸려지는 '부도덕한' 행동들이 곁들여진다)은 곳곳에서 빈곤층의 분노를 누적시키고 있다. 수많은 사람들이 이런 멜로드라마들을 그대로 받아들임으로써, 방탕한 생활을 하는 극소수의 사람들이 끝없이 부당하게 부를 횡령하고 있으며 이는 곧 다수의 부가 '탈취'당하고 있는 것이라는 믿음을 더욱더 굳히고 있다.

또 하나의 불평등은 이 분노-폭력의 변증법과 전혀 무관한 것일 수 있다. 그 한 가지 예는, 걸핏하면 도덕주의자들이 날을 세워 비판하는 바이지만, 약 450명의 억만장자가 소유한 자산은 제3세계 (이들 국가들의 평균 1인당 GNP를 가지고 계산할 때) 25억 명의 총자산과 '맞먹을 것'이라는 주장이다.

억만장자 대 수십억 명의 비교는 자유시장의 지속적인 성공과 아무런 관계가 없다. 왜냐하면 전세계의 부는 결코 유한하지 않고 신축적이며 또 적어도 지금까지는 증식을 거듭하고 있기 때문이다. 사실 이 두 집단(억만장자와 수십억 명)은 물리적으로 동일한 공간에 거주하지 않기 때문에, 억만장자의 재산이 빈곤층을 수탈해서 형성된 것으로 인식되지는 않는다. 이 25억의 사람들이 450명의 억만장자들과 마주치거나 이들의 재산을 자기네들 것이니 돌려달라고 요구할 가능성은 지극히 희박할 뿐더러, 만의 하나 설령 그런 일이 일어난다 할지라도 이들 25억 명에게는 이런 요구를 실행으로 옮길 힘이 없다.

승자와 패자의 물리적 거리가 가까워지면, 그만큼 승자는 자신이 당연히 누려야 할 쾌적한 삶을 향유하지 못하게 된다. 이런 상호모순을 이루는 이유들은 차치하고라도, 승자들은 매우 심각한 위험에 빠졌을 때조차도 패자들과의 부의 재분배를 수용하는 경우는 지극히 드물다. 설령 부를 재분배함으로써 자신들이 직면할 수 있는 위험부담이 크게 완화된다 할지라도, 좀처럼 이를 수용하려 들지 않는다. 동서고금을 막론하고 승자의 모토는 바로 이런 것이다. 내가 죽은 후에 무슨 일이 일어나건 그건 내가 알 바 아니다(Apres moi, le deluge).

그런가 하면 서구의 정치가들은 끊임없이 스트레스를 가하는 사회를 통합하는 데 있어서 '가족주의'가 일정 정도 역할을 할 것이라는 잘못된 판단 아래, 가정의 소중함을 일깨우기에 여념이 없다. 그러면서도 대중들이 가족에게 관심을 기울이고 시간을 할애하면서 그와 동시에 실업이나 열악한 근로조건, 위험한 작업환경, 전근, 노동시간 연장에 어떻게 즉각 적응할 수 있는지 그 방법에 대해서는 입을 다물고 있다. 북아메리카나 유럽의 대부분 가정들은 부부가 모두 취업전선에 나서야지 간신히 적자생활을 면할 수 있는 실정이다. 따라서 사회의 안정화에 대한 가정의 기여도는 그만큼 약해지고 있다.

공공서비스가 민영화되고 서비스의 질이 점점 더 떨어지는 추세에서, 사람들은 자기가 살고 있는 지역공동체와 자기보다 가난한 지역주민들에 대해 더 많은 책임을 부담할 것을 요구받고 있다. 이 지점에서 다시 한번, 경제활동을 하는 내내 필연적으로 경쟁을 해야 하고 또 자기

이익의 실현을 최우선으로 삼는 사람들이 과연 어떻게 사고방식을 급진적으로 바꾸어서 자신의 '여가' 시간을 억압받고 불이익을 당하는 사람들에게 할애할 수 있을지 불투명해진다.

낡을 대로 낡아버린 사회구조와 결합된 냉혹한 경제적 압박에서, 우리는 단순히 과거 대공황 시기를 답습하는 '유산자'와 '무산자'의 시대로 진입하고 있는 것이 아님을 간취할 수 있다. 오늘날 세계는 살아남은 사람과 퇴출당한 사람으로 나누어져 있다. 낙관론자들은 패자보다 승자가, 퇴출당한 사람보다 살아남은 사람이 훨씬 더 많아질 것이라고 주장한다. 그러나 특별연구팀은 저 엄청난 숫자의 퇴출자들을 포용하는 사회적 통합이 이 체제의 회복력에 있어서 가장 대적하기 힘든 도전이 될 것으로 판단하는 바이다.

한 국가에서 국민들이 부-빈곤, 안정성-불안정성이라는 연속체에 따라 분포되어 있는 것과 마찬가지로, 지정학적 지역들 전체가 자유화와 세계적인 경쟁에서 비롯된 불균형의 지배를 받고 있다. 따라서 지역 역시 '승자' 아니면 '패자'에 속하게 된다.

영국의 남동부 지방과 런던의 일부 지역은 번창을 거듭하고 있지만, 북부의 대부분 지방은 불모지나 다름없어졌고 런던의 나머지 지역들은 침체의 늪에서 헤어나지 못하고 있다. 미국의 '사양산업 지대'는 남부와 서부의 역동적인 지역들과 극명한 대조를 이룬다. 세계적 차원에서는 아시아의 '호랑이' 혹은 '용'이라 일컬어지는 국가들은 전형적인 '승자'의 지역으로 간주되었다. 그러나 특별연구팀이 『리포트』를 마무리하는 시점에 이 국가들에서 발생한 심각한 금융위기는 국가경쟁력의 순위를 하락시킬 수도 있다. 그럼에도 '패자'의 전형이라 할 수 있는 지역은 아프리카이다.

'패자'들이 자신들의 결핍을 보상받기 위한 행동에 나서는 것은 시간문제이다. 그것이 자신이나 그 지도자들에게 비난의 화살을 돌리는 형태로 나타나든 아니면 비난의 화살을 다른 곳으로 돌림으로써 패배의 책임과 그 대가를 받아들이기를 거부한다거나 거부하는 심리적인 반응을 보이든, 어떤 식으로든 표출하게 되어 있다. 또한 선택수단의 범위는 개인적인 차원에서의 자살에서부터 집단적 차원의 이민에 이르기까지 그리고 정치적인 저항과 평화적인 시위에서부터 민병대 형성과 공공연한 테러에 이르기까지 매우 광범위할 수 있다.

그런데 이런 개인적 차원이나 집단적 차원의 전략과 관계없이, 패자는 그 사회를 주도하는 지배체제에 항상적인 불안요소이다. 그러므로 불평등에 대한 광범위하고도 조직적인 저항은 심각하게 받아들일 필요가 있다. 경제적 · 문화적 차원, 또 필요에 따라서는 군사적 차원에서 적절한 계획을 수립하여 대처해 나가야 한다.

21세기에는 필수적인 시장자유화의 유지와 이 시장자유화가 불가피하게 발생시키는 사회적 부작용의 예방 및 봉쇄 사이로 나 있는 좁디좁은 길을 헤쳐나가야 할 것이다. 그렇지 않을 경우, 그 비용이 심지어 지역이나 재정 면에서 최상층에 속하는 사람들이 거둬들이는 수익을 능가하는 사태가 머지않아 발생할 것이다.

깡패 자본주의

대규모 조직적인 범죄행위가 합법적인 경제활동의 근간을 뒤흔들어서 결국에는 무너뜨릴 수 있다. 특히 소비에트제국이 해체되고 중국이 시장경제의 몇 가지 양상들을 채택하고부터, (일찍이 한 비즈니스 잡지가 처음 쓰기 시작한) '깡패 자본주의'가 전세계 여러 지역을 장악하고서 많은 사람들을 위협하고 있다. 현재 마약밀매, 무기밀수, 돈세탁, 각종 부정부패 등을 기반으로 한 지하경제의 규모는 수조 달러에 이르는 것으로 평가되며, 이 경제권으로 진입하는 신참자들이 끊임없이 늘어나고 있다.

지구상의 많은 지역들이 이미 국가의 사법권이 미치지 않는 치외법권 지대가 되어 있다. 행정당국들은 마약카르텔의 총본부나 그들의 사설 비행장, 코카인 제조공장의 소재지를 통제하기는커녕 제대로 파악하지도 못하고 있는 실정이다. 이들 카르텔은 자금력뿐 아니라 전략적인 지배력까지 갖추고 있다. 라틴아메리카의 유력한 한 마약상이 정부를 향해 자신의 사설기지에서 미사일을 발사하여 민간여객기를 격추시키겠다고 협박한 것은 널리 알려진 사실이다. 그는 이 미사일을 무기 암시장에서 구입하였다고 한다.

깡패와 마피아 조직이 세력범위를 넓혀나감에 따라, 돈과 정치파워역시 그들에게 쏠리고 있다. 이리하여 합법적인 사업들은 이 소용돌이속으로 빨려 들어가 버린다. 깡패조직들은 심지어 국가정부의 필수적인구성요소들을 마음대로 사들일 수 있을 정도이다.

멕시코에서는 '마약과의 전쟁'을 수행한 고위관리들이 거물급 마약상들에게 고용되어 있었던 것으로 드러났는데, 이 마약상들은 미국의 그린베레Green Berets 출신들을 용병으로 고용해서 경찰과 FBI에 대항하여 게릴라활동도 펼친다. 구소련 공화국들의 군 장교들은 훔친 무기(와 아마 핵무기까지)를 팔아서 쥐꼬리만한 급료를 보충한다. 볼리비아에서는 주석광산에서 해고된 광부들이 전전긍긍하기는커녕 코카인 재배·제조 일을 하느라 그저 행복해할 따름이다. 지하조직들은 필요한 인력은 그 종류에 관계없이(심지어 사병까지도) 다 모집할 수 있다. 엄청난규모의 실업자군이 이러한 추세를 유지·강화시켜 주고 있는 실정이다.

과다채무 국가들은 합법적인 1차 상품을 수출해서 벌어들이는 돈보다 마약이나 소형무기의 수출과 이민자들의 송금으로 벌어들이는 돈이훨씬 더 많다. 일부 분석가들은 러시아-체첸전쟁을 라이벌 관계에 있는깡패조직들이 전략자원의 통제를 둘러싸고 충돌한 것이라고 해석하기도 한다. 러시아의 경우와 마찬가지로, 대규모 불법경제는 어느 방향으로든 기울어질 수 있다. 예를 들어 구소련 공화국들이나 소수민족 집단들과 급진적 이슬람국가들 간의 예측 불가능한 연합은 세계 석유공급의상당 부분을 궁지에 몰아넣을 수 있다.

규제철폐 그 자체는 바람직한 것임에 틀림없다. 하지만 규제철폐는 부메랑이 되어 제자리로 돌아와서 원래의 목적을 파괴시킬 수도 있다. 똑같이 이윤획득을 목적으로 하는 '깡패 자본주의'는 실제로 엄청난 폭발력을 지니고서 합법적인 시장체제를 위협할 수 있다. 만약 깡패 자본주의가 합법적 비즈니스의 위상을 탈취하는 데 성공한다면, 전통적인 경쟁의 법칙은 풍비박산이 나고 기업 테러리즘이 우리 시대의 질서로 자리 잡게 될 것이다. 그 결과 오늘날의 상대적으로 예측 가능한 기업의 풍토는 사라지고 대신 개인이나 기업, 국가들 사이에서는 홉스의 만인에 대한 만인의 투쟁과 항구적인 무정부주의가 판을 치게 될 것이다.

금융의 붕괴

대형 금융사고의 발생위험이 고조되고 있다. 사실 특별연구팀은 이런 매머드급 사고가 아직 발생하지 않았다는 것이 놀라울 따름이다.[4] 여기서는 금융시장 고유의 유동성이 어떻게 시장경제에 치명적인 위협으로 작용하는지 그 과정을 살펴보게 될 것이다.

다우존스Dow-Jones, FTSE, CAC-40, 니케이 등 세계 증시지수는 산출범위가 매우 협소하다. 각각의 자본평가 가중치를 살펴보면, 이 지수들은 아마 모두 합해서 50~60개에 불과할 지극히 한정된 거대 다국적기업들의 자산을 토대로 해서 산출되고 있다. 현재 파생상품 시장의 규모가 수십조 달러에 이르는 것으로 평가되고 있으며, 적어도 순 이론적인 측면에서 볼 때 이것은 국가경제 규모가 세계 최대인 미국의 GNP를 훨씬 능가하는 규모이다.

또한 설령 금융시장이 대부분의 시간과 대부분의 장소에서 그 고유의 분별력과 명석함을 발휘할 수 있다 하더라도, 광적이고도 심리적 공황상태를 야기하는 공격이 주기적으로 가해짐으로써 이 체제—특별연구팀에게 방위의 임무가 부여되어 있는 바로 그 체제—를 송두리째 위험에 빠트린다는 것을 역사는 보여주고 있다. 이런 역사적 주기성에 비추어볼 때, 앞으로 도래하게 될 위험은 과거 그 어느 때보다도 심각할 것이다. 따라서 최우선적인 관심을 기울여서 다루어야 할 이슈이기 때문에 다음 장에서 보다 세밀하게 살펴보고자 한다.

주목해야 할 모순들

위임위원회가 우리 특별연구팀에게 답변을 제시할 것을 요청한 내용은 다음 몇 가지로 간략하게 정리해 볼 수 있다. 첫째, 세계경제 체제는 주요한 해악으로부터 안전한가. 둘째, 세계경제 체제는 위험을 피해서 올바른 방향으로 가고 있는가. 셋째, 만일 그렇지 못할 경우 이 체제를 보호할 수 있는 방안은 무엇인가.

아래에서 개괄적으로 언급하고 있는, 이 체제의 위협요소들은 무엇보다도 상호 모순된 양상들을 지니고 있다. 이와 같은 고유의 본질적 모순들은 체제의 항구적인 안정에 결코 바람직한 징조라고 볼 수 없다.

- 시장은 인간의 경제적 활동의 지혜와 가치를 가장 잘 평가할 수 있는 최고의 재판관이다. 그러나 시장은 인간이 생태적 한계점을 넘어서는 시점을 알려주지는 못한다. 따라서 우리 인간은 그 한계점을 이미 넘어선 다음에 비로소 알게 된다.
- 성장은 경제의 근원적 활력소이다. 그러나 전체 복지가 반드시 성장에 비례하지 않음으로 해서 많은 경우 성장 자체가 부를 창출하기보다 오히려 반생산성과 빈곤을 양산하고 있다.
- 경제는 사회의 핵심이다. 그러나 경제가 부수적으로 발생시키는 사회적 악영향이 경제적 수혜들을 파괴시킬 만큼 강력할 수도 있다. 예를 들어 기업은 최상의 조건이 갖추어진 곳이면 어디나 자유롭게 투자하여 번창할 수 있어야 한다. 그러나 그로 인해 낙오된 사람들은 전혀 예측 불가능한 체제전복적인 방식으로 행동할 것이다. 과잉규제는 당연히 폐지되어야 한다. 그러나 규제가 전혀 없는(혹은 '자기규제'의) 시장은 자멸할 위험성이 있다. 왜냐하면

시장에 맡겨버리면 극소수의 승자와 극대의 패자, 즉 살아남는 사람보다 더 많은 퇴출자를 양산할 것이기 때문이다.

- 유사한 성격의 '불법'경제는 금융과 정치 양 영역에서 세력을 키워나가고 있다. 깡패조직과 빨갱이국가의 연합은 지정학적 지각변동을 가져올 수 있으며, 이런 지각변동은 정상적인 기업풍토를 파괴하게 될 것이다.

- 19세기 말에 월터 베이지핫Walter Bagehot은 다음과 같이 말하였다. "가장 행복할 때 가장 속기 쉬운 법이다." 또 20세기 말에 존 케네스 갤브레이스John Kenneth Galbraith는 이렇게 말했다. "금융의 천재는 항상 금융이 몰락하기 직전에 나온다." 금융시장은 본질적으로 불안정하기 때문에, 완벽한 합리성에 근거해서 행동한다고 판단해서는 결코 안 된다. 금융시장 역시 패자를 양산할 수 있으며, 오늘날 그 규모는 1930년대의 저 악운의 날을 떠올리게 할 것이다.

이상의 시장 시스템이 직면하고 있는 위험들에 대해서 신속하게 대처하는 것이 요망된다. 다음 장에서는 기존의 통제방식과 보호형태를 살펴보고자 한다.

세계경제 체제는 사방팔방에서 위협을 받고 있다. 이 위험들 하나하나를 놓고 보면, 크게 상호연관성이 없어 보일 수 있다. 그러나 이렇게 되면 긍정적인 피드백 상태에 항상적으로 존재하는 위협요소를 간과해 버리게 된다. 이 가운데 몇 가지 위협요소들은 특히 민감한 연결고리들에 마치 레이저빔처럼 집약적으로 영향을 끼침으로써 즉각 체제를 압박하게 된다. 그 결과 체제 전체가 임계臨界 상태에 도달하여 압도적인 영향을 경험할 수 있다. 이 최종적인 결말은 아마 최악의 지구적 사건으로 나타날 것이다.

따라서 이 위험의 개념들을 정확하게 파악하여, 21세기의 세계 자유시장을 보호하는 데 직접적으로 적용할 수 있어야 한다. 유사한 예 한 가지를 들겠다. 자연에서는 대량멸종의 경고 없이도 수많은 지역 고유의 종들과 단일 종들의 멸종이 가속화될 수 있다. 이와 마찬가지로 시장 체제에서도 서로 관계가 없어 보이는 개개의 특정한 시장실패들이 잇따라 상호 상승작용을 일으키면서 시장의 지각변동으로 치달을 수 있다.

저명한 과학자들은 "거대한 상호작용 시스템은 끊임없이 자기조직화하면서 임계상태로 나아가는 속성을 지녔기 때문에 이 임계상황에서는 사소한 사건 하나가 궁극적으로 대파국으로 귀결될 수 있는 연쇄반응의 출발점이 된다"고 설명한다. 그런데 이 '거대한 상호작용 시스템'의 전형적인 예가 바로 세계시장이다. 따라서 '자기조직화하는 임계상태'라는 개념은 자연계와 경제영역 모두에 다 적용될 수 있다. 이와 같이 '사소'하지만 결정적이면서 상승작용을 하는 사건이 언제 발생할지는 예측할 수 없지만, 그 시간범위가 '조만간'에 속한다는 것만은 명백하다.[1]

이 '임계상황'을 좀더 광범위한 맥락, 즉 철학자인 폴 비릴리오Paul Virilio가 '지구적 사건'이라고 불렀던 맥락에서 살펴볼 수 있다. 세상에서 가장 뛰어나고 유익하고 유용한 발명은 그 속성과 관계없이 본질적으로 자기 고유의 실재적 사건을 내재하고 있다고 비릴리오는 말한다.

그러므로 비행기의 발명은 비행기 충돌의 발명을 동시적으로 함축하고 있으며, 원자력의 발명은 곧 원자로 노심爐心의 용해를 의미하며, 컴퓨터의 발명은 재앙적인 정보 손실과 사기의 가능성을 수반하고 있으며, 주식시장과 그 밖에 환거래와 투기 시장의 발명은 궁극적으로 금융 거품의 폭발로 나아간다 등등을 상정할 수 있다.

학술적인 용어를 사용해서 표현한다면, 자본주의는 인류의 자연적인 상태가 아니다. 그보다는 인간의 발명재능이 누적된 결과물이자 하나의 사회적 구성물이다. 그리고 그 자체가 인간역사에서 가장 빛나는 집단적 발명이다.

이에 따라 세계(와 우리 특별연구팀)가 맨 처음 맞닥뜨린 핵심적인 질문은 다음과 같은 것이다. 이 지구적 발명의 바로 그 성공은 동시에 미래의 어딘가에 지구적인 사건이 매복되어 있음을 함축하고 있는가? 아마 이 지구적 사건의 한 가지 형태는 자본주의 체제와 세계경제가 회복 불가능한 상태가 되는 것일 터이다.

특별연구팀이 이 질문에 대해 해답을 제시할 수는 없지만, 이 질문을 다음과 같은 식으로 접근해 볼 수 있다. 또한 이에 대해 답변하는 것이 위임위원회가 특별연구팀에 부여한 임무이기도 하다.

- 현재 세계체제는 보호되고 있는가?
- 현 조직구조로 이 임무를 충분히 수행할 수 있는가?

특별연구팀은 부정적이라는 결론을 내렸다. 자유시장과 전지구적인 경제를 관리·감독·보호하고 영구화하기 위해 지금까지 고안해 낸 수단들은 총체적으로 다 부적절하다.

부적절한 국제기구

현존하는 세계기구들의 설립과정을 간략하게 살펴보더라도, 대부분의 기구가 가시화되고 있는 위험들을 피하는 데 아무런 쓸모가 없다는 것을 확인할 수 있다. 더욱이 이 기구들이 지금과 같이 잘못된 안보의식을 전파하는 한, 단순한 무용지물의 차원을 넘어 심각한 폐해를 야기할 수 있다. 한마디로 오늘날 세계는 비극적일 정도로 관리부재의 상태에 빠져 있다.

과거의 국제기구들

제1차 세계대전 이후에 설립된 국제기구 중에 오늘날까지 남아 있는 것은 예를 들어 세계노동기구International Labor Organization(ILO)를 비롯하여 몇 개 안 된다. 그리고 이 기구들이 하는 일은 규제라기보다 조정 역할이 고작이며, 혹은 경제적 중요도가 떨어지는 극히 제한된 기술영역에서 미미한 도움을 제공하는 정도이다(예를 들어 국제우편연합).

국제결제은행The Bank for International Settlements(BIS)

1930년 바젤Basle에서 설립된 국제결제은행은 흔히 중앙은행들의 중앙은행으로 일컬어지고 있다. 국제결제은행은 국제적인 통화협력을 위한 장을 제공하고 자료를 집결시켜서 가이드라인을 제시하는 등, 국제 정보교환센터의 역할을 한다. 국제결제은행의 이와 같은 역할은 대형은행들의 파산(1974년 방크하우스 헤르슈타트Bankhaus Herstatt, 1990년 드렉셀 버넘Drexel Burnham, 1991년 BCCI, 1995년 베어링Bearing의 파산) 이후에 나타날 수 있는 파급효과와 사회적 공포를 완화시켜 준다.

아마 국제결제은행은 금융시장의 규제자 역할을 하는 데 있어서 최적임자일 것이다. 그렇지만 오늘날 이런 역할을 하고 있지 않다. 사실 국제결제은행은 강제 집행력을 전혀 행사하지 못할 뿐 아니라, 시장 운영자들은 시시각각 새로운 금융기관들을 고안해 내기 때문에 국제결제은행은 사후처방 식으로 이에 대처하기에 급급한 실정이다.

일반적으로 방대한 규모의 거래는 우려할 만한 사태를 발생시키는 요인이 될 수 있다. 그러나 국제결제은행의 "공식적 입장은, 내부적 통제와 외부적 투명성 그리고 시장적 기능을 향상시키는 데 더욱더 힘을 기울여 보완이 된다면, 현재 보유하고 있는 규제장치만으로도 체제의 리스크를 충분히 제어하고 차단할 수 있다는 판단이다." 그러나 특별연구팀의 입장은 이런 낙관적인 전망을 할 수 없다는 것이다.

브레턴우즈 기구 The Bretton Woods Institutions

1944년에 저 유명한 브레턴우즈 회의에서 창설된 '쌍둥이' 기구가 바로 세계은행the World Bank과 국제통화기금(IMF)이다. 이 두 기구는 남반구를 비롯하여 이보다 범위가 약간 좁은 구소련과 그 위성국가들에 경제적 규율을 제도적으로 정착시키고 강화해 나가는 데 있어서 무한한 가치를 발휘했다는 것이 입증되었다. 1997년 말에는 지금까지 경제적으로 주권국가였던 한국과 태국, 인도네시아 등 동아시아와 남아시아 국가들에서도 동일한 기능을 수행하기 시작했다.

과다채무국들은 세계은행과 IMF가 제시하는 구조조정 프로그램을 수용하는 것 외에는 선택의 여지가 거의 없다. 자의든 타의든 수십 개의 과다채무국들은 자국경제를 개방하고 국가소유 기업을 민영화하고 환율관리를 폐지하고 세계시장에의 참여도를 높여나감으로써 계속 채무를 상환해 나가고 있다.

이와 같은 것들은 실로 주목할 만한 업적이며 이 업적을 달성하는 데 혁혁한 공을 세운 기구가 바로 이 브레턴우즈 기구들이다. 즉 세계은행과 IMF는 경제적 세계화 과정을 촉진·심화해 나가는 데 귀중한 도구의 역할을 충실히 해나가고 있다.

그렇지만 2차대전이 종식될 무렵에 이 쌍둥이 기구가 출범한 이후로 세계는 엄청나게 변화하였다. 바야흐로 세계은행과 IMF는 '중년의 위기'를 겪고 있다고 해야 할 것이다. 애초에 이 기구들은 금융개발 프로젝트 추진용이나 일시적인 지불불균형 문제를 수습하는 용도의 자금을 배분한다는 취지 아래 설립되었으나, 지금은 금융시장이나 개인투자자들과 치열하게 경쟁해야 하는 상황에 직면해 있다.

대체로 기업과 은행은 오로지 자기 입장에서 어느 지역이 최적의 투자처이고, 남반구나 동구의 어떤 나라가 돈을 빌려줄 가치가 있는지 판단한다. 이 점에서, 세계은행과 IMF는 자신들이 이룩한 성공의 희생자라고 할 수 있다. 두 기구는 어쩌면 스스로 존립근거를 허물어뜨리면서라고 해도 무방할 정도로 적극적이고도 정력적으로 예속국가들의 개방화와 시장경제를 촉진시켜 나갔던 것이다.

이런 면에서는 확실히 세계은행이 IMF보다 훨씬 더 취약하다. 그러나 모든 사람들이 여전히 시장이 제대로 돌아가지 않을 때는 이 기구들이 중요한 막후 역할을 해주기를 원한다. 또 개인투자자가 엄청난 오판을 하였을 때 공공기금을 개인투자자들에게 흘려보내는 데 있어서 절대적으로 필요한 존재라고 생각한다. '대사불마'의 원칙이 적용될 때마다, 세계은행과 IMF는 멕시코와 러시아, 아시아 국가들의 위기에서 담당하였던 것과 똑같은 역할을 한다. 그에 비해, 자기가 낸 세금이 자기 나라를 구원하는 데 쓰이기보다 오히려 금융시장의 거물급 개인투자자들을 구제하는 데 들어간다는 사실을 제대로 파악하고 있는 사람은 극소수에 불과하다.

이제 세계은행과 IMF는 보다 기민하게 새로운 상황들에 적응하는 데 온힘을 기울여야 한다. 그 밖에 '대외원조 산업'과 마찬가지로, 국제개발협회International Development Association —각국 정부의 보조금으로 설립된 세계은행의 '연성차관'soft loan[2] 기관이다— 는 최초

출자국들의 출자금이 계속 축소하리라는 것을 예상해야 할 것이다. 세계은행은 시장세력들과 보다 긴밀한 동맹체제를 구축해야 하며, 그에 따라 산하의 민간영역 협력기관들(국제금융공사International Finance Corporation, 다자간투자보증기관Multilateral Investment Guarantee Agency)을 업그레이드해 나가야 한다는 것을 이미 간파하고 있다. 세계은행의 상대적으로 구태의연한 대출방식과 관련해서는, 민간기업의 자문 역할을 집중적으로 강화시키는 것이 필요하며 이를 통해서 정부와 민간기업의 매개 역할을 해야 할 것이다.

IMF의 경우에는, 부채탕감 및 회계 관행과 관련해서는 지금까지와 다름없이 보수적인 강경노선을 고수하고 또 구조조정에 들어간 국가들은 구조조정의 규준을 엄격하게 준수하도록 독려하는 것을 기대해 볼 수 있다. 그러나 또 한편으로, IMF나 세계은행이 재앙 수준의 금융사고를 방지하거나 예측할 수 있을 것으로 기대한다는 것은 실로 무모하기 짝이 없다.

세계은행과 IMF 그리고 이 기구들에서 일하는 수천 명의 고도로 숙련된 고액연봉의 경제학자들은 지난 수십 년 동안 멕시코에 깊숙이 개입해 있었지만, 1994년 12월의 멕시코 금융위기를 예측하지 못했다. 아니, 설령 이들이 금융위기를 예측했다 하더라도 그 상황이 얼마나 긴박한지는 경고해 주지 못했을 것이다. 마찬가지로 이들 경제학자들은 1997년 아시아의 금융시장들이 급격하게 요동치는 혼란상황을 전혀 예상하지 못했다.

IMF는 미국의 간청을 받아들여, 금융위기가 폭발하기 직전이었던 멕시코를 구제하기 위해 막대한 재정지원을 하였다. 이것은 러시아의 침몰을 막기 위해 신규 차관을 제공하면서 제시한 IMF의 규칙을 모두 위반하는 행위였다. 그리고 특별연구팀이 『리포트』의 작성을 종결짓고 있을 무렵부터는, 아시아의 '호랑이들'에게 엄청난 규모의 차관을 제공하기 시작하였다. 그러나 분명한 사실은, IMF의 재원은 무한하지도 않거니와 신축성이 있지도 않다는 것이다.

만약 국제적 경제공동체가 IMF에 체제적 위험의 예측뿐 아니라 그 위험을 제지하는 능력까지 기대하게 된다면, 필시 그럴듯해 보이는 종이기둥에 기대고 있는 격이 된다는 우려를 하지 않을 수 없다. 길은 두 가지밖에 없다. IMF의 총자산 규모를 늘려서 잠재적인 재앙요소들을 근절시키든가, 아니면 IMF를 대체할 더 강력하고 역량 있는 기구를 설립하는 것이다. 무엇보다도 IMF는 자만에서 벗어나야 하며, 또한 견실한 연구풍토를 위해서는 독선적인 논리를 버려야 한다. 이렇게 할 때 비로소 제도적으로 원활하게 작동하여 적시에 경보를 울리는 임무를 충실하게 수행할 수 있을 것이다.

특별연구팀은 브레턴우즈 기구들이 조만간 폐쇄될 것이라고 예상한다거나 즉각적인 폐쇄를 권고하는 것은 아니다. 세계은행과 IMF는 세계 대부분의 지역에서 개방화와 민영화, 구조조정이 확실하게 진행되도록 하는 역할을 계속해 나가야 할 것이다. 이 임무는 어느 한 개인이나 북반구의 한 국가 혹은 국가그룹이 직접적으로 수행할 수 있는 성질의 것이 아니다. 게다가 이 기구들은 G-7국가들이 금융위기를 겪고 있는 다른 '주권국가'들의 국정에 공공연히 개입할 필요성을 없애준다는 점에서, 특히 G-7국가들에게는 매우 유용한 존재이다.

유엔(The United Nations)

세계의 안보와 관리에 대한 논의는, 최소한 의례적으로라도 UN에 회부해야 한다. 그러나 UN은 고유의 임무인 평화유지 기능을 신뢰성 있게 수행한 몇 가지 사례를 가지고 있지만, UN 총회나 산하 전문기구들에서 주요 회원국을 중심으로 끊임없이 논의되고 있는 명실상부한 규제력을 그 밖의 영역에서 발휘할 수 있을 것으로 보이지는 않는다.

유엔 산하기구들 가운데서 가장 성공적인 사례는 아마 유니세프 UNICEF일 것이다. 그 이유는, 대부분의 국가들이 아동 예방접종 같은 사업은 가치가 있다고 판단할 수 있기 때문이다. 그렇지만 상대적으로 논쟁의 여지가 많고 민감한 영역에서 활동하는 다른 산하기구들은 실질적인 권한이 전혀 없을 뿐 아니라 앞으로도 이와 같은 상황이 달라지지는 않을 것이다. 예를 들어 식량농업기구Food and Agricultural Organization(FAO)는 세계 식량생산과 식량공급의 배분에 대하여 통제력을 행사하지 못하고 있으며, 유엔환경계획(UNEP)은 환경보호에 있어서 무용지물이나 다름없는가 하면, 유엔무역개발회의UN Commission on Trade and Development(UNCTAD)는 무역에 관한 규정을 수립하지 못하고 있는 것 등이다.

UN의 유용성은 주로 약소국들의 국제무대 역할을 한다는 점에서 찾을 수 있다. 즉 UN이라는 이 '국제공동체'에 가입해 있는 약소국 회원국들에게 자신들도 동등한 자격으로 세계적인 현안들에 대해 발언하고 있다는 환상을 심어줄 수 있기 때문이다.

잠재적으로 매우 광범위한 파급력을 지녔다는 점에서 가히 혁신적이라고 할 수 있는 사건은, 테드 터너Ted Turner가 UN에 수십억 달러의 거금을 희사한 것이다. 터너의 이타적 정신과 배포 큰 아량을 유감없이 보여주었다는 점 이외에도, 이 기부금은 국제기구와 정부간기구의 민영화에서 최초의 박애적 시도로 기록되며, 또 이것이 선례가 되어 개인이나 기업의 기부금이 줄을 잇게 되면 향후 UN정책을 집단적으로 수립할 수 있을 것이다. 이런 긍정적인 측면이 있는 반면에, 유감스럽게도 UN기부금이 장기 연체되어 있는 미국을 대신해서 납부한 것일 수도 있다. 때가 되면 밝혀지겠지만, 아무튼 지금은 국제기구에 대한 책임을 소홀히 할 때가 아니다.

세계무역기구The World Trade Organization

국제적으로 성공적인 사례를 꼽는다면 WTO가 훨씬 더 유망하다. WTO는 1995년 1월 1일에 무역 및 관세에 관한 일반협정the General

Agreement on Tariffs and Trade(GATT)의 후신으로 설립되어서 국제무대에서는 상대적으로 신참자일 것이다. 그러나 회원국들로부터 실질적인 의사결정권과 규제력을 부여받았다는 점에서는 아마 새로운 세계질서의 선구자라 할 수 있을 것이다. WTO의 출범은 자유 시장경제의 세계화가 확고하게 정착되기를 희망하는 사람들에게 반가운 소식이며, 특별연구팀 역시 중요한 일보전진이라는 점에서 WTO에게 찬사를 보내는 바이다.

WTO체제에서는 개별 회원국들은 무역을 방해하는 행위를 일절 할 수 없게 되어 있다. 만약 이와 같은 행위를 시도한다면 그 국가는 영구적인 제재를 받게 된다. 『월스트리트 저널』*Wall Street Journal*이 진심으로 존경을 표하며 표현하고 있듯이, WTO는 "정부가 경제를 지휘할 수 있다는 사고방식의 심장부에 박아놓은 또 하나의 쐐기이다." WTO의 수장이 "우리는 단일 세계경제권의 헌법을 만들어나가고 있다"고 선언한 것은 크게 과장이 아니었다.

WTO의 법조항에 따라, 무역을 제한하는 관행은 금지되어 있으며, WTO 회원국은 비관세장벽에 대해 이의를 제기하는 조치를 일절 취할 수 없게 되어 있다. 인간건강과 환경의 보호를 위한 조치라는 명목을 달고 있어도 예외가 인정되지 않는다. 그리고 무역분쟁에 대해서는 각국의 법정이 아니라 WTO위원회가 분쟁을 심리하고 구속력 있는 결정을 내린다.

이것은 국제기구가 특정 국가의 이해관계―그것이 그 나라의 법이나 관습에 의해서 존중받고 있는 경우에도―를 다른 것으로 대체하거나 그에 제동을 걸 수 있는 권한을 획득한 최초의 쐐거이다. WTO의 설립헌장은 다음과 같이 명시하고 있다. "각 회원국은 WTO의 법과 규정과 행정절차를 〔WTO에 대한〕 의무로서 준수할 것을 확약해야 한다." 이 의무의 범위는 과거·현재·미래의 법률 모두를 포괄한다.

한편 이와 같은 국제적 차원의 규제기관은 심각한 모순을 야기할 위험성 또한 내재하고 있다. 일례로, 민주주의가 발달한 부유한 국가들과 독재정권이 권력을 잡은 가난한 국가들이 노동권이나 환경보호, 무역관계 등과 같은 사안에 대해 기본적으로 반대의사를 이미 밝히고 있다.

부유한 국가들에서도 반발이 일어날 수 있다. 시민의식이 투철한 소비자들이, WTO 규정에 따라 자기 나라가 지금까지보다 훨씬 저급한 표준들을 의무적으로 수용해야 한다는 것을 알게 되면 거세게 저항할 수 있다. 구체적으로 이들에게 매우 중요한 식품·건강·안전 부문들과 환경영역이 불가피하게 영향을 받게 될 것이며, 또 선진국들은 후진국에서 위생이나 생태적인 면에서 매우 의심스러운 상태에서 생산된 상품의 수입까지 허가해야 할 것이다.

무작위 추출한 다음 몇 가지 사례는 이 점을 잘 보여준다. 현재 유럽이나 북아메리카의 대부분 국가들에서 허용되는 기준치를 훨씬 초과하는 농약잔류물(그 가운데 일부는 암을 유발하는 것으로 알려져 있다)이 함유된 과일, 채소, 포도주가 시장에서 소비자들에게 판매될 것이다. 그리고 유럽 사람들은 성장호르몬이나 유전자 조작 사료로 사육된 미국산 쇠고기를 받아들여야 할 것이다. 그 밖에 석면이나 유독성 폐기물, 유망流網 어획에 관한 무역금지 조항이 폐지될 수 있으며, 식품내용물 표기 의무화가 우선 연기될 수 있으며, 유해물질이 들어 있는 제품들 상당수가 합법화될 수 있다.

이와 같이 현실적 조건이 악화되는 것에 발맞추어서, 소비자단체와 환경단체들의 목소리는 더욱더 커질 수 있다. 시민들도 WTO의 분쟁해결 절차에 대해 분노를 표출할 것으로 보이는데, WTO에서는 옵서버 없이 위원단만 배석하여 심리하고 관련 서류나 사본, 회의록을 일절 공개하지 않기 때문이다.

과거 GATT체제에서는 무역제재의 경우 당사국을 제외한 회원국 전체가 만장일치로 제재에 찬성해야만 조치를 취할 수 있었다. 그리고 제재절차가 지나치게 허술하고 실질적인 구속력을 가지지 못함으로 해서,

회원국들은 제재조치를 전혀 두려워하지 않았다. 그러나 WTO는 사태를 완전히 반대방향으로 접근하고 있다. WTO위원회에 의해 유죄를 인정된 당사국에 대한 무역제재는, 그로부터 90일 이내에 회원국 전체가 만장일치로 반대하지 않으면, 자동적으로 적용하게 되어 있다.

이상의 내용을 정리하면 다음과 같다. WTO와 같은 한두 가지 범상치 않은 성공사례와 세계무대에서 구속력을 가지는 정책의 수립 등 몇 가지 발전에도 불구하고, 국제 차원의 규제영역은 빠져나갈 구멍이 곳곳에 널려 있다. 이 영역이 독자적인 역량을 확보하기 위해서는 세계화된 경제에 걸맞은 규칙이 수립되어야 할 것이다. 이 규칙들을 수립하는 데 있어서 최적임자는 현 세계경제의 주요 행위자들이다.

다국적기업의 역할

다국적기업은 기업의 존립과 수익성을 보장해 주는 이 체제의 영속성을 확고히 다지는 데 필요한 각종 정치적 통제 메커니즘을 제공할 수 있으며, 또 제공해야 한다. 물론 이들 거대기업은 매년 다보스에서 개최되는 세계경제포럼 World Economic Forum이나 대서양기업대화 Trans-atlantic Business Dialogue 같은 자리를 통해 세계 지도자들과 합의점을 찾아나가는 시도를 하고 있지만, 정치적 통제 메커니즘을 제공해야 한다는 데 대해서는 거의 인식하지 못하고 있다.

앞으로 다국적기업들은 이런 판단을 내릴 수 있다. 즉 경쟁이 정말 좋은 것이기는 하지만 적절한 경영을 해나가는 데 있어서는 크게 도움이 되지 않는다. 이 유형에 꼭 들어맞는 대표적인 예가 석유산업이다. 일반적으로 석유산업은 경쟁행위를 포기하고 생산·배분·가격을 사실상 집단적으로 관리해 오고 있다. 다른 산업부문들은 모두에게 손해가 되는 살인적인 경쟁전술들을 회피하기 위해 19~20세기에 자국 내에서 했던 것처럼 국제적으로 상호담합을 하게 될 것이다.

그러나 특별연구팀이 우려하는 바는, 현재 이와 상당히 동떨어진 상황이 전개되고 있다는 사실이다. 최근에 초대형 합병이 성사된 몇몇 사례가 있기는 하지만, 유럽·미국·일본을 비롯한 그 밖의 다국적기업들은 여전히 세계시장 점유율을 둘러싸고 치열하게 경쟁하고 있다. 다국적기업들이 이렇게 각축전을 벌임으로써, 이미 허약해진 세계체제는 더 크게 동요하고 있다. 근래에 들어서 자동차·화학·제약 등 여러 산업부문이 포화상태에 이른 과잉 생산역량 때문에 전전긍긍하고 있다. 또 거대기업들은 개별기업 단위로 첨단기술에 투자를 함으로써 최소한의 노동력 투입으로 일시적인 수익을 창출하려는 시도를 하고 있다. 결과적으로 고도로 효율적인 공장이 지나치게 많이 생겨나서, 지불능력을 가진 지나치게 적은 구매자들을 위해 지나치게 많은 제품을 생산하고 있는 것이다. 기업이 근로자를 해고하게 되면, 그와 동시에 자기 고객 역시 '축소'되게 마련이다. 헨리 포드Henry Ford의 혜안을 능가할 만한 것은 아직 발견되지 않고 있다. 포드는 이렇게 말했다. "여러분은 여러분의 근로자들이 여러분의 차를 충분히 구입할 수 있을 정도의 급료를 지급해야 한다"Pay your workers enough so that they can purchase your cars.[3]

현재 생산되고 있는 자동차(와 그 밖의 수많은 상품들)를 전량 판매한다는 것은 수학적으로 불가능하기 때문에 중대한 산업 재편성이 일어나게 되어 있다. 그런데도 기업들은 여전히 구태의연하게 현대적 설비가 갖추어진 지금의 공장을 폐쇄하고 다른 지역에 더 현대적인 공장을 지어서, 일반적으로 더 적은 숫자의 저렴한 근로자를 고용하여 생산과정에 투입시키고 있다.

이와 똑같은 양상이 거의 모든 제조업 분야에서 유행처럼 번져 나가고 있다. 특히 최근 들어 기업들이 부채를 상환하기 위해 수출상품을 전량 투매하는 등 아시아에서의 패배로 인해, 공급과잉은 더욱 악화될 전망이다. 한편 이 때문에 아시아 고객들의 구매행위는 더 위축될 것이다. 지금까지 거의 산업 전반에 걸친 공급과잉에 대한 다국적기업들의 대응은 협력보다는 더 치열하게 경쟁하는 방식으로 나타났다. 결국 다국적기업들은 서로 일시적인 이익을 더 많이 획득하기 위한 파멸적인 경쟁에 계속 빠져들고 있는 것이다. 만성적인 과잉 생산역량은 1930년대의 대공황을 야기한 한 가지 요인에 불과했으며, 현재 대공황의 발생요인들 대부분이 또 다른 공황을 불러들일 준비를 하고 있다.

환경문제에 대한 대응을 보면, 다국적기업들이 규제의 책임을 성실하게 받아들이기를 거부하는 증거가 더 많이 확인된다. 1992년에 UN은 리우데자네이루에서 유엔환경·개발회의UN Conference on Environment and Development(UNCED)를 개최했다. 그런데 리우회의에 앞서, 수십 개의 다국적기업(TNCs)이 주축이 되어 설립한 '지속가능한 개발을 위한 세계경영협회'World Business Council for Sustainable Development는 구속력을 가지는 것이든 그렇지 않은 것이든 일체의 다국적기업 환경행동강령에 관한 논의를 원천봉쇄하기 위해 UNCED 사무국과 긴밀한 공조체제를 취하였다. 환경에 대한 의무는 스스로 책임지고 이행해 나갈 것이며 이행할 수 있다는 것이 다국적기업의 주장이다.

이에 따라 리우회의는 환경 규제 및 관리를 전적으로 개별정부에 맡겨버렸다. 그렇지만 기업은 국가를 초월하고 대부분의 환경문제는 국경을 초월한다는 것은 자명한 이치이다. 아무튼 선명한 입장을 견지하며 환경 가이드라인(이른바 '의제21')을 발의한 유일한 국제적 모임이었던 리우회의는 암묵적으로, 다국적기업은 개별적으로 자기규제를 한다는 것을 인정하였다.

일부 전문가들과 기업의 대변인들은 자신들은 집단적 차원에서 환경보존에 기여할 수 있다고 말한다. 물론 고무적인 몇 가지 사례가 있는 것은 사실이지만, 이 주장을 뒷받침해 주는 증거는 거의 없다는 것이 특별연구팀의 판단이다.

금융시장의 규제

현존하는 대부분의 국제기구와 다국적기업들은 시장을 토대로 한 이 체제를 총체적으로 관리할 수도, 관리할 역량도, 관리할 의지도 없다. 요동치는 금융시장의 위협과 국제무대에서 금융자본의 우월적 지위를 고려한다면, 주요한 금융행위자들을 설득하여 이 역할을 담당케 할 수도 있지 않을까 하는 생각을 해볼 법도 하다. 그러나 국제금융의 입장에서 본다면, 세계적으로 책임 있는 행동을 하는 것을 방해하는 몇 가지 요소가 현실적으로 존재한다.

일부 관측자들은 현재의 정보기술 수준이 대형 금융사고를 예측하고 제압할 수 있을 정도로 막강하다고 주장한다. 특별연구팀은 그렇지 않다고 본다. 왜냐하면 무수히 많은 층이 겹쳐져 있는 복합성이 엄연히 존재하기 때문이다. 처음으로 시장은 국경 없는 세계에서 작동하게 되었지만, 이런 세계를 가능하게 했던 기술은 그 자체의 성과와 과도함으로부터 스스로를 보호하는 수단들보다 훨씬 더 빠른 속도로 확산되고 있다. 시공간 개념이 통합되고 사라지면서 안정성 자체가 근원적으로 위협을 받고 있다.

정보기술이 발달함에 따라 정보운용자들은 동시적이고 항상적인 접촉이 가능해졌지만, 그렇다고 해서 정보기술이 그 운용자들을 자신의 행위로부터 보호해 줄 수 없거니와 오히려 심각한 사고를 야기하는 데 일조할 수도 있다. 1987년 미국 증시의 추락에서 '프로그램 거래'의 역할은 이 점을 사실적으로 보여준 최초의 예이다.

가장 강력한 국가들에서도 더 이상 행정당국은 자국의 화폐가치와 금융정책에 대해 완전한 통제력을 행사하지 못하고 있다. 외국인들은 정부가 발행하는 채권(결국 국가채무이다)을 다량 보유하고 있으며, 가장 미미한 수준의 불길한 조짐만 감지되어도 즉각 투자자금을 회수함으로써 금융보유고를 고갈시키거나 환율을 크게 요동치게 할 수 있다. 조지 소로스George Soros의 수십억 달러가 영국 파운드화에 가한 일격은 더 이상 중앙은행이 막강한 투기자들의 호적수가 되지 못한다는 것을 여실히 보여주었다.

바야흐로 일국의 금융시장은 세계 금융시장에 완전히 통합되어 있다. 그리고 과거와 달리, 서로 다른 종류의 시장들 사이의 경계 역시 허물어져 버렸다. 장기자본 시장과 단기자본 시장, 외환시장, 옵션시장, 선물시장, 상품이나 파생상품 시장 등을 뚜렷이 구분하는 경계선을 더 이상 그을 수 없다. "모든 것은 레버리지 효과로!" 문자 그대로 경제 전체가 순 명목가치를 대표하는 종이서류를 기반으로 하고 있다. 파생상품 시장은 무서운 속도로 팽창하고 있다. 금융위기에 대비한 보호장치로 개발되었던 파생상품 시장이 이제는 금융위기를 고조시키고 있다.

금융시장은 '실물'경제나 무역과 밀접한 연관성을 유지하고 있지도 않다. 외환시장의 하루 평균 유통량은 유형상품과 비금융서비스의 총 거래량을 시장가치로 환산한 규모보다 최소한 50배는 더 된다.

최신 정보기술로 무장한 금융시장의 주요 운영자들로 구성된 비밀 회의라면 사고의 위험성을 축소시킬 수 있을 법하지만, 과연 누가 나서서 이들을 소집할 수 있을까? 어떤 사람들이 금융재앙을 방지하는 솜씨를 발휘할 수 있을까? 대부분의 분야에서는 세계시장의 사고발생 가능성조차 인식하지 못하고 있는 실정이다.

개인투기자나 기업, 은행, 중개업소, 연기금 등은 이 체제로부터 엄청난 이익을 거두어들이고 있지만, 이들은 자신들의 최고 장기적 이해 관계와 관계없이 체제 자체에 신경을 쓰지도 않거니와 쓸 수도 없다. 이들 금융운용자들은 이성적인 존재이며, 시장은 모든 시장참여자가 이성적으로 행동하고 인식하고 예측한다는 것을 전제로 하고 있다. 그러나 금융분야에서는 즉자적인 판단이 지배한다. 단기성 논리가 장기적 수익성에 부정적인 영향을 끼치는가 하면, 운용자 개개인의 당장의 권리가 오히려 그 권리를 보장해 주는 체제의 유지보다 우선하게 된다. 이와 같은 상황에서, 과연 세계적인 규모의 심각한 사고를 방지하는 것은 고사하고 각종 위험한 경향조차 차단할 수 있겠는가?

국제 금융거래에 대한 과세 문제는 의제로 상정되어도 형식적으로 처리되어 버려, 매우 낮은 수준에서조차도 거의 논의되지 않고 있다. 엄청난 규모의 활발한 거래를 통해서 많은 사람이 부자대열에 진입하고 있지만, 바로 이 때문에 다음과 같은 인간행위의 기본 법칙이 작동하리라는 것을 예상할 수 있다. 즉 이 같은 활발함에 비례하여 집단적 저항이 극대화됨으로써 여기에 제동을 걸게 된다는 법칙이다. 대형 금융사고는 수많은 기업도산으로 이어지고 실업을 급격히 증가시킴으로써 화산폭발 규모의 사회적 폭동을 야기하게 될 것이다. 오늘날 세계 금융위기는 1929년 공황보다 훨씬 더 심각할 것으로 예상된다. 그런데도 현 시점에서 이 위기를 피한다거나 제지계획을 수립하는 것은 불가능해 보인다.

과학적 사례를 가지고 한 가지 비유를 해보도록 하겠다. 어떤 사람들은 전체의 더 큰 선을 위해 자신의 눈앞의 이익이나 자신을 희생시키고 이타적으로 행동할 수 있을지 모른다. 그러나 생물학자들의 주장에 따르면, 실험을 통해 관찰된 동물적 '이타심'은 자신의 유전자를 후손들에게 물려줄 기회를 최대화시키고자 하는 행위의 발로라는 것이다. 유명한 유전자학자 홀데인 J. B. S. Haldane은 언젠가 이런 재치 넘치는 말을 한 적이 있다. "내가 삶을 포기하게 된다면, 그것은 나의 형제 세 명과 사촌 아홉 명을 위해서일 것이다."

위임위원회 위원들께서 재차 상기할 필요가 있는 바이지만, 자유시장의 이론과 실행은 이타정신이나 자기희생이 아니라 즉자적인 자기이익과 자기이윤의 획득을 그 토대로 하고 있다. 따라서 만약 이 시장에서 통계적으로 상당 규모의 비이기적 행동이 나타난다면, 실로 놀라운 일이 아닐 수 없다. 가령 일부 정책과 개인행동이 다른 정책이나 개인행동들보다 그 체제를 훨씬 더 잘 보호하는 것으로 여겨질 수 있을 때조차 이 법칙은 엄연히 관철된다. 즉 자신이 선조로부터 물려받은 유전자를 똑같이 물려주기 위해서인 것이다. 하지만 오늘날의 시장행위자들은 오직 자신에게만 관심을 기울일 뿐, 자신의 개별적·집단적 유산을 계승시키는 데는 전혀 관심을 가지지 않는다.

이 문제를 역사적 측면에서 접근해 보면 보다 더 확실해질 것이다. 루스벨트Franklin Delano Roosevelt 대통령 집권시기의 뉴딜정책 New Deal은 명백한 종말을 눈앞에 둔 미국 자본주의를 구출해 내었으며 미국이 급진적 인민주의나 사회주의, 심지어 국가사회주의 같은 길로 빠지는 것을 막았다. 만약 루스벨트가 강력한 케인스주의의 계획을 가지고 개입하지 않았다면, 오늘날 세계에서 가장 막강한 경제권이자 자유시장의 가장 강력한 옹호자인 미국에서 자유주의 체제는 와해되어 버렸을 것이다. 1929년에 증권시장이 붕괴되면서 곧바로 조짐을 보이던 사회적 균열현상은 1933년에 이미 상당히 심각한 수준에 이르렀기 때문이다. 따라서 루스벨트는 영웅 대접을 받을 자격이 있으며 당당한 자본가로서 칭송되어 마땅하다.

그러나 1930년대의 미국사회에서 실제로 관찰되는 것은 루스벨트에 대한 미국 상류계급의 깊은 불신과 그보다 더 깊은 증오심이다. 우리 연구원 한 사람이 개인적으로 증언하고 있듯이, 당시 대부분의 가정에서 '루스벨트'라는 이름은 숙녀나 어린아이, 심지어 하인들 앞에서는 결코 입에 올려서는 안 되는 금기였다. 그래서 사람들은 '그 인간'이라고 지칭하였다. 분명 뉴딜정책은 미국을 구했다. 하지만 당시에 가장 극렬하게 반대했고 지금까지도 적개심을 가지고 있는 반대자들로부터 여전히 신뢰를 받지 못하고 있다.

만약 정부당국이 루스벨트의 정책들을 실시하는 시도를 한다면, 즉각적으로 시장이 반발할 것이다. 아마 세계적 차원의 케인스주의 정책이나 금융거래에 대한 과세, '사회안전망 기금'의 조성 등은 심각한 사고를 사전에 차단하고 광범위한 사회적 격변을 제지할 수 있을 것이다. 그러나 과거 미국의 기업엘리트와 금융엘리트들이 뉴딜정책에 지지를 보내지 않았던 것과 마찬가지로, 이 제안 역시 궁극적으로 여기에 이해관계를 가지고 있지 않은 사람들로부터 지지를 받지 못할 것이다. 그 결과, 세계적인 차원의 재분배정책이나 금융시장 규제정책은 수립할 엄두도 내지 못하고 있으며, 그렇지 않아도 변변찮은 세계기구들은 체제의 위협을 축소시킬 가망이 거의 없다.

하나, 둘… 많고 많은 세계시장

우리는 관례적인 용법에 따라서 '시장'이라는 용어를 계속 사용하고 있지만, 현실적으로 단일한 세계시장이 존재하는 것은 아니다. 다음과 같은 네 개의 시장이 서로 중첩되고 맞물려 있다.

- 전통적인 상품·서비스 시장
- 노동시장
- 금융시장
- 갓 형성되기 시작한 환경시장(토지, 유·무형의 물리적 자원 그리고 자연을 '무료'나 유료로 공해 및 폐기물의 저장소로 사용하는 것 등으로 구성되어 있다)

다국적기업은 이상 네 가지 시장 모두에서 항상적이고도 동시적으로 활동한다. 다국적기업은 가장 유리한 조건에서 가장 생산성 높은 노동을 선택하고자 하며, 끊임없이 여러 화폐에 분산투자하여 선물先物거래의 가치를 보장해 나간다. 또한 다국적기업은 자연자본을 소비하고, 폐기물 처리시설을 사용하며, 상품과 서비스를 판매한다. 그런데 이상의 활동들은 설령 기업에서는 제각각 분리되어 회계처리가 된다 하더라도, 완벽하게 구분한다는 것이 불가능하다.

'시장'은 인간노동을 비롯하여 이식용 장기, 유전물질, 물, 토지, 공기, 헤지펀드, 증권, 옵션 등 수많은 '상품들'을 취급한다. 그런데 엄밀한 의미에서, 열거한 상품 가운데 누군가에 의해 '생산된' 것은 하나도 없다.

지금까지 충분히 설명되었기를 희망하는 바이지만, 상호 맞물려 있는 이 네 가지 시장 가운데 세계적인 차원의 체계적인 규제의 틀을 갖추었다고 내세울 만한 것은 상품과 서비스 시장이 유일하다. 이런 틀이 갖추어지기까지는 WTO가 지대한 공을 세웠다. 나머지 세 개, 즉 노동 · 금융 · 환경 시장의 규제는 주로 우연성과 그리고 다소 합리적인 요소라 할 수 있는 수요-공급에 맡겨져 있다.

전혀 규제가 되지 않는(혹은 '자기규제적인') 시장은 당연히 시장체제의 근간 자체를 뒤흔드는 긴장(예를 들어 대량실업, 사회적 격변, 환경파괴, 금융붕괴)을 자주 유발할 수 있다. 현재 우리의 표준모델에는 세계적인 충격을 흡수하는 완충제가 갖추어져 있지 않다. 합리성이 결여된, 본질적으로 허약한 체제라고 가정한다면, 특별연구팀이 할 수 있는 일은 21세기 초 무렵(그전은 아닐 것이다)이 되면 세계적인 규모의 사건이 발생할 수 있음을 경고하는 것뿐이다.

특별연구팀이 볼 때, 현재와 같은 상황에서는 필연적으로 이와 같은 결론이 도출될 수밖에 없다. 하지만 우리는 이를 받아들일 수 없으며 위임위원회 역시 수용할 수 없는 결론이라고 사료된다. 바로 이 점 때문에 특별연구팀은 이 체제의 고유한 모순들을 진지하게 직시해야 한다.

자유 대 제한

문자 그대로 자유로운 시장이 되기 위해서는 몇 가지 제한이 필요하다. 오늘날, 체제유지를 위해 소비하는 관심과 보호의 양은 그 체제로부터 획득하는 이익의 크기에 반비례한다. 이를 달리 표현한다면, 최악의 위기는 최대의 시장행위자들 속에서 생겨난다는 것이다. 현존하는 국제 규제기관들은 하나같이 시장이 일체의 제한 없이 작동할 수 있도록 더 많은 자유를 부여하는 방향으로 '규제하고' 있을 따름이다.

　　개인의 자유와 자기규제, '다윈'의 경쟁 및 적자생존의 법칙을 토대로 한 체제가 느닷없이 방향을 바꾸어서 자동적으로 규제를 받아들이게 되지는 않을 것이다. 현재와 같은 상황에서는, 이 체제의 가장 큰 수혜자들이 자신들의 즉각적인 이해관계를 거스르는, 즉 자유시장과 자신의 성공을 바탕으로 사적 이익과 영리를 추구한다는 바로 그 원칙을 거스르는 행동을 강요받게 되리라는 것을 결코 기대할 수는 없다. 규모와 숫자 면에서 상당한 이들 수혜자들이 적시에 외부규제의 필요성을 인식할 수 있을 것이라고 상상한다는 것은, 그 자체가 지금까지 밝혀진 모든 인간행동의 법칙을 부정하는 것이다. 그렇기 때문에 특별연구팀은 이 모순을 직시할 것을 강조하는 바이다.

　　세계 자유시장의 모든 위험요소들은 시장 그 자체의 성공과 보이지 않는 손invisible hand의 가장 두드러진 착취로부터 생겨난다. 이 체제의 원동력은 이 같은 위험들을 있는 그대로 받아들여 진지하게 논의하는 데 지나치게 저항감을 드러내었다. 특별연구팀이 볼 때, 이와 같은 현실도피 행위가 지속된다면 치명적인 결과가 초래된다는 것은 불을 보듯 훤하다. 지금도 여전히 주요 시장참여자들의 범우주적이라 할 만한 전제는 "자유는 많으면 많을수록 좋다"는 것이다.

　　일정 정도는 이 전제가 옳다. 특별연구팀은 프리드리히 폰 하이에크 Friedrich von Hayek 같은 대가의 저술들을 숭배하는 것과 똑같이, 시장영역의 자유에 대해서도 믿는다. 그러나 이런 적극적인 동의에도 불구하고 다음 사실을 강조하지 않을 수 없다. 규칙과 제한이 없는 시장은 스스로 파멸할 수 있다는 것이다. 즉 규제가 없는 시장은 극소수의 승자와 엄청나게 많은 패자를 만들어내게 될 것이다. 그리고 과잉생산과 과잉소비로 이어지고, 생태파괴가 가속화되고, 끊임없이 부는 소수에게 집중되고 사회 부적격자의 퇴출은 심화될 것이다.

　　어떤 레토릭을 동원한다 해도, 규제되지 않는 세계시장이 환경이나 엄청난 숫자의 노동자와 예비노동자, 그리고 특히 10억 남짓한 실업자나 심각한 실업상태에 있는 사람들에게 유리한 방향으로 작동하지는 않을 것이다. 사회적 부적격자는 냉혹하게 증가하게 될 것이며, 마침내 갖가지 불안을 야기하는 유해한 방식으로 자신들의 존재를 드러내고자 할 것이다.

세계가 단일하게 통합된 시장이 되면서, 시장에 대한 적응이 19세기에는 2~3세대에 걸쳐서 이루어졌다면 지금은 불과 몇 달 혹은 몇 년 사이에 완결되어야 한다. 변화의 속도는 불가항력적으로 빨라지고 있으며, 슘페터Schumpeter가 말하는 '창조적 파괴'가 가장 방대한 규모로 일어나고 있다. 신속하게 적응할 수 없거나 적응하지 못하는 사람들은 순식간에 이 체제가 제공하는 혜택으로부터 배제되어 버린다.

어쩌면 '세계적인 차원의 케인스주의'나 '루스벨트주의'가 사회의 잠재적인 폭발과 혼란을 저지할 수 있을지 모르겠으나, 이른바 '루스벨트 법칙'은 다음과 같이 말한다. 즉 단기적인 사적 이익과 자기규제 시장을 바탕으로 한 체제에서 이런 시장의 지혜를 열렬히 믿는 시장행위자들은, 시장규제가 이 체제의 이해관계와 자신의 최고의 장기적인 이해관계에 긍정적인 역할을 할 수 있을 때조차도 이를 거부한다는 것이다.

여기서 문제는 경제적·심리적인 차원이라기보다 정치적인 차원의 것이다. 정치에는 규칙이라는 의미가 함축되어 있다. 현존하는 세계기구들은 범세계적인 차원의 정치적 틀을 제공할 수 없다. 주요한 시장행위자들은 자신의 이익과 이 체제의 이익에 대해 분별력을 잃었다고 해도 과언이 아니다. 보이지 않는 손은 바로 이 보이지 않는 손을 절대적으로 맹신하는 사람들을 공격하게 될 것이다. 이 딜레마에서 벗어나는 길은 오직 하나밖에 없다. 이하에서는 이 길에 관해 서술하고자 한다.

지금까지 특별연구팀은 지구와 자유시장 체제의 미래를 결정하는 세 가지 주요한 요소, 즉 소비·테크놀로지·인구 문제를 의식적으로 다루지 않았으나, 여기서는 세 가지 요소를 집중적으로 논하고자 한다. 이 세 가지 요소는 다음과 같이 하나의.등식으로 정리할 수 있다.

$$\text{(지구에 대한) 충격} = \text{소비} \times \text{테크놀로지} \times \text{인구}$$
$$I = C \times T \times P$$

인구학자와 생물학자·환경경제학자 들이 자주 인용하는 이 등식[1]은 특별연구팀이 제시하게 될 내용에서 핵심을 이룬다. 그리고 이 세 가지 구성요소는 부와 빈곤, 경제발전 수준, 건강, 교육, 출산, 여성의 지위 등과 같은 여러 변수들을 반영하고 있기 때문에, 각각의 변수를 정확하게 해석하게 되면 사회·경제적 예측 또한 훨씬 쉬워진다.

만약 시장경제가 하나의 총체적인 체제나 자연적 체제 내에서 작동하는 하부체제라는 것을 수용한다면 ― 특별연구팀은 이를 받아들여야 한다고 주장하는 바이다 ― 이 등식은 앞으로 도래할 위험들을 강력하게 시사해 준다. 생태계의 제한요소들 속에서 실현 가능한 경제적 미래는 다음과 같은 요소들에 의해 좌우된다.

- 세계인구
- 소비의 양과 질, 특성
- 세계인구가 소비하는 것을 생산하고, 그들이 발생시키는 폐기물을 처리하는 데 사용되는 테크놀로지

소비

누구나 예상할 수 있듯이 변수 'C'는 특히 소득에 민감하다. 프랑스 국민 1인당 평균소비는 이집트인 1인당 평균소비의 5.5배이며, 독일은 인도의 17배이며, 미국은 탄자니아 1인당 평균소비의 35배가 넘는다.[2]

흔히 인도주의 단체들은 북반구와 남반구의 두드러진 소비격차에 대해 도덕적 분노를 드러내곤 하지만, 이 분노가 잘못된 방향으로 표출되고 있다. 스위스인 한 명의 평균적인 소비량이 나이지리아 사람의 소비량보다 17배나 많을 수 있다. 하지만 세계 시장경제에서는 이런 사실에 대한 유일하게 이성적인 반응은 다음과 같은 투의 퉁명스러운 내뱉음이다. "그래서 뭐 어쨌다는 거야?" 스위스는 생산성이 높고 인구는 안정되어 있다. 이들은 높은 저축률을 자랑하며, 이들의 부의 축적이 약탈이나 식민주의에 의한 것이라고 결코 비난할 수 없다. 이와 달리, 나이지리아 사람들은 저축과 투자, 생산성 향상을 선택하지 않는 한, 그들이 지금보다 부유해져서 더 많은 소비를 할 수 있는 길은 오직 한 가지, 인구를 줄이는 것이다. 스위스 사람과 나이지리아 사람 사이에는 자동적으로 서로 처지가 바뀔 수 있는 통로가 존재하지도 않거니와, 전자가 후자를 직접적으로 수탈하는 길이 있는 것도 아니다.

인도주의자들은 이런 방식의 접근에 대해 반대하는 것을 소명의식으로 받아들이고 있다. 걸핏하면 이들은 서구사람들에게 "지금보다 더 소박하게 삶으로써 다른 사람들도 더불어 소박한 삶을 누릴 수 있게 하자"는 마하트마 간디의 원칙을 받아들이기를 종용하면서 국경을 뛰어넘어서 나눔을 실천할 것을 촉구한다. 과연 이렇게 해서 개인소비가 줄어들고 국가의 부가 이전되어서, 지구에 가해지는 위협을 완화시키고 국가간의 불평등과 사회적 불평등을 줄일 수 있을까? 스위스는 나이지리아에 대한 공적 원조를 정치적 차원에서 언제든지 결정할 수 있거니와, 스위스 사람들 개개인은 윤리적 선택에 따른 경제적 행위를 할 수 있다. 그러나 경제적 측면이나 환경 측면에서 이와 같은 선택이 얼마나

'효율성'을 가질까?

공적 개발원조가 남반구-북반구의 격차와 빈부격차를 없애기는커녕, 좁히는 데도 아무 힘을 발휘하지 못한다는 것은 입증되었다. 오히려 양자의 격차는 2차대전 이후 더 커져서 당시 30대 1이던 부의 비율이 지금은 70대 1이며, 이 격차는 더 벌어질 것이다. 냉전이 종식될 무렵부터 원조규모는 크게 격감하였을 뿐 아니라, 과거 수준으로 회복되는 일은 결코 없을 것이라고 단언할 수 있다. 원조가 전성기를 구가하던 시기에도 원조물자는 대부분 제3세계의 기득권층에게 장악되었기 때문에, 빈곤층의 소비에 끼치는 영향은 지극히 미미했다.

민간 자선사업의 상황도 크게 다르지 않다. 부유한 국가의 인구 상당수가 간디가 말하는 남반구의 '다른 사람들'과 나눔을 실천하고자 자발적으로 물질적 복지를 포기한다면, 아마 도덕적으로는 존경할 만한 태도라고 판단할 수 있을 것이다. 그러나 원조물자가 확실한 전달체계를 갖춘 신뢰성 높은 복지단체로 가지 않는 한, 가난한 사람들이 이러한 고귀한 이타주의의 혜택을 누린다는 보장은 전혀 없다.

1990년대 초부터 아프리카에 대한 자선기부의 규모는 공적 원조를 웃돌았다. 그렇지만 이런 공적·사적 원조를 다 합해도 어마어마하게 많은 '다른 사람들'이 소박한 생활을 영위하기에는 턱없이 부족하다. 북반구의 소비축소가 남반구의 소비증가를 보장한다거나 고스란히 남반구의 소비증가로 변화하는 마술은 결코 일어나지 않는다. 일부 도덕적으로 동기 유발된 선의의 사람들은 육류 식생활을 바꾸지 않는 한 어떤 식으로든 세계는 기아상태에 빠질 것이라는 믿음에서 채식주의자가 되었다. 그러나 이들은 잘못 판단하고 있는 것이다. 식량은 상품이다. 곡물이나 육류의 수요가 줄어들게 되면 그만큼 곡물재배도 줄어들 것이고 가축사육도 줄어들 것이다.

세계적인 규모의 자선사업은 아마 최초의 기독교 선교사업 이래로 북반구의 전문분야일 것이다. 남반구에서는 사람들이 지리적으로 떨어져 있거나 문화적으로 분리되어 있음으로 해서 나눔의 전통을 거의 찾아볼 수 없다. 제도적인 차원에서 자선사업이 실시되는 경우는 극히 드물며, 설령 있다 해도 가족 내에서 베풀어지는 것이 고작이다.

사람들이 자선행위를 통해서 자발적으로 절제를 하게 되면, 이로써 개인적인 고통은 덜어질 수 있을지 모른다. 그렇지만 유복한 사람과 가난한 사람의 소비수준을 평등하게 만들어줄 리 만무하거니와 이런 자기절제 행위가 지구에 가해지는 총체적인 영향을 바꾸어놓지는 못할 것이다. 아무리 광범위한 규모로 자기절제가 실행된다 하더라도, 이는 국내외적으로 자기절제를 못하는 사람들의 소비를 더 키우는 결과밖에 가져오지 않는다. 왜냐하면 남반구 대부분 국가의 상류층의 소비가 증가함으로써, 북반구에서 행해진 미덕의 경제적·환경적 가치가 상쇄되어 버릴 것이기 때문이다. 특히 다수의 국민들이 다양한 식생활을 한번도 접한 적이 없거나 냉장고나 텔레비전, 자동차를 구매해 본 경험이 없는 나라들에서는 원조에 의한 소득증가는 각종 상품에 대한 수요를 증가시키는 결과를 가져온다.

에너지 소비는 경제발전 수준을 나타내는 신뢰할 만한 지표이다. 이른바 아시아의 '용'이라 일컬어지는 국가들의 경우 하나같이 1995년 현재 1인당 에너지 소비량이 1980년에 비해 2배 이상 증가하였다. 소득수준이 높은 국가의 1인당 에너지 소비량은 중간수준 국가의 3.5배이며, 저소득 국가보다 거의 14배나 높다. 그리고 육류 소비는 경제적 복지 향상을 일정하게 반영하는 또 하나의 항목이다. 이상과 같은 에너지(주로 화석연료)와 특히 육류(주로 곡물사료로 사육된다)의 세계소비량은 증가하게 되어 있다.

아무튼 불운한 사람들, 특히 지리적으로 강제이동을 당한 사람들에 대한 도덕적인 대응과 자선행위가 지금까지 다수의 행동을 결정한 적은 한번도 없었을 뿐 아니라, 아무리 관대하게 평가한다 할지라도 이를 통해서 소득균형을 이룬다거나 풍요를 구가하는 새로운 소비자의 증가를 막는다는 것은 결코 기대할 수 없을 것이다.

테크놀로지

인간이 환경에 끼치는 영향은, 소비되는 자원의 물리적 성질과 그 자원의 생산·처리에 사용되는 테크놀로지에 따라 다양하게 나타난다. 따라서 에너지 소비의 비교분석에서 테크놀로지 'T' 요소를 대입시키지 않으면 신뢰할 만한 결과를 도출할 수 없다. 유황이 함유된 저급 석탄 같은 '빈곤층의 에너지'가 핵에너지보다 더 직접적으로 공해를 유발한다는 것은 의심의 여지가 없다. 그렇지만 채굴, 농축, 핵분열과 폐기물 등 핵에너지의 전체 생산 사이클을 고려하게 되면, 원자력이 석탄보다 이산화탄소를 더 많이 발생시킬 수 있다.[3]

에너지 소비영역의 또 한쪽 끝에는 원시적인 도구를 사용해서 '공짜' 나무를 베어 연료로 사용하는 사람들이 있다. 확실히 이 사람들은 석유나 가스를 사용하는 북반구의 사람들보다 이산화탄소를 덜 배출할 것이다. 하지만 이런 한편으로 땔감을 사용하는 사람들은 이산화탄소를 흡수하고 생물종의 다양성을 보존해 주고 토양침식을 막아주는 숲을 마구잡이로 파괴하고 있다는 것을 간과해서는 안 된다. 아프리카에서는 지금도 여전히 나무가 전체 연료사용의 50~90%를 차지한다.

테크놀로지의 발달 또한 지구상에 미칠 총체적인 충격을 줄여줄 것이라고 장담하기 어렵다. 가령 자동차만 보더라도 엔진의 성능이 20년 전보다 훨씬 좋아져 연료효율성은 높아졌지만, 도로를 달리는 자동차 대수는 1990년 현재 1970년보다 2배 이상 늘어나 5억 6천만 대나 된다. 이렇게 늘어난 자동차와 그에 따른 심각한 교통체증은 연료효율성의 장점을 상쇄시키고도 남음이 있다. 그 밖의 대량소비 상품에도 동일한 원리가 적용된다. 즉 테크놀로지의 발달로 상품의 자원집약도가 낮아지고 훨씬 가벼워지고 효율성이 높아졌지만, 이로 인해 소비량이 폭발적으로 증가함으로 해서 총체적인 충격 면에서 볼 때는 오히려 테크놀로지의 발달 자체가 자기파괴적인 것이 되어버린다.

일부 관측자들은 현재 테크놀로지의 급격한 변화는 지구에 가해질 불가항력적인 손상을 막아줄 것이라고 믿어 마지않는다. 또한 수소에너지로 달리는 자동차로 넘치는 도로와 에너지 효율성이 높은 건물이 들어차 있는 도시 그리고 유기농법의 농장과 서로 폐기물을 재활용하여 오염물질을 전혀 배출하지 않는 공장들이 들어서 있는 사이로 태양에너지 송전선이 점점이 흩어져 있는 정경을 꿈꿀 수도 있다. 그러나 이와 같은 환상은 정치와 철통같은 보호막으로 무장한 이해관계를 전혀 고려치 않고 있는 것이다.

환경에 별로 영향을 끼치지 않고 비용 또한 저렴한 대안기술은 이미 상당수 존재한다. 다른 대안기술도 쉽게 개발될 수 있다. 하지만 화석연료·화학·철강 중심의 경제를 대대적이고도 급속하게 전환시키려는 일체의 시도는 관련 산업분야들의 적의와 보복을 불러일으킬 것이다. 관련 산업분야의 이 같은 반응은 지극히 당연하다고 할 수 있다. 그들 쪽에서 볼 때는, 새로운 길을 가는 것보다 이미 습득해 있고 기술개발도 상당 수준에 달했고 부채의 상각도 이루어진 생산을 고수하는 것이 훨씬 수익성이 높고 편리하기 때문이다.

북아메리카와 유럽의 정치인들은 이러한 기업의 이해관계에 적극 동조하고 있다. 미국의 경우, 에너지 산업부문에만 연간 최소한 300억 달러에 상당하는 보조금이 지원되고 있다. 유럽에서는 유럽산업원탁회의 같은 막강한 로비단체들이 운송도로망을 더 촘촘하게 건설하고 EU의 정책수립이 규제철폐 방향으로 나가도록 압력을 행사한다. 어떤 산업부문이든 자신의 현재적 이점과 관행이 위협을 받게 되면, 때와 장소를 가리지 않고 이를 지키기 위해 싸우게 마련이다.

특정 산업의 이해관계를 보호하는 것이 장기적으로 그 체제 전체의 유지에 전혀 도움이 되지 않는다 할지라도, 이와 같은 대응방식이 전형을 이룰 것이다. 그리고 본질적으로 청정하고 환경충격이 작고 효율성이 높은 테크놀로지의 개발을 독려하는 동기유발 역시 결여되어 있다. 그 이유는 저효율의 오염발생 테크놀로지에 부과되는 세금을 내는 것은 기업이 아니라 소비자와 납세자이기 때문이다. 산업이 이런 비용들을 외부에 전가시키는 풍토가 개선되지 않는 한, 이 상황은 계속 유지될 것이다.

오늘날 개발도상국들의 기술을 보면, 자체 개발한 기술이나 수입한 기술 대부분이 과거 1차 산업혁명 시기의 기술에 뿌리를 두고 있다. 가난한 나라일수록 그만큼 구식의 '사양'산업에 대한 의존도가 높고, 기술 역시 오염을 심하게 유발하고 효율성이 낮다.

규제의 측면에서 볼 때 WTO는 매우 소중한 기구임에 틀림없다. 그렇지만 WTO는 공정과정 및 생산방법(Processes and Production Methods, 거래당사자들 사이에서는 'PPMs'로 통한다)에 따라 생산을 차등화하지 않음으로써, 국제법상 오염을 유발하고 소모적이라고 규정된 기술들을 보호해 주고 있다. 결국 이 같은 사실은, 어떤 국가든 다른 국가의 상품—설령 그 상품이 생태계를 심각하게 파괴하면서 생산되었다 할지라도—을 거부할 수 없다는 것을 의미한다.

재차 강조하는 바이지만, 폐기물과 오염을 줄이기 위한 경제적 동기유발이 거의 없음으로 해서 거래의 혜택은 남반구의 경우 오염을 가장 심하게 유발하고 무책임한 생산자들과 북반구의 경우 가장 노련하게 이런 비용을 외부에 전가시키는 생산자들에게 돌아가게 되어 있다. 만의 하나 모든 산업이 환경충격이 덜한 테크놀로지로 전환하는 것을 적극적으로 받아들이고 대안적인 해결방안을 즉각 수용할 준비가 되어 있다고 가정하더라도, 전적으로 지구의 물리적 한계 때문에 북아메리카나 유럽의 중산층 생활수준은 현재 그 생활을 향유하는 수억의 사람들에게 언감생심이 될 것이다.

인구

앞에서 제시한 등식 '(지구에 대한) 충격=소비×테크놀로지×인구'는 이
제 'P'(인구) 요소에 따라 결정적으로 달라진다고 볼 수 있다.

　아래에 열거한 인구실태는 익히 알려져 있는 내용이지만, 다시 한번
언급할 필요가 있다고 사료된다.

- 현재 지구상에는 1970년 인구의 2배가 살고 있다. 1970년 당시
  세계인구는 30억을 약간 밑돌았다.

- 연간 약 1억 7500만 명의 임산부에게서 약 1억 3300만 명의 신생
  아가 태어난다(4200만 명이 차이 나는 것은 주로 합법·불법적 낙태 때
  문이다). 그리고 연간 사망자 수는 약 5200만 명이다. 따라서 현재
  지구상에서는 1년에 약 8100만 명이 증가하고 있다는 계산이 나
  온다(1995).[4]

- 이것은 하루 평균 (최소한) 36만 명의 신생아가 늘어난다는 것을
  의미하며, 이 가운데 90% 이상이 제3세계에서 태어난다. 다시 말
  해 1년마다 멕시코 인구에 맞먹는 숫자가 늘어나며, 12년마다 또
  하나의 인도 인구가 생겨난다는 것이다. 이와 대조적으로, 사망자
  는 하루 평균 14만 2천 명인데다 그 대부분이 생식가능 연령기를
  크게 벗어나 있다.

- 지금까지의 역사를 통틀어 볼 때, 사망률과 출산율은 실질적으로
  일치했다. 사망한 인구수만큼 태어났던 것이다. 그리고 인구의 상
  당수가 생식가능 연령기에 들어서기도 전에 사망하였다. 그러나
  현재 출산율은 사망률을 훨씬 웃돌아 250%가 넘는다. 유아와 아
  동 사망률은 낮아지는 추세이고 평균수명은 계속 길어지고 있기
  때문이다.

- 1990년대의 세계인구는 과거 어느 때보다도 크게 증가할 것으로
  예상된다.

- 몇몇 국가에서 이미 나타나기 시작했듯이, 출산율은 눈에 띄게 낮아지는데도 향후 수십 년 동안 인구는 계속 증가할 것이다. 이것은 현재 인구의 연령구성비 때문이다. 빈곤국가의 경우, 15세 미만이 총인구의 최소한 1/3을 차지한다. 그중에서도 아프리카의 케냐는 인구의 60%가 15세 미만이다. 이와 같은 '연령 피라미드'는 현재는 물론이고 미래의 생식가능 연령층까지 두텁게 형성시키게 될 것이다.

- 위임위원회가 『리포트』를 읽을 무렵이 되면, 세계인구는 60억에 육박할 것이다. 이 추세가 그대로 지속된다면 2008년에는 70억, 2020년이 되면 80억에 이를 것이다. 뿐만 아니라 어떤 가설에 근거해서 산출하는가에 따라, 향후 수십 년 동안 세계인구는 90억에서 130억까지 그 범위가 확대된다.

- 약 30개 부자국가의 인구는 안정적이거나 감소하는 추세다. 나머지 국가들은 모두 10~20년 전보다 일반적으로 증가율은 낮아졌지만 여전히 인구가 늘어나고 있다. 가장 낙관적인 지구 '안정화' 시나리오들조차 세계인구는 극도로 높은 수준(100억~120억)에 이르러서야 비로소 답보상태를 유지할 것이며 이와 같은 정체상태가 2050~75년 이전에는 나타나지 않을 거라고 예측하고 있다.

충격의 측정

'I=C×T×P'의 등식을 풀고 미래의 세계복지를 예측할 수 있는 (논쟁의 여지는 있지만) 기발한 방법론 하나는 '생태적 발자취'를 측정하는 것이다. 즉 일정 인구가 일정 수준의 소비와 테크놀로지를 유지하는 데 필요한 생태자원의 양과 질을 측정하는 것이다.

'생태적 발자취' 측정법에서는 지구상의 생산적인 생태계 표면영역을 세계인구로 나눈다. 따라서 개발되지 않은 채 방치되어 있는 황무지도 당연히 '생산성' 범주에 포함된다. 과격하게 평등한 이 계산법에 따르면, 1990년대 중반에 모든 인간에게 '할당될' 수 있는 표면영역은 1인당 1.5헥타르이다. 그러므로 절대적으로 공평한 조건하에서, 지구상에 살고 있는 사람들 각자는 1만 5천m²(3.75에이커) 혹은 축구장의 약 1.5배 되는 생산역량과 관계를 맺게끔 되어 있다.

결국 이 방법론은 '수요와 공급'을 가장 기초적인 수준에서 측정하는 것이다. '공급'은 생태계로부터 모든 사람에게 1회 제공된다. 그리고 삼림파괴와 사막화, 토양침식, 토양의 염분화 등으로 생산적인 토지의 크기가 계속 줄어듦에 따라, 공급의 질은 저하하는 경향을 보이고 있다. 한편 '수요'는 기후, 계절, 개인적·문화적 기호 그리고 무엇보다도 부의 크기에 따라 다양하게 나타난다. 이상의 기준에 근거해서 측정해 보면, 북아메리카의 1인당 평균 생태적 발자취는 4~5헥타르이다. 이것은 모든 사람이 각자 '정당하게' 분배받을 수 있는 생산적 토지자원의 3배 정도 된다. 또 네덜란드의 경우, 현재의 식량·삼림생산물·에너지 필요량이 충족되려면 네덜란드 국내의 활용 가능한 토지의 15배는 더 있어야 한다.

방법론 면에서 볼 때, 생태적 발자취 측정법은 특정 지역의 '수행역량'을 평가하는 전통적인 방식이 진일보한 형태라고 할 수 있다. 왜냐하면 이 측정법은 일정한 인구가 일정한 소비수준을 유지하는 데 필요한 물질 및 에너지의 전체적인 흐름을 계산하기 때문이다. 따라서 무역과 도시화 같은 요소들을 구체적으로 설명해 주며, 지리학을 명실상부하게 세계화된 학문으로 승격시킨다. 이런 한편으로 상당히 높은 수준의 생활방식을 영위하는 사람들은 설령 이 같은 '특권'에 대해 정당한 시장가격을 지불한다고 할지라도, 자신의 '정당한' 몫보다 더 많이 가져가고 있다는 것 또한 잘 드러내 보인다.

남반구도 갈수록 풍요로워지고 있기 때문에, 소비와 그에 따른 생태적 발자취도 확대될 것이다. 처분 가능한 현금이 증가하면 필연적으로 주택·도로·쇼핑센터 등에 대한 수요가 크게 창출될 것이다. 이에 따라, '토지 생태계'는 인간식량이나 가축사료용 곡물재배 같은 생산적 용도에서 다른 용도로 즉각 전환되어 버릴 것이다. 이로써 자원압박은 피할 수 없게 될 것이다. 1970년대에 로마클럽Club of Rome이 제기하였던 석유 등 특정 생활필수품의 절대적 부족이 아니라, 지구의 생산 및 흡수 역량 측면에서의 자원압박이 필연적으로 도래할 것이다.

무릇 자원의 희귀성이 항상 인간의 발명능력을 자극해 온 것은 의심의 여지가 없다. 그러나 특별연구팀은 인간의 발명능력이 유형의 물질자원을 계속 대체시켜 줄 것이라는 주류 경제학의 확신에 대해 이의를 제기한다. 또한 20세기 말에 인류는 자연으로부터 벗어나게 되었다는 것도 인정하지 않는다. 우리가 주로 도시에 거주한다고 해서 지구에 가해지는 부하가 훨씬 줄어드는 것은 아니기 때문이다. 다량의 물질-에너지 흐름이 거래되고 수입된다고 해서 이들의 흐름이 무한정 증가할 수 있는 것은 아니기 때문이다.

어떤 방법론을 가지고 평가하였든, 편향되지 않은 객관적인 관측들은 하나같이 다음과 같은 결코 부정할 수 없는 사실을 지적하고 있다. 세계소비는 증가하게 되어 있지만, 테크놀로지는 전례 없는 혁명적인 속도로 변화를 거듭하지는 않을 것이라는 것이다. 생태계의 한 종으로서의 인간—그리고 다른 모든 종들—이 의존하고 있는 복합계는 상당시간 동안 엄청난 압박을 견뎌낼 수 있을 것이다. 단 어느 정도까지이지, 영원히 그렇지는 않을 것이다.

인구와 자유시장

폭발적인 인구증가를 불안요소로 지목하는 것은 단지 생태적인 이유 때문만은 아니다. 역설적으로, 인구증가는 자유주의 사회—이것을 수호하는 것이 특별연구팀에 부여된 과제이다—의 이론적 토대에 대해 정면으로 문제를 제기하고 있다. 아담 스미스의 자유방임주의 이론과 독창적인 저술들에 따르면, 시장에서 개개인의 결정은 사회 전체에 긍정적인 결과를 가져다주게 되어 있다. 또한 사적 이익을 추구하는 개개인은 자신도 모르는 사이에 전체의 선 혹은 아담 스미스가 말하는 '공공의 이익'에 기여하게 된다는 것이다. 바로 이 가설이 자유주의 이론의 바탕을 이루고 있다.

그런데 여기에 모순이 존재한다. 즉 인구폭발에 가장 책임이 큰 빈곤국가의 빈곤층은 일반적으로 지극히 개인적인 경제적 이유 때문에 자녀를 출산하고 있다. 남반구의 가난한 사람들이 너무 무지하고 부주의해서 혹은 피임도구를 접할 기회가 없어서 아이를 지나치게 많이 낳는 것은 결코 아니다. 물론 이와 같은 요인들이 일정 정도 작용한다는 것을 전혀 부인하지는 않겠다. 흔히 페미니스트들은 가난하고 교육받지 못한 여성들이 자신의 의사와 무관하게 아이를 많이 낳도록 강요받고 있다는 사실을 부각시키며 여성의 착취를 강조한다. 이 또한 전혀 틀린 주장은 아닐 것이다. 그러나 분명한 사실은 이런 여성과 그 여성을 착취하는 남성은 흔히 그들의 자녀들을 통해서 소득을 올리고 있다는 것이다.

제3세계의 최빈곤층 농민의 입장에서 볼 때는, 자녀를 키우는 데 드는 비용보다 더 많은 돈을 그 자녀가 벌어들인다. 농촌지역에서는 아주 어릴 때부터 허드렛일을 하기 때문에 도움이 된다. 도시지역에서는 2억 5천만 명에 이르는 14세 미만의 아동노동력이 가족의 생계를 위해 돈벌이에 나서고 있다. 심지어 어린아이들이 매춘이나 노예로 공공연히 팔려나가는가 하면 장기이식용으로 매매되는 극단적인 사례도 적지 않다. 사회안전망이 부재한 사회에서, 자식은 부모가 나이가 들면 당연히 부모를 부양해야 하는 것으로 인식되고 있다. 또한 자식은 일종의 복권과 같은 존재가 되기도 하는데, 사회적으로 성공하게 되면 온 가족의 사회적 지위를 바꾸어놓기 때문이다. 유아사망률이 여전히 높은 곳에서는 아이를 잃을 가능성까지 고려하여 원하는 숫자보다 더 많은 아이를 낳는다.

30년 전에 하딘Hardin 교수는 한 유명한 글에서, 재생산영역에서도 자유방임주의가 과연 타당성을 가질 수 있을지 의문을 제기했다. 그렇지만 하딘 교수는 빈곤층에게 있어서 출산은 보다 큰 경제적 복지와 밀접한 관계가 있다는 사실을 인식하지 못했다.

오늘날 서구에서 자녀양육은 비용이 너무 많이 들어가는 일로 받아들여지고 있다. 자녀를 키움으로써 정서적인 이득은 거둘 수 있을지 모르겠지만, 확실히 경제적인 이득은 전혀 없다. 오늘날 제3세계 대부분 국가들보다 출생률이 높았던 19세기의 유럽이나 미국의 농업사회에서는 전혀 찾아볼 수 없는 상황이다. 그리고 여전히 자녀를 많이 출산하는 사람들도 똑같이 이렇게 생각하는 것은 아니다.

바로 이 지점에서 자유시장 체제의 철학적 모순이 보다 첨예하게 드러난다. 누가 사적으로 경제에 대한 합리적인 결정을 내리고 이 체제에 참가할 권리를 가지고 있는지 물어야 한다. 이 참가는 보편적인 권리인가? 재생산과 관련하여, 일반적으로 자녀를 가지는 것이 이득이라고 한다면 개개인이 자신의 이익을 극대화하는 것이 정상적이고 허용될 수 있는 행동인가 아니면 비정상적이고 비합법적인 행동인가?

자녀출산이 정당하다고 할 때, 수억 명의 사람들이 내리는 이 정당한 결정은 궁극적으로 지구가 감당할 수 있는 수준보다 더 높은 인구증가로 나타난다는 것은 불을 보듯 훤하다. 개별국가의 과잉인구가 토지와 그 밖의 자원에 대한 압박을 가중시킴으로써 1인당 생산량의 감소와 그에 따른 생활수준의 하락으로 귀결된다는 것 또한 통계로써 입증되고 있다.

물론 과학과 기술의 진보나 자본축적, 경영개선, 교육 · 훈련에 대한 투자 증가, 자유무역 등에 의해 수익규모의 증대가 보장된다면, 이 같은 영향들은 상쇄될 수 있을 것이다. 즉 이런 긍정적인 요소들이 주어진다면 인구가 많으면 많을수록 더 부자가 될 수 있을 것이다. 그러나 우리가 목격한 것은 오히려, 1인당 실질소득이 전혀 향상되지 않는다고는 할 수 없겠지만 그 향상속도가 매우 느리다는 것이다. 그 결과 부자국가와 빈곤국가의 상대적 · 절대적 생활수준 격차는 계속 벌어지고 있다.

이 정도는 누구나 알고 있는 사실이다. 그러나 폭발적인 인구증가는 인구과잉 국가의 부의 분배에서도 똑같이 심각한 불균형을 초래한다는 사실은 제대로 인식하지 못하는 것 같다. 한편에서는 과잉 노동력-과소 일자리 현상이 임금을 하락시키고, 또 한편에서는 토지와 자본의 부족 현상이 지대와 이윤을 상승시킨다. 그 결과 인구과잉 국가는 다음과 같은 최악의 상황에 빠지게 된다. 실업률이 치솟거나 혹은 거의 모든 노동력이 고용되어 있다 하더라도 기아임금 수준일 것인 데 반해 자산소유자들은 초과수익을 올리게 되므로, 심각한 양극화 현상이 나타나는 것이다.

아담 스미스와 자유주의의 이론과 반대로, 자손생산을 통해서 경제적 복지를 증대한다는 합리적 결정은 전체 사회에 긍정적인 결과를 가져다주지 않는다. 적어도 이 결과를 빈곤집단의 향상된 생활수준이라고 정의한다면 말이다. 그리고 재생산의 자유가 사회특권층의 절대적 · 상대적 지위를 향상시킨다 하더라도, '공공의 이익'에 기여하지는 않는다. 단 여기서 공공의 이익은 자유주의 체제와 합당한 평등주의와 지구의 보존을 보장해 주는 것이라는 의미를 가진다. 결국 보이지 않는 손이 무적의 자궁에 의해 유린당하고 있는 것이다.

재생산 능력은 현실적인 힘이다. 가난한 사람들은 고전경제학 이론이 예측하고 있는 그대로 행동하고 있는 것이다. 그들은 자신들에게 열려 있는 유일한 방법으로 자신의 부(혹은 최소한 그 잠재적인 부)를 창출하고자 한다. 이들의 행동은 자본주의의 지적 토대의 정당성을 생생하게 증명해 주고 있지만, 궁극적으로 자기파멸을 자초하는 것이다. 왜냐하면 이 집단의 생활수준은 가혹하게 황폐해지고 이들에게 가해지는 특권층의 통제는 강화될 것이기 때문이다. 만약 이들이 더 이상 자녀출산이라는 형태로 자신의 경제적 재산을 창출하지 않기를 바란다면, 논리적으로는 이들이 다른 대안적인 부의 창출에 투자할 수 있도록 전세계

적으로 과잉출산 계층들에게 경제적 자산을 재분배하는 것이 타당성을
가질 것이다.

구매력이나 교육, 일자리, 사회 기간시설 등과 같은 자산을 분배하
게 되면, 인구증가의 추세는 급속도로 안정화되거나 감소할 수 있을 것
이다. 그러나 현실에서는 이와 정반대의 경향이 나타나고 있다. 재분배
되는 것이 아니라 오히려 부와 그 부를 창출하는 자산은 갈수록 더 최상
층에 집중되고 있다. 그리고 최하층은, 부분적으로는 그들의 탁월한 재
생산 능력에 힘입어서 일찍이 유례없이 증가하고 있다. 이리하여 이들
이 의지할 수 있는 것은 자신들의 복권을 계속 찍어내는 일이 된다.

재생산의 자유, 그 귀결

위임위원회는 특별연구팀에게 자유주의적 자본주의 체제가 영속할 수
있는 최선의 방안을 강구해 낼 것을 요구하였다. 특별연구팀은 다름 아
닌 이 과제에 집중하고자 한다. 따라서 '전체의 선善' '대중의 이해' 등과
같은 개념의 대안개념을 정립한다거나 대안체제를 고찰하는 것은 생략
하기로 한다.

남반구와 북반구, 부자와 빈자 간의 급진적인 생산자원 재분배라든
가 온실가스·공해·폐기물 감축을 위한 즉각적이고도 강제적이고 대
대적인 조치 등, 다양한 요구사항이 제기되는 것도 무리는 아닐 것이다.
그러나 특별연구팀은 규제가 철폐된 세계화와 시장자유화라는 조건에
서는 이런 조치들이 왜 현실성 없는 유토피아인지 그 이유를 이미 설명
하였다.

그렇다면 강력한 경제적 재분배와 생태보존을 제외한다면, 재생산
자유의 문제가 가장 중요한 이슈가 된다. 이 문제는 먼저 맬서스Malthus
의 유명한 명제들에 비추어서 살펴볼 필요가 있다. 맬서스에 따르면, 인
구의 압박은 궁극적으로 기근이나 다른 자연적 현상을 통해서 자동적으
로 조절된다. 당연히 그렇게 될 수도 있다. 하지만 1798년에 맬서스의

『인구론』*Essay on the Principle of Population*이 나오고 200년이 흐르는 사이에 다음과 같은 몇 가지 중요한 질적 변화가 일어났다.

- 맬서스는 세계인구 문제를 한번도 다룬 적이 없다. 그가 관심을 기울인 것은 오직 특정 국가들의 인구문제이다. 18세기에도 식료품 분야에서는 얼마간 무역이 이루어졌지만, 전체적으로 각 국가는 자국의 생필품 생산에 의존할 수밖에 없었고 자국 국민을 먹여 살리는 것이 각국 정부의 책무였다. 그리고 당시에는 생태계 역량과 비교한 세계 총인구의 규모는 논쟁거리도 되지 않았다.
- 세계화는 맬서스가 토대로 하고 있던 인구 '억제방법'의 본질을 변화시켰다. 지금은 세계적으로 '사망통제'는 상당히 효율적으로 이루어지고 있지만 출산은 전혀 통제되지 않고 있다. 즉 이전 세대들과 달리, 인구가 많고 가난한 국가들에 대해 세계적인 차원에서 자선활동('인도주의적 지원')과 기근구제 사업이 펼쳐지고 있는 실정이다.
- 시간의 척도가 변화되었다. 그렇지 않아도 과잉인구가 빠른 속도로 급증한다는 것은 결국 맬서스가 말하는 자동조절 메커니즘을 기다릴 여유가 더 이상 없다는 뜻이다. 10년 단위로 8억여 명이 자궁벽을 터트리며 쏟아져 나올 것이다.

맬서스에 따르면, 인구의 압박에는 긍정적인 면도 있다. 즉 인구의 증가가 없었더라면 인간은 결코 땅을 경작하지도 못했거니와 문명화되지도 못했을 것이다.

만약 인간은… 실제로 자기 힘으로 움직이지 못하고 게으르고 필요에 의해서 강제되지 않는 한 노동하기 싫어하는 존재라고 간주한다면, 지구상에 사람이 살게 되지도 않았을 것이고 생존수단에 대한 인구의 압박이 발생하지 않았을 것이라고 확실히 단언할 수 있다. …인구와 식량이 똑같은 비율로 증가했다면, 아마 인간은 야만상태에서 결코 벗어나지 못했을 것이다.

그러나 특별연구팀은 다음과 같이 엄중히 경고한다. 오늘날 지구화된 세계에서는 '생존수단'을 압도하는 '인구의 힘'은 농업의 증강이나 야만 상태에서 문명화된 상태로의 탈출로 귀결되지 않을 것이다. 오히려 부를 축적한 사람들을 표적으로 한 갖가지 약탈행위를 발생시킬 것이다. 수백만 명의 사람들이, 설령 전과 다름없이 '노동하기 싫어하는' 존재라 할지라도, '자기 힘으로 움직이지 못하고 게으른' 존재로 남아 있지는 않을 것이다. 이들과 그 지도자들은 즉각적으로 행사할 수 있는 모든 수단을 동원해서 탈취에 나설 것이다. 왜냐하면 그렇게 하도록 부추김을 받고 또 그 길 외에는 할 수 있는 것이 전혀 없기 때문이다. (산술급수적으로) 증가하는 식량생산―이것은 가정이다―에 의존해서 (기하급수적으로) 팽창하는 인구를 먹여 살린다는 것은 한마디로 착각이다. 여기서 맬서스주의의 주장은 전혀 설득력을 잃지 않았다.

　1950년대부터 1984년 전까지만 해도, 식량생산은 인구증가를 앞질렀다. 그러나 1984년부터 상황은 역전되었다. 90년대의 10년 동안 식량생산은 연간 0.5% 증대하였지만 세계인구는 연 1.4%씩 계속 증가하였다. '저개발' 국가들의 인구는 연 1.7%씩 증가를 거듭하고 '최저개발' 국가의 인구증가율은 2.6%에 이르렀지만, 대부분의 식량생산은 인구증가율이 연 0.3%에 불과한 선진국에서 이루어지고 있다.

　『리포트』의 2부에서는 생존 대 인구의 문제를 다시 다루게 될 것이다. 따라서 여기서는 비록 맬서스가 전후戰後 대부분의 시기에 잠들어 있었다 할지라도, 결코 죽지 않았다는 사실만 간단하게 언급해 두겠다. 세계적인 지도자들도 대부분 무기력한 상태에 빠져 있다. 식량부족 사태는 또다시 도래할 것이다. 그것도 이전보다 훨씬 심각하게 덮칠 것이다. 식량부족 사태가 발생하게 되면, 가장 취약한 계층에게 타격을 가할 것이고, 이어서 이들은 정치적 위기와 사회적 동요를 일으키게 될 것이다.

위임위원회는 특별연구팀에게 지적 자유와 솔직함을 마음껏 발휘하고 감상주의를 자제할 것을 요구하였다. 특별연구팀의 어느 누구도, 저 시대에 뒤떨어진 19세기의 한 철학자가 말한 "편협함에 갇혀 있는 사상가들, (지배)계급이 스스로에 대해 품고 있는 환상을 유지시켜 주는 것을 주로 생업으로 해서 살아가는 실천적·관념적 이데올로그들"[5]의 카스트에 속하고자 한 적이 없다. 이와 같은 이유로 해서, 특별연구팀은 한 치의 주저함 없이 지금까지 전개한 논지의 결론을 도출할 것이다.

4. 결론

서구문명의 여명기부터, 지도자들은 인구의 통제에 깊은 관심을 기울였다. 플라톤은 안정적인 인구유지를 공화국 지도자들의 주요한 임무의 하나로 들고 있다. 그러면서 경쟁을 향상시키고 수적 안정성을 유지하고 정치적 평형상태를 확보하기 위해서 여러 계급들에게 적용할 수 있는 우생학에 관한 자세한 가이드라인을 제공한다. 플라톤의 가르침은 (가장 명석하고 우수한) 상층계급이 하층계급보다 자손을 번식할 기회를 더 많이 가진다는 것을 명확하게 보여준다.

기원전 5세기에는 일반적으로 사망률이 출산율과 똑같거나 약간 높았다. 전쟁이나 질병, 그 밖의 사고들은 엄청난 혼란과 파괴를 가져올 수 있으므로, 지도자들에게는 최적의 주민들로 구성된 이상적인 규모의 국가를 유지하는 노련함이 필요했다. 이와 같은 목적에서, 통치자는 "피통치자의 선善을 위해 거짓말과 술수를 자유자재로 구사할 수 있어야 할 것"이라고 소크라테스는 말한다.[1]

그런데 오늘날의 통치자들은 안정적인 인구의 유지라는 기본적인 의무를 전혀 인식하지 못하는 것 같다. 뿐더러 국민의 선을 위해서 그들에게 거짓말을 하는 것이 아니라 오히려 스스로를 기만하기 일쑤인 것 같다. 비겁함에서 비롯된 것인지 혹은 무지함 때문인지, 통치자들은 시장은 자동적으로 만인에게 행복과 부와 복지를 가져다줄 수 있다고 얼버무리곤 한다. 심지어 이 같은 보상을 추구하는 사람들이 아찔할 정도로 증가하는 상황에 직면해서도 이 태도는 변함이 없다. 그렇기 때문에 정치지도자들은 끊임없이 피통치자들을 향해, 다음과 같은 전혀 검증되지 않고 난해하기 짝이 없는 무언의 메시지를 던진다. 신자유주의 경제질서는 오늘날 지구상에 얼마나 많은 사람이 살든 또 앞으로 얼마나 늘어나든 관계없이, 모든 곳의 모든 사람을 다 포괄할 수 있다. 신자유주의 경제질서가 수많은 사람들을 내몰기라도 했다면, 그것은 어쩌다가 우연히 일어난 일이고 일시적인 불균형이나 기능장애 때문이므로 적절한 정책을 실시하면 곧바로 해결된다. 요컨대 시장의 수익으로부터 배제되는 사람이 발생하는 것은 일시적인 현상일 뿐, 이 체제의 본질에 그 원인이 있는 것은 결코 아니라는 것이다.

특별연구팀은 이 메시지에 이의를 제기하는 바이다. 그렇다, 확실히 개중에서도 가장 명석한 '통치자'라면 자유시장의 본질과 우리가 선택한 경제체제의 본질을 진지하게 성찰하며 고민해 보았을 것이다. 자유주의 이론은 기독교의 복음서와 매우 유사하다. 물론 시장은 하느님보다 훨씬 관대한 정책을 베풀 가능성이 크지만, 다수가 부름을 받아서 소수가 선택된다는 점에서는 비슷하다. 따라서 전지구적 신자유주의는 모든 사람을 다 껴안을 수 없으며, 가장 번영한 국가라 할지라도 이것은 불가능하다는 것이 특별연구팀의 요지이다. 단연코 신자유주의는 60억~80억 되는 세계인구를 모두 다 체제 내로 흡수할 수 없다.

세계화가 되기 이전에는 기본적으로 경제적 과정이 국가 단위로 전개되었고 덧셈을 바탕으로 하고 있었다. 생산과 분배는 원재료와 자본, 노동력을 필수요소로 해서 여러 가지 요소를 덧붙임으로써 부가가치를 창출하는 것을 의미했다. 헨리 포드의 법칙에 따르면, 사람들은 "당신의 차를 충분히 구입할 수 있을 정도의 급료"를 받았다.

그러나 세계화 시대에는 엄밀하게 경제적 과정이 국제화되기 때문에, 기본적으로 뺄셈을 바탕으로 하고 있다. 그래서 부가가치(수익)는 해외의 경쟁자들보다 더 적은 요소(특히 노동력)를 투입함으로써 창출된다. 이렇게 해서 노동력은 그 우월적 지위를 자본과 정보에게 내어주게 된다. 가령 미국의 경우처럼 노동비용이 기업 총지출의 70%를 차지하게 되면 임금삭감이나 규모축소, 해고 등을 단행해야만 국제무대에서 살아남을 수 있다.

한마디로 이 체제로부터의 퇴출비율이 낮을수록 그만큼 더 생산비용은 높아지고 수익률은 낮아진다. 반대로 고비용의 인적 요소의 퇴출 규모가 크면 클수록, 재정수익률은 더 높아진다. 이와 같은 사실은 증시에 즉각 반영된다. 증시에서는 어떤 기업이 대대적인 인원감축을 단행한다는 소식이 나오자마자 주가는 일제히 상승세를 타기 시작한다.

이 체제는 제품과 기업과 개인 들 사이의 끊임없는 싸움 없이는 결코 작동할 수 없다. 부를 분배할 위치에 있는 사람이 적을수록, 그만큼 승자들에게 돌아갈 몫은 커진다. 각 개인은 자기 나라 사람들뿐 아니라 평생 한번도 마주치지 않을지도 모를 저 먼 곳에 사는 낯선 사람들하고도 경쟁해야 한다.

이윤창출은 이 체제가 존립하는 목적이자 이 체제를 움직이는 원동력이기 때문에, 기업은 자유롭게 이윤을 추구할 수 있어야 한다. 기업은 그 기업의 주식에 투자한 사람들, 즉 주주들의 것이다. 도덕주의자들이 뭐라고 말하든, 기업은 피고용인이나 원료공급업자들의 것도 아니거니와 그 기업이 소재해 있는 마을이나 도시 혹은 국가에 속한 것도 아니다. 이것은 의심의 여지가 없는 사실이다. 또한 주주나 나머지 사람들 양쪽 다 좋을 수는 없다. 따라서 노동력과 원료공급업자, 지역공동체, 국가는 희생을 당연한 것으로 받아들여야 한다.

부유한 국가가 상대적으로 더 부유해진다 하더라도, 모든 국민이 다 새로 창출된 부의 혜택을 누릴 수 없거나 누리지 못할 것이다. 다수가 뒤처지게 될 것이다. 가난하고 취약한 나라의 주민들은 항상적인 기아나 '좁디좁은' 취업기회―이 두 가지가 결합될 때는 엄청난 폭발력을 발휘하게 된다―등 다양한 수준으로 고통을 받게 될 것이다.

부유한 나라나 가난한 나라 모두, 승자와 패자의 변증법과 경제적 배제는 범죄와 집단적 이민, 테러리즘 등과 같은 파괴적 행동을 야기하게 될 것이다. 이미 잘 알고 있듯이, 세계의 대부분 지역이 홉스가 말하는 자연의 상태로 환원하게 될 것이다. 만인에 대한 만인의 투쟁에서 국가는 물론이고 때로는 시장까지도 작동 불능상태에 빠질 수 있다.

오늘날 정치지도자들은 이 사실을 전혀 인정하지 않는다. 아마 그것은 정치가들이 도저히 사고할 수 없는 것을 그들에게 사고하도록 요구하기 때문일 것이다. 그 결과, 이들은 피통치자들에게, 아니 무엇보다도 자신들에게 거짓말을 하게 되는 것이다.

합법적인 인구성장?

앞에서 특별연구팀은 다음과 같은 질문을 제기하였다. 개개인이 전체의 선에 끼치는 영향을 전혀 고려하지 않고 자유롭게 재생산 능력을 이용해서 사적 이익을 극대화하는 것이 합법적인가?

합법성과 비합법성 개념은 법률과 공적 권력, 사회적 표준을 근거로 해서 구분이 된다. 극히 드문 예를 제외하고는, 지금까지 인구규모와 가족규모가 국가의 법률이나 법령으로 명시되었던 적은 없다. 그래서 이 문제를 합법성의 가장 넓은 맥락, 즉 국제법이나 UN 세계인권선언의 맥락에서 살펴본다 해도 참조가 될 만한 준거를 거의 찾아볼 수 없다.

세계인권선언 제16조는 결혼과 가족 문제를 다루고 있으며, 기혼 남성과 여성의 평등권을 선언한다. 그리고 "가족은 자연적 집단이며 사회의 기초단위이며 사회와 국가로부터 보호를 받을 권리가 있다"고 주장하지만, 가족의 규모에 대해서는 전혀 언급이 없다. 진정한 세계 복지국가의 헌장을 반포하고 있다는 제25장에도 가족규모에 관한 언급은 없다.

누구나 자신과 가족의 건강과 복지를 위해 식량, 의복, 주택, 의료, 필수 사회적 서비스 등 충분한 생활수준을 누릴 권리가 있으며 실업, 질병, 장애, 배우자 상실, 노령화 혹은 기타 생활능력 상실 상태에서 보호를 받을 권리가 있다. …모성과 아동에게는 특별한 보호와 지원을 받을 권리가 부여되어 있다. 혼인관계에서의 출생이든 혼외 출생이든 모든 아동은 똑같이 사회적으로 보호받아야 한다.(강조는 인용자)

또다시 개인의 재생산 능력은 아무런 관계가 없는 것으로 간주되고 있다. 지나치게 남발된 '권리들'은 '자신과… 가족'에게 적용되고 있다. 결국 세계인권선언에 따르면, 어떤 사람이 자식은 여덟이나 되고 그 아이들에게 '식량, 의복, 주택, 의료'를 제공할 능력이 없다면 이 모든 것들을 제공할 의무는 사회 전체가 떠맡아야 한다.

UN회원국들이 모여 이 선언을 조인한 1948년에는 세계인구가 25억이 채 안 되었다. 당시에도 세계인권선언에 열거된 '권리'들은 유토피아에 불과했는데, 오늘날 60억 사람들 — 게다가 이중 상당수가 빈곤에 허덕인다 — 에게 이 권리들을 충족시켜 준다는 것은 전적으로 불가능하다. 세계인권선언이 공표된 지 50년이 지난 지금, 인권선언은 구제 불능의 모순투성이 문서로 전락하고 말았다. 왜냐하면 제28조에는 "누구나 선언문에서 명시하고 있는 권리와 자유가 충분히 실현될 수 있는 사회질서와 국제질서를 누릴 권리가 있다"고 당당히 밝히고 있기 때문이다. 확실히 서명자들은 인권선언에 서명하면서, 개인의 무제한적 출산의 자유와 붕괴 직전에 있는 '사회질서와 국제질서'(그리고 생태질서) 중 양자택일을 해야 하는 상황에 직면하리라는 것을 전혀 예상하지 못했던 것이다.

그렇지만 소크라테스와 플라톤을 비롯하여 사려 깊고 책임의식이 투철한 사람들은 이미 1천여 년 전부터 인구를 통제하지 않으면 사회질서가 도저히 감당할 수 없는 압박으로 작용하게 된다는 것을 간파하고 있었다. 아리스토텔레스도 '질서가 잘 정비되어 있는 국가들 가운데' 인구가 '과도하게 많은' 국가는 없다고 지적하고 있다. 국민들 입장에서 볼 때, 선한 정부는 "국민들 사이에 탁월한 질서가 유지되고… 과잉인구는 질서에 적합하지 않다"는 의미를 함축하고 있다. 만약 도시국가가 인구 과잉상태에 있다면, 아무리 최고의 법이라 해도 쓸모가 없을 것이며 오직 '신의 섭리'만이 질서를 제공함으로써 그 도시를 구할 수 있다.[2]

신의 섭리가 오늘날 이 지구상의 도시들에 질서를 제공해 줄 것 같지는 않다. 인간이 너무 많으면 많을수록 그만큼 선한 정부―그리고 UN에서 선언한 목적들―와 UN이 적극적으로 옹호하고 있는 바로 그 권리들을 보장해 줄 사회질서와 국제질서의 실현은 더 크게 좌절당할 것이다.

세계인권선언은 인구폭발을 용인하거나 포용하는 듯하지만, 정작 이 폭발을 합법적으로 제어할 수 있는 세계적인 기구나 그에 상응하는 권위에 의해 뒷받침되지 않고 있다. 한마디로 UN회의에서 내어놓는 선언이나 연설들에는 힘이 실리지 않는다. 구속력 있는 인구통제 협약이 발의되지도 않거니와 적극적인 장려방안이 제시되지도 않는다. 국제기구의 관료들은 인구증가 속도를 조절하는 데 아무런 영향력도 행사하지 못하며, 정부간 차원에서도 기대할 것이 전혀 없다.

국가 차원에서 살펴보면, 몇몇 국가들은 지금도 여전히 직·간접적으로 무제한적인 출산의 자유를 장려하고 있다. 인구가 많고 가난한 국가들 대부분이 국가 강제력을 동원해서 여성들을 노예상태에 묶어두고 있으며, 피임이나 심지어 국경을 넘어서 흘러 들어오는 정보까지 차단하고 있다. 특히 퇴행적인 국가들은 거대한 인구가 궁극적으로 국가를 더 부강하게 해줄 것이라는 잘못된 믿음을 고집하고 있다. 예를 들어 공산주의 독재체제하의 루마니아가 그러했고, 그리고 아랍권의 일부 국가들은 여전히 이런 믿음을 신봉하고 있는 것 같다.

그러나 한마디로 표현해서, 남반구에서 국가는 대체로 압살당한 상태라고 보아야 할 것이다. 국가 차원에서 명실상부한 인구정책을 실시하기란 거의 불가능하다. 남반구의 상당수 정부들이 구조조정이나 외채상환, 재정규율의 요구사항을 이행하기 위해서 공중보건과 가족계획의 예산을 삭제해 버렸기 때문이다. 아이러니컬하게도 인구증가를 통제하지 못함으로 해서 생활수준이 하락하고, 이런 하락을 막기 위해 외채를 끌어들여 이런저런 정책을 시도하는 악순환이 되풀이되고 있는 것이다. 인도네시아와 칠레처럼 몇몇 정부들은 적극적으로 산아제한 캠페인을 전개하였다. 중국도 산아제한 정책을 실시하고 있지만, 일선의 지방 행정당국들이 전혀 호응을 하지 않는 것이 관례화되다시피 해서 유명무실해 있다. 수백만 가성이 이론적인 새생산의 한계를 조과해 비뎠고, '한 자녀 정책'은 거의 지켜지지 않고 있다.

더욱이 남반구 대부분 국가들에 뿌리 깊은 남아선호 사상은 출생률 상승의 크나큰 요인이 되고 있다. 아시아의 일부 지역들에서는 여아와 남아의 비율이 100대 130에 이르는 경우를 흔히 볼 수 있다. 남아도는 이 30명의 남아들은 장차 누구와 결혼할 것인가 하는 문제는 전혀 거론도 되지 않는다. 그리고 남아선호 사상이 강한 나라들 대부분이 인구폭발을 억제할 의지와 수단 모두를 가지고 있지 않다. 이렇게 해서 해마다 수천만 명의 인간이 태어나고, 이들의 미래는 그 부모세대가 지금 직면하고 있는 현실보다 더 냉혹할 것이다.

북반구의 국가들 역시 인구위기로 인한 심각한 영향을 받게 되어 있지만, 이런 사실을 충분히 인식하지는 못하는 것 같다. 인구위기를 방지하는 데 있어서는 북반구도 남반구 못지않게 무능력하다는 것이 입증되었다. 미국은 국내의 낙태반대(이른바 '임신중절 합법화에 반대하는') 세력들이 불쾌하게 여길까 눈치 보느라고, 국제 지원프로그램들의 인구통제계획에 지원을 하지 않고 있다. 정부를 대신하여 민간재단들이 이런 공백을 메워나가려는 것 같지만, 민간재단이 적극적인 대외정책까지 도맡아서 해주지는 못한다.

OECD국가들에서 내정 관련 정부부처들이 대부분 이민부나 거의 다를 바 없이 되어버렸지만, 그렇다고 이 부처들이 자국의 이민인구 문제에 대처하는 방법을 제대로 알고 있는 것은 아니다. 일반적으로 이민자—적어도 이민 1, 2세대—들은 그 나라의 토착민들보다 자식을 훨씬 더 많이 낳는다. 특히 이민을 대규모적으로 받아들인 국가들은 이들 이민을 타깃으로 해서 그에 필요한 가족계획 프로그램을 제공하지 못하고 있으며, 더군다나 가족구성원의 증가에 따른 재정적 지원이나 세제상의 혜택을 삭감 · 폐지하는 등 출산장려 정책을 축소시키지 않고 있다.

일반적으로 이민가정은 가족수가 많고 그에 따라 가난하다. 또한 충분한 교육혜택을 받지 못하고 학력수준이 평균 이하이며 열악한 주거환경에다 생활반경이 실질적으로 빈민가에 국한되어 있는데다 기술숙련도는 낮고 실업률은 매우 높다. 한마디로 이민자는 그 사회의 희생물인 것이다. 이런 모든 것들이 원인이 되어 결국에는 이민 신분에 어울리지 않는 각종 불법거래나 깡패조직, 범죄행위 그리고 종종 테러리즘이나 자기 조국의 정치적 갈등에까지 휘말리기도 한다.

비록 절대 다수의 이민자들이 버젓이 자기 이름을 드러내놓고 불법행위에 가담하지는 않는다 하더라도, 불법경제에서 낮은 보수에다 사회보장 혜택도 받지 못하고 일하는 것을 전혀 마다하지 않는 것이 일반화되어 있다. 불법 피고용자는 곧 불법 고용주가 존재한다는 것을 의미하는데, 흔히 이런 불법 고용주는 국제적 인신밀매 고리들과 연결되어 있다. 그리고 자국 기업들이 경쟁력을 가지기 위해서는 값싼 노동력이 필요하다고 판단하는 정부들은 이런 국제 밀매조직들을 묵인해 주고 있다. 이와 같이 눈을 감아버리고, 범죄행위는 처벌되지 않고, 그리고 합법 · 불법 이민노동자는 일자리를 뺏어가고 임금을 하락시키는 존재로 인식되고 있다.

양 극단에서는 과격주의 정치가 활개치고 있다. 외국인들은 자신들을 받아들인 나라에서 거부당하고 있다고 느끼기 때문에 그 도피처를 과격한 문화 · 종교 활동에서 찾고 또 이 때문에 토착민들은 외국인을 더욱더 받아들일 수 없게 되는 악순환이 갈수록 심각하게 되풀이된다.

북반구 국가의 외국인 거주자들은 자신들이 주류에 동화되기란 매우 어렵다는 것을 익히 경험하고 있다. 그런데 사실 이들은, 정치적 · 경제적 · 생태적 붕괴가 다시 광범위하게 자기 나라를 덮쳐서 이민을 모색하게 될 미래의 이민자집단의 극히 일부에 지나지 않는다. 그리고 이민자들이 송금해 주는 돈은 본국의 불안정한 재정에 버팀목 역할을 하기 때문에, 이민 송출국의 정부는 지난날 북반구의 이주국가들과 어떤 협약을 체결했든 그 협약을 준수하는 데 전혀 열의를 보이지 않을 것이다. 혹은 자국 국민들의 해외이민을 금지시키는 것을 교환조건으로 내세워 다른 협박을 하게 될 것이다. 어느 쪽이 되었든, 이들 정부에게는 넘쳐나는 인구가 귀중한 수출상품 역할을 하게 될 것이다.

이 모든 사항을 종합해 볼 때, 남반구의 폭발적인 인구증가와 북반구에 남반구 출신의 팽창은 머지않아 심각한 문화적 대립과 내부파열로 표출될 소지가 매우 많다. '서구 대 비서구'로 대립각을 세우는 '문명충돌' 시나리오는 그에 합당하게 상당한 관심을 모았다. 최초로 이 시나리오를 구성한 헌팅턴Huntington 교수 자신은 보편적인 서구문화를 적극 장려하는 서구의 노력과 현실적으로 이를 실현시킬 역량의 쇠퇴 사이에 가로놓여 있는 치명적인 간극을 강조하고 있다. 그 이면에서 작용하고 있는 것은 전적으로 인구학적 역학이다.[3]

아마 헌팅턴은 이 점을 분명히 인식하고 있기 때문에, 전지구적인 자유시장 체제는 이를 떠받쳐주는 서구문화가 쇠약해지면 결코 우위를 점할 수 없다는 말까지는 하지 않는 것일 터이다. 헌팅턴의 저서는 경제학에 관해서 거의 언급하지 않고 있다. 그러나 자본주의의 문화는 좋든 싫든 서구적인 색채가 두드러진다. 서구의 역사를 통틀어서 교역자와 상인이 존재하지 않은 적은 한번도 없었다 할지라도, 자본가는 이들과 다른 배경에서 탄생하였다. 또 일반적으로 알고 있는 것처럼 처음부터 세계 곳곳에서 지배적인 세력으로 대두한 것은 결코 아니었다. 페르낭 브로델Fernand Braudel과 조지프 니덤Joseph Needham 같은 역사가들이 평생을 바쳐 설명하고 입증하였던 것처럼, 자본가의 탄생배경은 중국도 아랍도 인도도 일본도 아니고, 바로 서구이다. '시장'과 자본주의는 결코 일란성이 아니다. 즉 시장은 자본주의 없이도 존재할 수 있고 또 실재해 왔지만, 그 반대는 성립하지 않는다.

자본주의 문화는 위험부담과 이윤동기, 축적의 필요성 등의 개념을

내면화하고 있다. 그래서 자본주의 문화는 상인과 교역자의 문화일 뿐
아니라, 절약자와 투자가와 기업가의 문화이기도 하다. 이 문화를 하나
의 단어로 특징짓는다면, 단연 그것은 '경쟁'이다. 투쟁욕구와 미지에
대한 모험심이 자본주의 문화의 핵심을 이룬다. '창조적 파괴'는 자본주
의 문화의 최고의 예술이다. 그러나 머지않아, 자유시장 경제가 지배적
인 형태로 자리 잡은 국가들에서도 이처럼 수세기에 걸쳐 형성된 자본
주의 문화를 몸소 실천하는 사람은 인구의 10%도 채 안 될 것이다. 바
로 이것이 이 체제의 미래에 불길한 징조이다.

　한편 서구국가 내에서 문화적 충돌의 가능성은 문명의 단층선들을
뛰어넘어서 일어나는 붕괴의 위험보다 크게 주목받지 못하였다. 그것은
헌팅턴 교수가 문명이라는 보다 확장된 범위의 경계선들을 다루고 있지
만, 실제로 이민문제나 일국 내의 갈등에 관해서는 전혀 관심을 기울이
지 않고 있기 때문이다. 그렇지만 유럽과 미국에서는 외국인에 대한 일
상적이고 원시적인(예를 들어 '스킨헤드족') 공격은 차치하고라도, 매우
왜곡된 힘이 작동하고 있다. 이 같은 역동성은 궁극적으로 수백만 명에
게 영향을 끼치게 될 심각한 수준의 갈등을 잠재하고 있음을 보여주는
것이다.

　오늘날 많은 경우가 그러하지만, 아웃사이더 혹은 아웃사이더의 문
제가 학교나 교회, 정당, 군대, 사회단체, 직장, 각종 사회조직 등을 통
해서 토착민 문화나 그 국가의 문화에 동화되지 못할 때는, 오로지 광고
나 텔레비전, 소비지상주의를 매개로 해서 마구잡이로 동화될 수밖에
없다. 이 모든 것이 바로 자유시장의 산물이다.

　따라서 문화적 동화라는 개념 자체가 모순적인 것이다. 학교나 교회
다니는 데는 전혀 비용이 들지 않거니와 사회단체나 정당 같은 데는 자
발적으로 시간만 내면 참여할 수 있지만, 상업적인 문화에 참여하기 위
해서는 자신이 마음대로 쓸 수 있는 상당 수준의 소득이 필요하다. 그러
나 이만한 소득이 없는 수백만 명 역시 끊임없이 소비주의 이미지들로

부터 자극을 받고 충동을 느낀다.

지금까지 수많은 사회사상가들이 쇼핑몰과 백화점들은 명실상부하게 이 시대의 예배당이며, 예배를 드리고자 하는 사람은 나날이 늘어나고 있다고 지적했다. 그러나 모든 영혼이 다 소비자들의 성찬에 참석할 수 있는 것은 아니다. 이렇게 성찬대열에서 탈락한 사람들은 주로 외국인 아니면 토박이 가운데서도 실직자나 형편없는 급료를 받고 밑바닥 일을 하는 노동빈곤층, 주변화된 청년층이나 노년층이다. 한마디로 사회에서 내몰린 패배자들이다.

그 문화에 참가할 수 없다는 것은 끊임없이 좌절감을 심어주게 되며, 머지않아 이런 좌절감은 내적으로든 외적으로든 분노로 표출될 수밖에 없다. 내몰림을 당한 자들의 규모가 그 사회가 감당할 수 있는 한계점을 넘어서게 되면, 이들은 문화적 파열을 일으킬 것이다. 그 문화에 결코 동화될 수 없는 이들은 지역주의나 인종주의, 근본주의, 요주의 집단 등과 같이 과격하고 병리적인 다양한 형태들에서 자기위안―그리고 종종 복수― 을 구하게 된다. 미국의 민간 무장조직들은 그 한 가지 예에 불과하다.

이 좌절감이 이따금 완전히 '무분별한' 파괴로 치닫기도 하는데, 유럽의 도시 외곽에서 10대들이 아파트와 학교, 체육관, 심지어 자기 가족들이 무료치료를 받고 있는 진료소 등을 깡그리 부수어버린 것은 잘 알려진 사실이다.

이런 추세들은 모두 다음 세기의 전지구적인 자유주의 체제 유지에 필수적으로 요구되는 조건들에 역행하고 있다. 이 체제의 지속적인 성공의 조건을 간단하게 열거하면, 다음과 같다.

- 현재보다 훨씬 더 높은 비율의 인구에게 신뢰할 만한 급여체계가 갖추어진 고용이 보장되어야 한다. 자유시장의 임무는 일자리를 제공하는 것이 아니라 수익성을 창출하는 것이지만, 일정한 지점

을 넘어서게 되면 구매자의 기반이 축소되고 불만을 품은 집단은 고비용의 해로운 혼란과 분열을 야기하게 된다. 이런 결과들은 반드시 피해야 한다.

- 문명의 충돌 위험을 줄이기 위해서는 세계의 여러 지역들에 만연해 있는, 동일 직종 동일 생산수준에서의 엄청난 임금격차를 대폭 완화시켜야 한다.

- 젊은 세대는 의식적으로 자유시장의 문화 속에서 사회화시켜 나가야 한다. 이와 같은 시도에는 무엇보다도 미래의 높은 생산성을 위한 교육과 영재교육이 포함되어야 할 것이다. 또 그에 상응하는 기초 직업교육이 충분히 이루어져야 한다. 지적 능력이 낮은 젊은 이들을 위해서는 미숙련 노동력을 필요로 하는 일자리가 활용되어야 할 것이다.

- 이와 같은 종류의 일자리 상당수가 생태 재활용 영역에서 제공될 수 있다. 환경토대의 파괴가 더 이상 진행되지 않도록 해야 한다. 생태혁명이나 생태계의 물적 토대를 잃을 위험성 방지에 대해서 시장 자체가 주도적으로 나서야 한다.

- 국가는 기본적인 하부구조의 건설과 국민의 신체안전에 집중해야 한다. 그리고 시장 관리나 규제 기능에 대해서는 가능한 한 관여하지 말아야 한다. 현재는 긴급을 요하는 여러 가지 광범위한 위기들을 국가가 관리하는 것으로 되어 있음으로 해서, 국가에 상응하는 한계를 넘어서고 있다.

- 국제 공공기관들은 계속 맡은 바 임무를 수행한다 하더라도, 국제 차원의 규제를 담당할 새로운 기구를 설립해야 한다. 사기업의 이해관계를 대변하는 기구만이 이를 가장 잘 수행할 수 있기 때문이다. 조만간 세계는 신속하게 실행결정을 내릴 수 있는 세계적인 규모의 기관들을 필요로 하게 될 것인데, 현재의 UN은 이와 같은 임무를 수행하기에 전적으로 부적절하다.

- 갈수록 더 많은 부자들이 금융시장에 참여하기 때문에, 이들이 '파산에 대비한' 보험상품을 구매할 수 있도록 해야 한다. 그리고 이 보험의 보장성은 기본적으로 피보험자가 매달 납부하는 보험료로 실현하되, 국제 금융거래세가 이를 보강해 주어야 한다. 국제 금융거래세는 국제적인 금융거래에 소액의 세금을 부과하는 것으로서, 국제 재보험자 컨소시엄이 집행·관리할 것이다.

- 종교적 표현은 그에 상응하는 영역 내에서만 이루어지도록 해야 한다.

- 불법이민을 포함하여 불법경제의 확산을 막아야 한다. 만약 정부가 이 일을 감당할 역량이 없다면, 정부 대신 사기업이 수행해야 한다.

이상은 전지구적 자본주의의 지속적인 성공을 위한 최소한의 필요조건이지, 결코 충분조건은 아니다. 그런데도 불구하고 현재의 세계인구 상황에서는 이 가운데 단 한 가지 요소도 충족시킬 수 없다. 세계인구가 60억이 넘는 상태에서는 최소한의 필요조건조차도 전혀 실현될 수 없다는 것이다.

그런데 만약 '우리가' 80억~120억 인구를 부양할 수 있어야 한다는 결정이 내려졌다고 한번 가정해 보자. 이렇게 부양을 받아야 하는 사람들은 어떤 부류일까? 이들을 부양하는 데는 어떤 것들이 필요할까? 우선, 승자보다 패자가 훨씬 더 많아질 것이기 때문에 부의 창출자로부터 부의 소비자로의 끝없는 이전이 요구될 것이다. 이 체제에 아무것도 기여하지 않는(그리고 의심할 여지 없이 기여할 능력이 전혀 없는) 사람들은 여전히 이 체제가 자신들의 욕구를 충족시켜 줄 것이라고 기대하게 될 것이다. 또한 생산적인 경제로 흡수될 수 없는 수억 명의 인구가 자신들을 돌봐줄 일종의 세계 복지국가를 요구하게 될 것이다.

이와 같은 부류는 생산영역 내에 이미 방대하게 존재하거나 혹은 생산노동을 하지 않아도 이들에게 생계비를 지급해야 할 것이다. 이들이 존재하는 곳이면 어디나 이들을 돌보기 위한 방대한 행정조직 체계가 갖추어져야 할 것이다. 그 결과 소득을 올리는 생산적인 개인과 수익을 창출하는 기업들에게 국내·국제적으로 부과되는 세금은 천문학적 수준에 이를 것이다. 그리고 생산적인 존재와 비생산적인 존재의 이해관계가 충돌하게 되면, 악화惡貨가 양화良貨를 밀어내듯이 패자의 질 낮은 생활수준이 승자의 높은 생활수준을 몰아내 버릴 것이다.

이 정도 규모의 세계인구를 유지하기 위해서는, 철저한 환경보존 조치들을 수립하고 준수될 수 있도록 강제력을 행사하는 세계적 차원의 환경경찰과 엄격한 사법체계도 필요할 것이다. 그러나 설령 이와 같은 조직이 갖추어진다 하더라도, 80억~120억이라는 엄청난 인구가 사는 지구에서 대량 삼림파괴와 생물 종들의 서식지 파괴, 버섯구름, 생활이 불가능하고 오염이 심한 도시, 산업폐기물과 생활쓰레기 등으로 죽어버린 호수와 바다 등을 막을 길은 없다. 기하급수적인 인구증가로 이 모든 상황은 더욱더 악화될 것이며, 마침내 지구상에 살고 있는 물질 전체가 황폐해지고 소모되어 버릴 것이다.

그리고 상대적인 부유층에서 절대적인 빈곤층으로의 소득이전은 필연적으로 권력의 이전을 수반하게 될 것이다. 그 결과 서구는 지금까지 축적한 부뿐만 아니라 권한까지 포기해야 할 것이다. 결국 이로써 자유주의 체제의 운명이 결정되고, 일종의 사망선고가 내려진다는 것을 의미한다. 이 총체적인 작동은 자기파멸의 형태로 드러나게 될 것이다.

위임위원회는 특별연구팀에게 정확하고도 명확하게 의견을 개진할 것을 지시하였다. 또한 위임위원회 스스로 특별연구팀의 분석에 대해서 다음과 같은 결론을 도출하리라는 것을 믿어 의심치 않는다. 수십억의 잉여인구를 지금과 같이 계속 묵인하면서 자유주의 시장체제를 유지해 나간다는 것은 결코 불가능하다.

프롤레타리아의 어원인 프롤레타리우스proletarius는 원래 "재산이 아니라 자손으로써 국가에 복무하는 사람"이라는 뜻을 담고 있다. 그러나 일반적으로 이와 같은 방식으로 국가에 복무하는 경우는 오늘날 찾아볼 수 없다. 지금의 프롤레타리우스는 오직 자신에게 복무할 자식을 생산하고 있을 따름이다. 실제로 프롤레타리우스의 사회계층 내에서 유형의 부는 평생 동안 자식에게서 부모에게로 이전되거나 혹은 성숙한 현대사회의 경우에는 부모에게서 자식에게 이전되는 식이다. 프롤레타리우스가 자식을 계속 낳도록 자극하는 동기유발은 많이 존재한다. 그에 따라 그 자식들은 더 많은 자손을 생산할 것이고 이런 증식 사이클은 끝없이 이어질 것이다. 이것은 결코 국가에 복무하는 것이 아니라, 궁극적으로 지역과 국가와 지구 공동체를 파괴시키는 것이다.

이 체제의 문화를 받아들이는 것이 불가능하거나 받아들이는 것을 거부함으로 해서, 체제에 참여하지 않는 부적격자들은 이제 이 체제에 엄청나게 큰 부담으로 작용하고 있으며 체제를 압살시킬 정도로 짓누르고 있다. 이들 부적격자들은 오직 생산적인 개인대중을 소진시키는 일종의 기생충에 불과하다. 결국에는 생산적 개인들도 끊임없이 증가하는 비생산적 부적격자들을 현재와 같은 (비생산적인 존재들의 관점에서 볼 때는) 부적절한 수준에서조차 부양하기를 거부하게 될 것이다. 바야흐로 문명과 문명의 충돌뿐 아니라 현존하는 모든 사회영역 내에서의 충돌 또한 필연적이다.

최대 다수의 행복과 복지를 보장할 수 있는 유일한 길은 지구상의 총인구를 줄여나가는 것이다. 이런 선택이 매우 삭막하고 황량한 것으로 비칠 수 있겠지만, 이성과 연민 모든 면에서 즉각적인 단행이 요구되고 있다. 자유주의 체제의 유지—바로 이것이 특별연구팀에게 부여된 과제이다—를 바란다면 다른 대안은 없다. 이 이외의 대안은 모두 환상이고 희망사항에 불과하다.

특별연구팀은 이 과정이 경제적·사회적·생태적으로 결코 피할 수 없는 것일 뿐 아니라 윤리적으로도 정당하다고 확신한다. 지금보다 압박이 덜한 환경에서 살아가는 사람이 줄어든다는 것은 그만큼 모든 사람이 훨씬 유복해진다는 것을 의미한다. 그리고 빈곤에 허덕이는 삶과 무정부적 통치체제와 법의 통치가 기약 없이 지배하는 대신, 행복의 추구가 현실화되고 지구가 생명을 유지하게 될 것이다. 바로 이것이 '지속가능한 개발'이라는 슬로건의 진정한 의미이다. 또한 이것은 특별연구팀 『리포트』의 제2부가 근거로 삼고 있는 토대이기도 하다.

2부

1. 목표

18세기의 시인 쿠퍼Cowper는 「어둠 속의 찬란한 빛」Light Shining out of Darkness에서 이렇게 선언한다. "하느님은 당신의 경이로움을 불가사의한 방법으로 행하신다." 하느님이 행하시는 방법은 엄격하고 잔인해 보이기까지 할 수 있겠으나, 우리 자신의 행복을 위해서는 하느님이 우리를 위해 선택하신 시험은 무엇이든 다 받아들여야 한다. "싹은 쓴맛이 날 수 있으나, 그 꽃은 달다." 하느님의 섭리에 바치는 시인의 믿음은 흡사 보이지 않는 손의 자유방임laissez-faire에 대한 신뢰를 닮았다.

특별연구팀은 충격을 주거나 신성을 모독하려는 의도를 가진 것은 결코 아니다. 즉 세속적인 일 가운데 가장 광범위하고 가장 포괄적인 시장은 우리가 전지전능한 분의 지혜에 다가갈 수 있는 첩경이라는 것은 엄연한 사실이다. 그렇다. 시장은 어떤 사람들에게는 고통을 가져다주고, 시장의 결정은 무자비하고 잔인해 보일 수 있다. 하지만 시장에 꼭 들어맞는 다음과 같은 신학적 비유를 잊지 말도록 하자. "지고지선의 하느님은, 당신이 악으로부터 선을 행사하실 수 있을 만큼 강력하고 선하지 않으면, 결코 당신의 역사하심에 악이 존재하는 것을 허용하지 않으신다."[1]

자본주의는 존재론, 즉 본질을 소유하고 있다고 말할 수 있다면, 확실히 시장은 그 충분한 시계視界와 범위로써 조화를 이루고 현명함을 발휘한다. 하느님과 마찬가지로, 시장 역시 명백한 악으로부터 선을 창조해 낼 수 있다. 시장은 파괴로부터 인류의 향상과 통일체의 지고의 평형상태를 창조해 낼 수 있다.

이와 같은 자본주의의 존재론이 시험에 빠지게 된 순간이 도래하였다. 위임위원회를 비롯하여, 자유시장과 자유주의 체제의 수혜자들이 자신들 신념의 일견 가혹한 결말을 받아들일 준비가 되어 있는지 물어야 할 때가 다가왔다.

과연 우리의 환경과 문명사회는 지금의 인구와 미래의 인구를 유지해 나갈 수 있을까? 과연 서구문화를 상징하고 이끌어나갈 사람이 인류의 15%, 그 다음에는 10%, 또 그 다음에는 5%로 줄어들어야만 할까? 과연 가장 생산적인 개인과 국가는 가장 비생산적인 존재들의 증가라는 골칫거리의 대가로 자신들의 복지를 희생시켜야 할까? 과연 강대국들은 지금의 기득권을 스스로 포기해야 할까?

특별연구팀은 이상과 같은 물음들을 분석하여서 위임위원회에 그 분석결과를 보고해야 한다. 결론적으로, 이 모든 물음에 대한 특별연구팀의 대답은 'No'이다.

지금까지 특별연구팀은 환경의 붕괴와 사회의 무정부성이 발생할 개연성에 관해 많은 시간을 할애하여 다루었다. 그리고 세계 복지국가라는 망상과 세계인구의 포용이라는 환상에 관해서도 언급하였다. 나아가 자신의 권력과 문화를 포기하는 것의 어리석음에 대해서도 경고하였다. 일찍이 마키아벨리가 메디치 가문을 향해 지적하였듯이, 권좌를 지키고 이를 위해서 필요한 모든 것을 할 것인가 아니면 권좌를 포기할 것인가 둘 중 하나를 선택하는 것이다. 특별연구팀은 위임위원회가 변함없이 권좌에 앉아 있는 쪽을 선택하리라는 데 대해 추호도 의심치 않는다. 따라서 다음과 같은 중요한 물음을 던져야 한다. "이 목적을 실현하기 위해서, 그것을 이루기 위해서 무엇을 해야 하는가?"

잘못된 전략

만약 21세기 자본주의가—최소한—현재 예측할 수 있는 미래의 인구조건에서 최적의 기능을 계속 유지할 수 없다면, 그 조건은 반드시 변화되어야 할 것이다.

필시 이 같은 발언이 자칭 도덕주의자들에게는 계획적인 '인종대학살'의 선언으로 받아들여질 것은 당연하며, 비난의 화살이 빗발치리라는 것은 불을 보듯 환하다. 이것은 언어를 적절히 구사하지 못하는 부주의함을 무심코 드러낸 발언도 아닐 뿐더러 특별연구팀이 일부러 의도한 것도 아니다.

'인종대학살'genocide은 '인종' 혹은 '종족'을 뜻하는 그리스어 genos에서 유래하였으며, 특정 인종이나 언어집단의 구성원들을 조직적으로 근절하는 것을 의미한다. 역사적으로 이 정의는 종교와 문화, 정치적 신념 그리고 적어도 한 가지 사례에서는 성적 지향성을 기반으로 한 근절로 그 범위가 확장되어 왔다.

20세기에 우리는 끔찍한 인종대학살을 목격하였다. 막강한 권력을 가진 광신자들이 강압적으로 동시대인들에게 자신들이 고수하는 인종 순수성이나 정치적 순결성에 복종할 것을 요구하는 역사가 되풀이되었다. 나치즘은 인종주의와 특히 유대인에 대한 증오가 핵심을 이루고 있으며, 이것이 이후에는 집시와 공산주의자, 동성애자들에 대한 증오로 확대되었다.

계급지배(프롤레타리아트의 독재)는 스탈린주의의 이론적 핵심이며, 굴라크(강제노동수용소)의 근간을 이루고 있다. 또한 마오주의자들은 대약진운동과 문화혁명을 통해서 강제적인 산업화와 '올바른' 정치사상의 통일성을 시도하였다. 크메르 루즈는 근본주의적 농지개혁을 통해서 지식인들을 몰아내고자 하였다. 인도네시아에서는 애국주의라는 이름 아래 공산주의자들과 동티모르인들이 제거되었다. 인구과잉 국가인 르완다에서는 후투족이 인종주의에 호소해서 경쟁 종족인 투치족의 토지와 자원을 빼앗았다.

이 모든 인종대학살 시스템은 차별을 기반으로 하고 있으며, 나치나 스탈린주의처럼 가장 치밀하고 정교한 시스템의 경우에는 방대한 관료기구가 복잡한 인종박멸 조직을 떠받쳐주고 있었다. 그럼에도 불구하고 이 시스템들은 다음과 같은 점에서 지극히 원시적이고 지엽적이며 부적절하다.

- 시간이나 인적 · 금전적 · 물질적 자원 면에서 고비용 시스템이었다. 나치는 인종주의적 강박관념에 빠져서 유대인 말살에 필수자원을 과도하게 쏟아 부음으로 해서, 전쟁에 패배했다. 특별연구팀의 한 연구원이 이와 같은 사실을 입증해 줄 수 있었는데, 특별연구팀으로서는 참으로 행운이 아닐 수 없었다.

- 비효율적인 시스템이었다. 희생양 색출작업이라는 부담을 국가기구가 안아야 했고, 국가기구는 (부정부패, 개인의 선택, 부적절한 타이밍, 행정적 혼란 등을 통해서) 필연적으로 여러 경로의 탈출로가 생겨나게 했다.

- 방대한 국가조직이 필요한 시스템이었다. 게다가 국가조직 자체가 시스템을 실질적으로 정당화해 나가야 했기 때문에, 지나치게 많은 권력과 책임이 국가조직에 집중되었다.

- 너무 눈에 띄는 시스템이었다. 특정 지역민이나 외국인들의 무지를 알리는 엄숙한 선포식과 자발적인 맹목성이 광범위하게 퍼져 있었음에도 불구하고, 이런 방식의 인종말살 기획은 착수단계에서부터 상당히 알려졌다. 그리고 이 기획이 실행된 후에는 세계 구석구석까지 알려지게 되었다.

- 이 일을 직접 수행한 사람들에게 치욕과 모멸감을 안겨주는 시스템이었다. 시스템의 하수인 노릇을 하였거나 방관한 사람들, 어떤 형태로든 이 시스템에 연루되었던 모든 사람들이 범죄자, 도덕적 패륜자로 낙인찍혔다.

- 철저하게 실패한 시스템이었다. 오늘날 유태인들은 자신들의 국가를 가지고 있지 않은가? 유태인들은 세계 여러 나라에서 대체로 성공을 거두고 있고 또 수많은 공적 · 사적 영역에서 명망 있는 책

임자 위치에 오르지 않았는가? 현재 스탈린주의자들이 권력을 장악한 곳이 (북한과 쿠바를 제외하고는) 있는가? 소비에트연방이 실존해 있기라도 하는가? 이와 같은 물음을 던지는 것이 곧 그 대답이다. 유태인 대학살이나 강제노동수용소(문화혁명, 크메르 루즈 등)는 그 자체의 방식으로도 성공을 거두지 못했다.

다른 길

이상의 시스템 가운데 특별연구팀이 염두에 두고 있는 것은 없다.

무엇보다도 먼저, 특별연구팀은 이데올로기적인 동기를 가지고 있지 않으며, 특정 인종집단이나 종교, 민족에 대해 증오심을 품고 있지도 않다. 이 같은 사고방식은 미숙하고 전혀 가치 없는 감상에 불과하다. 둘째로, 특별연구팀은 여기서 광적인 유토피아("모든 유대인 / 계급의 적이 제거되고 인종/당이 순수해질 때 비로소 세계는 완벽해질 것이다")를 말하고 있는 것이 아니다.

오히려 우리의 목표는 다음과 같다.

- 개인의 성공기회와 행복추구 기회를 최대화시키는 경제적 환경의 창출
- 인간과 다른 생물종이 살아갈 수 있는 주거환경의 보호
- 문명사회와 서구문화의 영속성

첫번째 목표 — 유리한 경제적 환경의 창출 — 에서는 우선 궁극적이고 이상적인 체제가 아니라, 최대 다수의 최대 행복이 보장될 수 있는 조건을 결정하는 것이 필요하다. 만약 자유시장이 다른 대안체제들보다 훨씬 적극적으로 '행복추구의 기회'를 제공하지 못한다면, 지금과 같은 독보적인 우위를 잃어버리게 될 것이다. 경쟁을 기반으로 한 체제는 결코 이를 두려워해서는 안 된다!

현재 시장을 기반으로 한 자유주의 체제는 절대 다수의 사람들에게 행복과 안락과 안전조치를 제공해 주지 못하고 있거니와, 미래의 인구에게도 마찬가지일 것이다. 이것은 기정사실이고, 당연히 받아들여야 한다. 과연 어떤 체제가 이렇게 할 수 있을까 심히 의심되는 바이지만, 『리포트』의 맥락과는 거리가 먼 주제이므로 생략하기로 한다. 가장 부유한 국가라 할지라도 누구나 자본을 소유하고 축적할 수 있거나 위험을 감수하는 기업가로 성공할 수 있는 것은 아닌 데 반해, 노동시장은 시장 규칙이 작동하는 바로 그런 시장이다.

경쟁의 기본 원칙에 따르면, 세계시장은 최고만 취하고 나머지는 버린다. 오늘날 이 나머지에 속하는 사람이 얼마나 되는지는 정확하게 파악할 수 없지만, 자신의 재능과 기량, 교육수준, 도덕적 자질, 출신국가, 행운 등에 힘입어 체제 내에 정착한 사람보다 훨씬 많은 것만은 확실하다. 심지어 국제노동기구International Labor Organization조차도 체제 내에 '편입되지 못한' 노동력이 10억이 넘는 것으로 추산하고 있다. 여기에다 부양가족까지 합치면, 이 범주의 규모는 실로 어마어마해질 것이다.

두번째 목표— 살아갈 수 있는 주거환경의 보호— 는 묘하게도 이른바 '딥 이콜로지 운동'deep ecology movement에서 표방하는 시각과 유사하다. 물론 특별연구팀이 이 운동의 전제들을 모두 다 받아들이는 것은 결코 아니지만, 딥 이콜로지 운동의 강령에 나오는 다음 문장을 관심 깊게 주목한다.

인간의 삶과 문화가 번영하기 위해서는 인구가 대폭적으로 축소되어야 한다. 다른 생물종들의 번성에도 똑같은 축소가 요구된다. 따라서 정책들이 바꿔어야 한다.(인용자 강조)

하지만 딥 이콜로지 운동가들은 이런 '대폭적인 축소'를 누가 어떤 방식으로 실현할 수 있는지, 또 이를 실현하기 위해서는 어떤 정책들이 바뀌어야 하는지에 대해서는 언급하지 않고 있다. 이들은 그 당위성만 진술하고 있을 뿐이다. 특별연구팀이 알고 있는 한에서는, 딥 이콜로지 운동가들이 '인종말살'을 주창하였다고 해서 구금을 당했다는 이야기는 들어보지 못했다.

세번째 목표—문명사회와 서구문화의 영속화—는 지금까지의 역사에서 구사되었던 것과 똑같은 방식으로는 결코 달성될 수 없다. 수세기 동안 정치와 전쟁은 보다 많은 사람들에 대한 지배력 확보와 관계가 있었다. 그리고 오늘날과 전혀 반대로, 다른 국가의 국민을 자신의 통치권 속으로 통합시키는 것이 문명사회를 위협하지는 않았다. 물론 비기독교인 이교도들이나 몽골족은 오로지 강간과 약탈에만 관심이 가졌을 수 있고 또 도시를 함락하느라 철저히 파괴해 버렸을 수 있지만, 과거에는 "피정복자를 정복국가의 법제도 아래서 살게 하고, 정기적으로 조공을 바치게 하고, 정복국가와 우호관계를 유지할 수 있는 소수정예의 정부를 피정복국가에 세우는 것"이 최고의 전략이었다.

그리스·로마 시대부터 19세기 식민지주의 시대에 이르기까지, 고도로 세련된 정복자들은 항상 정복한 영토의 토지와 자원과 부와 사람들을 통합하는 방법을 모색하였다. 왜냐하면 이것들이 중요한 자산이었기 때문이다. 정복국가에 협조적인 소수 독재정권의 철저한 감시와 가혹한 징계 아래에 놓여 있는 피정복 주민들의 노동력은 또 하나의 부와 권력의 원천이었다. 그렇지만 오늘날 이와 같은 방식의 식민지 장악은 어리석기 짝이 없는 발상이다. 피정복지의 자산은 다른 방식들로 훨씬 더 잘 빼낼 수 있으며, 피정복지의 인구 대부분은 쓸모도 없을 뿐더러 오히려 부담이 될 수도 있다.

영국의 (공유지를 사유지화한) 인클로저 운동은 수천 명 소농들의 몰락과 유랑민 창출 등 그후 도래하게 되는 사건들의 전조였다. 그렇지만 과잉인구가 사회적 문제로 떠오르기 시작한 것은, 산업혁명의 기계가 전통적인 장인의 일자리를 대거 빼앗아버리면서부터였다.

또한 현대 이전까지만 해도 사회는 이를테면 기아 같은, 저 유명한 맬서스의 '억제장치'들 속에서 다양한 안전장치를 고려해 볼 수도 있었다. 잉여노동과 사회 부적응자들은 북아메리카나 오스트레일리아의 신천지를 찾아 떠날 수도 있었다. 19세기에는 5천만 명의 유럽인들이 이렇게 신대륙으로 이주하였고, 특히 아프리카와 인도 대륙의 식민지들도 사회적인 기강을 바로잡는 데 일조하였다.

이런 이민대열에 끼지 않은 반사회적인 젊은이들은 군대에서 징집을 하여 규율훈련을 시켰다. 그리고 각 가정은 가난한 이웃들을 돌보는 역할을 하는 것을 당연하게 여겼다. 산업혁명의 발전과 동시에 자선단체도 발달해, 악취 풍기는 각종 산업혁명의 부산물들을 처리해 주었다.

그러나 우리는 이와 같은 호사를 더 이상 누리지 못한다. 세계는 포화상태이고, 정착지나 식민지로 삼을 수 있는 빈 공간이 전혀 남아 있지 않다. 전반적으로 군대는 직업군인들로 구성되어 있어서, 더 이상 징집군인들을 훈련시키는 임무를 수행하지 않는다. 그리고 북반구의 경우, 가정은 핵가족 형태를 이루고 있는데다 거주공간이 부족하고 시간이 없어서 가난하고 병든 이웃이나 나이 든 친척조차 돌볼 수 없는 실정이다. 민간 자선단체나 공공단체의 지원으로 현재의 사회적 병리현상이 모두 다 포괄될 수 있다는 사고방식은 불합리하기 짝이 없다.

이런 말을 감히 공개적으로 하는 사람은 거의 없겠지만, 아무튼 물적 쓰레기와 폐기물이 경치를 어지럽히고 수많은 도시를 압살할 듯이 위협하고 있는 것과 똑같이 사회적 쓰레기와 폐기물은 자유주의적 이상과 시장을 위험에 빠트리고 있다. 기하급수적으로 증가하는 이합집산의 인구로 인해 이런 상황을 개선하기 위한 모든 노력이 금방 무력화되고 실제로 물거품이 되어버리면, 적절한 관리와 사회통제는 현실적으로 불가능하다.

따라서 특별연구팀은 대폭적인 인구감축이라는 목표를 수행할 것인가 말 것인가 하는 물음을 던지는 것이 아니라, 이 목표를 어떻게 달성할 것인가의 문제를 제기하는 것이다. 이런 관점에서 특별연구팀은 먼저 일반적인 원칙 몇 가지를 언급하고자 한다. 아래에 열거한 원칙들에서 는, 앞에서 확인하였듯이 '원시적이고 지엽적이고 부적절하다'고 평가 된 과거 시기의 ('인종대학살' 같은) 방법론의 실수를 연대기 순으로 비교 분석하고 있다.

- 현대의 인구감축 전략은 완전 무비용은 아니라 할지라도, 특별한 시설과 인력의 동원이 필요치 않는 저비용이어야 한다. 이 목적을 달성하는 데 요구되는 것과 정반대의 사례가 '아우슈비츠 모델'이 다. 그리고 새로 예산을 책정하는 것보다 예산지출의 방향을 재조 정하는 것이 더 중요하다.

- '희생자'의 선택은 다른 사람이 아닌 '희생자' 스스로 결정하는 방 식을 취해야 한다. 희생자들은 무능력, 부적격, 빈곤, 무식, 게으 름, 범죄성 등의 기준, 즉 한마디로 '패배자 성향'에 근거해서 자기 선택을 하게 될 것이다.

- 국가는 인구관리와 관련한 업무를 상대적으로 극히 일부만 담당 해야 한다. 즉 국가가 담당하는 인구관리 업무는 교도소관리·실 업보상제도·복지행정 등과 관련한 업무보다도 훨씬 더 적어야 한다. 특별연구팀은 현재의 국가 규모와 권한범위를 줄이고 시민 생활에서 국가의 역할을 대폭 축소할 것을 주장하고 있다. 따라서 일관성을 가지고 인구통제 영역에서도 국가는 민간부문을 본받아 야 한다고 권고하는 것이다.

- 노출과 대중여론의 문제와 관련해서는 두 가지 범주의 전략을 권 고한다. 첫째, '예방' 차원의 인구통제 전략은 출산방지에 역점을 두어야 하므로, 일반 정책의 일환으로 노출될 것이다. 그러나 두 번째 '치료' 차원의 전략은 기旣 출생자를 다루게 될 것이다. 따라

서 전략의 배후에 특정 기관이 있는 것으로 보여서는 안 된다. 이 시나리오에서 악역은 없다.

- 결론적으로 치욕적이거나 불명예스러운 문제가 절대로 발생해서는 안 된다.

- 이상의 전략들은 도덕적 에너지와 재정적 지원이 충분히 뒷받침되고 적절한 심사숙고의 과정을 거쳐서 채택된다면, 성공할 수 있다. 이 전략들을 면밀하게 검토하는 것이 바로 특별연구팀의 임무이다. 그리고 도덕적 에너지와 재정지원은 위임위원회와 그 동맹자들이 제공해야 해야 할 것이다.

21세기에는 규율과 통제냐 혼란과 카오스이냐, 양자택일해야 할 것이다. 자본주의를 계속 유지하면서 최대 다수의 최대 복지를 보장하는 유일한 방법은 인구를 줄이는 것이다. 특별연구팀은 여러 대안을 면밀하게 비교분석한 결과, 이와 같은 결론에 도달하였다. 아무런 조처가 취해지지 않을 경우, 아마 미래에 우리와 같은 과제를 수행하게 될 모종의 특별연구팀은 사회적 무정부상태와 생태적 붕괴가 동시적으로 발생할지 아니면 후자가 전자를 선행할지를 놓고 논쟁하게 될 것이다. 더구나 이런 근본적인 문제들은 문명에 부정적으로 받아들여질 것이다. 따라서 특별연구팀의 메시지가 '목적이 수단을 정당화하는 것' — 이럴 가능성이 전혀 없다고 단언할 수는 없겠지만 — 이 결코 아님을 유념해 주시기를 위임위원회에 정중히 부탁하는 바이다. 오히려 특별연구팀의 메시지는, 21세기에 서구문화와 자유주의 시장체제는 소小 종말들과 대大 종말 사이에서 선택을 해야 한다는 것이다.

현재의 인구와 미래의 예상인구

첫번째 목표는 세계 시장경제가 가장 원활하게 작동하면서 또 생태적 · 사회적 조화와 최대 다수의 복지를 보장할 수 있는 최적의 인구규모는 얼마인지 결정하는 것이다.

UN이 '낮은 출산율, 중간 출산율, 높은 출산율, 불변 출산율' 등과 같은 일련의 전제에 근거해서 산출한 세계인구 규모를 보면, 2020년이 되면 세계인구는 72억~82억이 될 것으로 추정하고 있다. 특별연구팀은 이 가운데 불변 출산율의 시나리오는 고려대상에서 제외하였는데, 그 근거는 거의 모든 지역에서 출산율이 실질적으로 낮아지는 추세를 보인다는 점이다. 불변 출산율에 근거해서 세계인구를 산출하면, 2020년에 85억 명이 된다. 그리고 '낮은 출산율'에 근거해서 UN이 산출한 72억 명은 세계인구를 지나치게 낮게 잡는 오류를 범하였다고 판단된다. 왜냐하면 이 수치는 20년 이내에 빈곤국가의 출생률이 자연발생적으로 현재의 거의 40% 수준으로까지 떨어질 것이라는 가정 아래 산출된 것이기 때문이다!

앞에서 언급하였듯이, UN은 연간 세계인구가 약 8100만 명이 증가하고 있다고 주장한다(출생인구 약 1억 3300만 명, 사망인구 5200만 명). 이것을 좀더 확연하게 파악할 수 있도록 표현한다면, 1시간에 약 1만 5천명, 1분에 250명이 태어나고 1시간에 6천 명, 1분에 100명이 죽는다는 것이다.

역시 지적하였듯이, 많은 전문가들이 UN의 인구통계에 대해 회의적인 반응을 보이면서 그 문제점에 주의를 기울일 것을 촉구하였다. 즉 UN은 각국 정부가 발표한 자료를 100% 신뢰하고 그대로 반영해야 하기 때문에 세계인구는 항상 실제보다 낮게 잡힌다는 것이다. 이 같은 관점에서 전문가들은 현재 세계인구가 연간 9천만~1억 명 증가하는 것으로 추산하고 있다.

특별연구팀이 연간 인구증가 규모를 정확하게 산출해 낸다는 것은 불가능하지만(이 점은 누구라도 마찬가지이다), UN의 '높은 출산율'에 근거해서 산출한 수치를 기초로 하기로 했다. 그것은 '높은 출산율'이 진실에 가장 근접한다고 판단하였기 때문이다. 따라서 2020년에 세계인구

〈표 1〉   (단위: 100만 명, %)

인구 및 전체 대비 비율	1995 (UN추정치)	2020 (UN '고' 추정치)	이 기간 동안 증가분
세계인구	5687(100)	8062(100)	+2375(+42)
선진국권	1171(20.6)	1267(15.7)	+96(+0.08)
후진국권	4516(79.4)	6794(84.3)	+2278(+50)

* 자료: United Nations Population Division, *World Population Prospects: The 1996 Revision*, 통계자료 및 표, 1996. 10. 24.

는 80억에 이를 것으로 예상된다.

만약 현재의 추세에 전혀 개입을 안 하게 되면, 머지않아 세계인구 80억 시대에 들어서는 2020년에 후진국권의 인구는 1995년보다 50% 이상 증가한 거의 70억에 이를 것이다. 그리고 이 지역의 인구비중은 오늘날 세계인구의 79%에서 84%로 높아질 것이다. 이에 반해 선진국권의 인구증가는 지극히 미미해질 것이다.

선진세계와 후진세계의 내부 역관계 또한 완전히 달라질 것이다. 먼저, 2020년 선진세계의 인구밀도는 1km²당 평균 23명으로 1975년의 20명, 1995년의 22명과 비교해 실질적으로 크게 변하지 않을 것이다. 그러나 후진지역은 2020년에 1km²당 인구밀도가 평균 78명으로 증가할 것으로 보인다(1975년 37명, 1995년 55명). 이에 따라 양 지역의 인구밀도 편차는— 캐나다 4명, 브라질 24명에서부터 인도 387명, 네덜란드 396명, 한국 524명에 이르기까지— 매우 커지게 될 것이다. 그러나 현재 지구상에 남아 있는 비옥한 땅은 극히 일부에 불과하다. 게다가 남반구의 대부분 지역은 인구과잉 상태인데다 환경파괴가 가파르게 진행되고 있다. 필연적으로 이곳에 사는 사람들은 이 지역을 벗어나려는 시도를 하게 될 것이다.

다음으로, 연령구조 역시 심각한 영향을 끼치게 될 것이다.

〈표 2〉의 통계수치를 살펴보면, 미래의 충돌을 강하게 시사하고 있

〈표 2〉   (단위: %)

영역	세계		선진국권		후진국권	
연령집단	1995	2020	1995	2020	1995	2020
0~14	31.7	27.7	18.6	18.6	34.4	29.4
15~24	18	16	14	11.7	19.1	17
25~59	41	43	49	45.5	39.2	43.3
60 이상	9.5	12.5	18.3	24.2	7.3	10.3

* 자료: 같은 책.

다. 부유한 지역의 경우, 2020년이 되면 60세 이상 인구가 전체 인구의 거의 1/4에 육박할 것이다(이 가운데 65세 이상은 18%로, 거의 5명당 1명 꼴). 그 결과 상대적으로 노년층이 정치권력의 상당 부분을 장악하게 될 것이다.

선진국에서는 생산성이 가장 높은 연령대인 25~59세의 인구가 거주인구의 50%를 약간 밑돌게 될 것이다. 그런데 이 연령대의 인구집단은 1995년과 똑같은 비율의 아동(0~14세)을 양육하는 한편으로, 노령인구를 장기간의 학습— 전지구적인 경쟁체제에서 성공의 필수불가결한 조건이다— 을 통해서 재교육시키는 엄청난 부담까지 짊어져야 한다. 이와 동시에 나이 든 부모를 돌보는(혹은 돌보는 비용을 지불하는) 의무까지 수행해야 할 것이다. 부유한 세계에서 중간 연령은 41세가 될 것이며, 이 연령집단은 부모와 자식 그리고 갈수록 더 많은 것을 요구하는 직업 사이에서 끊임없이 중압감에 시달릴 것이다. 따라서 나머지 84%의 인구에서 터져나오는 도움의 요청에 대해 별로 인내심이나 동정심을 보일 것 같지는 않다.

현재 총인구의 50% 이상이 24세 이하인 빈곤국가에서는 이 연령집단의 비율이 약간씩 줄어들어 2020년이 되면 46% 이하로 떨어질 것으로 예상된다. 그리고 가장 생산성이 높은 중간 연령대(25~29세)는 43%로 지금보다 조금 늘어날 것이다. 이 연령집단은 여전히 많은 자녀를 양육해야 하겠지만, 노령자 부양의 부담은 그리 크지 않을 것으로 보인다. 후진국권의 60세 이상 인구는 10%대에 불과하고, 이중 65세 이상은 불과 6.8% — 선진국권의 거의 1/3이다 — 정도일 것으로 예상되기 때문이다.

이와 같이 가난하고 교육수준이 낮은 지역의 경우에는 청년층의 에너지가 전혀 구속받지 않고 사회를 압도해 버릴 것으로 예상되며, 중간 연령은 27세(현재는 24세)가 될 것이다. 그리고 이 연령집단은 정부와 나아가 세계가 자신들의 요구를 대체로 받아들여 줄 것으로 기대할 것이다.

이상의 사실과 통계수치는 모두 동일한 목표를 시사하고 있다. 즉 특별연구팀의 신중한 판단에 따르면, 2020년의 목표는 현재 세계인구의 1/3을 줄이는 것, 즉 약 60억에서 40억으로 낮추는 것이다. 다시 말해 UN의 '높은 출산율' 변수를 근거로 해서 추정한 80억을 절반으로 줄이는 방안을 모색해야 할 것이다.

그래서 『리포트』 작성의 후반단계에 접어들면서, 특별연구팀은 '2020 − 20'이라는 내부암호를 사용하기로 하였다. 즉 현재의 세계인구 약 60억을 출발선에 놓고 2020년까지 20억을 뺀다는 것이다. 아니면 더 쉽게 '2020 ÷ 2'라고 해도 된다. 즉 2020년 예상인구 80억을 절반으로 줄인다는 것이다. 어떻게 표현하든, 특별연구팀이 수행하고자 하는 과업은 가히 기념비적인 것이다.

이 목표는 1975년으로 회귀하는 것을 의미한다. 당시 세계인구는 40억이었으며, 그 가운데 1/4은 선진세계에, 나머지 3/4은 개발도상 지역(당시는 이렇게 지칭했다)에 살고 있었다. 1975년은 비교적 평화와 번영을 구가하던 시기였다. 베트남전쟁의 충격에서 거의 벗어났으며, 후진국들은 미래를 낙관적으로 전망하고 있었고, 선진국의 서민들은 사상 유례가 없는 소득증가를 향유하고 있었다. 그러면서도 환경은 오늘날과 같이 충격적일 정도로 끔찍하게 파괴되지 않았다. 한마디로, 세계가 완벽했다고 할 수는 없을 테지만, 관리하기 쉬운 상태였다.

다음의 〈그림 1〉은 이상적인 시나리오를 도표화한 것이다. 따라서 세계를 다시 관리 가능한 수준으로 끌어올리기 위해서는 〈그림 1〉을 바탕으로 해서 도출한 권고안을 수행할 준비에 즉각 들어가야 할 것이다.

특별연구팀은 2000년의 세계인구를 60억이라고 상정하고 향후 20년 내에 세계인구 40억을 달성하는 것을 목표로 해서 출발한다. 〈그림 1〉에서 볼 수 있듯이, 곡선이 처음에는 계속 증가하겠지만 마지막 단계에 접어들면 1년에 최고 2억 8천만 명까지 줄어들 것이다. 시계열상으로 살펴본다면, 2005년 무렵이 되면 세계인구가 64억이라는 최고치를 기록하게 될 것이고 이를 정점으로 해서 서서히 줄어들어 5년 후인 2010년에는 현재와 같은 약 60억 수준으로 떨어질 것이다. 그로부터 향후 10년 동안, 즉 2020년까지는 매우 급속하게 절대적 감소가 뒤이을 것이다.

이와 같은 인구축소가 어디에서 이루어져야 할 것인가? 현재 선진세계의 출생인구는 세계 총출생인구의 10%, 사망자는 세계 총사망자의 23%로, 세계인구 통제에 끼치는 영향이 거의 미미하다. 따라서 (UN의 통계자료들을 받아들인다면) 연간 세계인구는 8100만 명이 증가하는데,

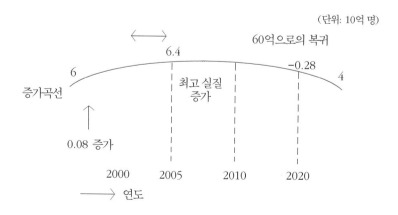

〈그림 1〉 이상적인 인구 시나리오[2]

이 가운데 불과 100만 명만이 부자나라들에서 늘어나는 셈이다. 뿐더러 드문 사례이기는 하지만, 가령 독일처럼 토착인구가 실질적으로 감소추세인 국가도 있다. 결국 선진국의 인구증가는 전적으로 이민자사회 내의 출생에 기인한 것일 수 있다.

따라서 빈곤지역에서 발생하고 있는 연간 순 인구증가분, 즉 어림잡아서 8100만 명이라는 이 숫자에 초점이 맞추어져야 할 것이다. 만약 아무런 변화가 가해지지 않는다면, 8100만이 2005년에는 9천 만, 2020년에는 1억으로 늘어날 것이다. 게다가 UN이 추산한 연간 인구증가분 8천만 명이 지나치게 낮게 잡은 것이라고 이미 판명된다면, 지금과 동일한 상황에서는 2020년의 세계인구가 경악할 만한 숫자를 기록하게 되리라는 것은 짐작하고도 남음이 있다.

2020년 세계인구 40억의 목표를 달성하기 위해서는 20년 동안 연평균 1억 명이 축소되어야 한다는 계산이 나온다. 연간 축소인구의 90% 이상이 후진국권에서 달성되어야 할 것이다. 그리고 사망률 증가와 출산율 감소 모두에 힘을 기울여야 할 것이며, 시간과 기회에 따라서 적절한 실행방안이 다양하게 수립되어야 할 것이다.

그러나 특별연구팀은 다음 몇 가지 명백한 이유 때문에 수학적 확실성이 아닌 가이드라인만을 제공할 수 있을 뿐이다. 우선, 관련요소들 가운데 인간의 통제범위를 벗어난 요소들이 매우 많다는 점이다. 즉 여러 가지 장애와 기회가 전혀 예기치 않게 발생할 것이다. 이 과업이 초인적인 노력을 요구하겠지만, 그렇다고 해서 실행을 포기한다는 것은 핑계에 불과하다는 것을 특별히 언급해 두는 바이다. 이 과업을 수행하게 된다면, 위임위원회가 최대한 동원할 수 있는 에너지와 수단 모두를 요구하게 될 것이다.

2. 네 개의 기둥

특별연구팀의 구성원들은 엔지니어도 아니거니와, 여기서 다루게 될 분야들의 전문기술을 완벽하게 갖추고 있는 것도 아니다. 그러므로 청사진이나 '핵심적인' 해결방안을 제시한다고 주장하거나 자부하지는 않겠다. 그러나 특별연구팀은 중요한 전략적 문제들의 총체적인 틀을 제공하고, 나아가 어떤 영역에 기술적 전문성을 효과적으로 배치해야 하는지 알려줄 수 있을 것이다.

'예방 차원' 전략과 '치료 차원'의 전략을 구체적으로 수립하기에 앞서서, 자본주의의 영속성을 보장하기 위해서는 오늘날의 경향들 가운데 어떤 것이 강화되고 또 억제돼야 하는지, 이에 대한 집중적인 검토가 매우 중요하다는 것이 특별연구팀의 판단이다. 여기서 자본주의는 최대 다수의 최대 행복을 보장할 수 있는 유일한 체제라고 정의해야 할 것이다.

제1단계의 과제는 대대적인 인구감축을 과감하게 실행해 나갈 수 있는 토대를 견고하게 다지는 것이다. 그 토대 위에는 다음 네 개의 기둥이 세워져 있다.

- 이데올로기적 · 윤리적 기둥
- 경제적 기둥
- 정치적 기둥
- 심리적 기둥

이상 네 개의 기둥은 드러나지 않고 숨어 있지만, 겉으로 드러나는 전략적 구성물을 떠받쳐주고 있다. 그리고 완전히 건축적인 측면에서 볼 때도 네 기둥은 서로 보강시켜 주는 역할을 한다.

이데올로기적 · 윤리적 기둥

실질적인 사안들로 곧바로 들어가지 않고 사상과 신념에 관해서 먼저 언급하는 이유는 무엇일까? 간단히 말해 사상과 신념이 세계를 지배하기 때문이다. 그러면서도 사상과 신념은 고정되어 있는 것이 아니기 때문이다. 사상과 신념은 그 시대의 요구에 따라서 나타나고, 형성된다. 그리고 아마 마르크스라면, 사상과 신념은 지배계급의 요구에 부응하여 발전해 나간다고 말하였을 것이다. 이데올로기는, 이를테면 물고기에게 있어서 물과 같은 존재이다. 물고기는 물을 전혀 의식하지 못한다. 여기서 특별연구팀의 관심사항은, 현시대의 지배적인 사상과 신념이 우리의 원대한 계획을 정당화하는 데 일조할 수 있도록 목적의식적으로 이데올로기를 주조하는 것이다.

예를 들어 오늘날 지구 곳곳에서 발생하는 전염병이나 기아를 공포의 눈으로 바라보는 것이 우리 시대의 자화상이다. 그러나 초기 기독교 시대의 신학자 테르툴리안Tertullian은 다음과 같이 썼다. "전염병과 기근, 전쟁, 지진과 같은 하늘의 응징은 인구가 지나치게 많은 나라에서는 일종의 축복으로 받아들여야 한다. 왜냐하면 이와 같은 재앙들은 사치스러운 인구의 증가를 말끔하게 정리해 주기 때문이다." 그러면서 "지구가 우리 인간의 욕구를 충족시켜 줄 수 없다"고 말해도 좋을 만큼 "엄청난 인구는 지구에게 한갓 짐에 불과하다"고 탄식하였다(강조는 인용자).[1]

이 교부가 볼 때, 자연적이거나 인위적인 재앙은 '인구가 지나치게 많은 나라'들을 그들의 재생산이 불러들인 비참한 귀결로부터 구해 준다는 점에서 긍정적인 '축복'이다. 전쟁과 기아와 전염병은 공동체와 미래를 보호해 준다. 사실상 인간에게 유익한 이른바 이런 재난들 덕분에, 재앙에서 살아남은 사람들과 그 자손들은 지구의 드넓은 수혜를 다시 한번 누리게 될 것이다. 이런 재앙이 없었더라면, 지구는 결코 "우리 인간의 욕구를 충족시켜 줄" 수 없었을 것이다. 무엇보다도 인간의 욕구가 끊임없이 증가하기 때문이다.

테르툴리안은 기독교도였지만, 개인의 삶을 지고의 선이라고 보지 않았다. 오히려 그보다는 공공의 복지를 최고의 가치로 설정하였다. 그래서 인류의 가족이라는 나무에 뻗어나 있는 가지들 가운데 일부는 쳐내야 하고, 집단의 복지 실현이 보장될 수 있도록 '사치스러운 인구의 증가'는 통제되어야 한다는 것을 깊이 인식하고 있었다. 이미 앞에서 플라톤과 아리스토텔레스 같은 고전철학자들의 시각을 언급하였듯이, 그들은 과잉인구를 공동체와 국가에 치명적인 위험요소라고 정확하게 간파하였다.

한편 현시대와 현시대의 이데올로기는 개인을 바탕으로 하고 있다. 시장 메커니즘과 자유주의 그 자체는 무수한 개인들이 자유롭게 결정하고 감행하는 개인의 판단과 모험을 그 토대로 하고 있다. 이와 마찬가지로 현시대의 지배적인 윤리와 법률체계는 개인(혹은 '인간')의 권리와 양심과 행위만을 다루며, 개인의 범죄와 과오에 대해서 판결한다. 그 결과 이 시대의 사람들은 집단적인 범죄라든가 전체의 최대 선 같은 개념을 접촉할 기회가 사라져 버렸다. 전체의 최대 선은 종종 강제와 희생을 필수적으로 요구하지만, 이 시대는 강제와 희생이 법적으로나 도덕적으로 정당화될 수 있다고 생각하지 않는다. 오늘날 사회에서 공중의 복리에 대해 집단적 책임의식 개념을 적용한다는 것은 매우 어려운 일이며, 집단적 죄의식은 더더욱 그러하다.

문맹자나 실업자, 사회에서 불필요하거나 퇴행하는 사람들이 자신이 원하는 만큼 번식시키고 증식시키는 것을 '윤리적으로 올바른 것'으로 받아들이고 있다는 것이 바로 그 증거이다. 이런 유의 사안에 대해 아무리 요령 있게 의견개진을 할지라도, 원색적인 비난과 위선에 가득 찬 고발이나 또 때로는 법적 제재를 감수하지 않고는 공개적으로 표현조차 할 수 없다. 플라톤이나 아리스토텔레스, 테르툴리안이 이 같은 사태를 목격하였더라면 이만저만 실망하지 않았을 터이며, 마찬가지로 세계인권선언에 대해서는 경악을 금치 못하였을 것이다!

기본 원리가 변화하고 또 특별연구팀이 권고한 전략들이 성공하기 위해서는, 무엇보다도 먼저 현재의 이데올로기적 풍토를 변화시키고 개념과 윤리의 요소들을 질서정연하게 정리하는 것이 필수적인 과제이다. 역사를 통틀어 지배적인 윤리체계는 항상 진화해 왔던 것처럼, 이것이 다시 변화되지 말아야 할 논리적 근거는 없다. 만약 윤리를 일정한 사회의 집단적 생존전략이라고 정의할 수 있다면, 오늘날의 윤리는 철저한 점검이 필요한 상태이다. 시장 개인주의와 '인권'과 집단적 조화의 필요성, 이것들 사이의 모순이 해결되지 않는다면, 그리고 이 모순이 해결될 때까지, 효과적인 인구관리를 거부하는 것이 바로 이 시대의 윤리인 것이다.

첫 단계의 과제는, 활력적이고 경쟁적인 전지구적 경제는 일국뿐 아니라 국가들 사이에도 필연적으로 승자와 패자, 살아남은 자와 퇴출당한 자로 양극화된 사회를 창출한다는 것을 스스로 냉정하게 인식하고 다른 사람들에게 인식시키는 것이다. 이것은 지극히 건강한 상태이다. 바로 이것이 이 체제의 주요 동인이며, 어떤 경우에도 결코 바뀌지 않는 일종의 '동물적 본성'과 같은 것이다.

이런 본성을 변화시키려는 헛된 시도를 하기보다는 오히려, 승자를 최대화하고 패자를 최소화하는 방법을 모색하고 나아가 오늘날보다 훨씬 더 많은 사람들에게 시장이 가져다줄 수 있는 이득을 제공하는 방안을 찾아내어야 할 것이다. 그리고 북반구와 남반구 모두에서 더 많은 사람들이 이 체제에 흡수되어야 할 것이며, 부유한 사회의 주요한 병리현상(범죄, 실업, 공해, 약물중독 등)이 눈에 띄게 줄어든 사회적 환경을 만들어나가야 할 것이다.

현재의 인구조건 아래서는 시장 혼자 힘으로 다수의 복지를 결코 창출해 낼 수 없다. 따라서 인구조건이 교정되어야 한다는 것은 명백한 사실이다. 진정한 인구통제 정책이 받아들여질 수 있으려면, 새로운 사고

와 여론 풍토, 즉 교조적이고 무제한적인 개인의 자유를 사고의 출발점으로
설정하거나 '인권'을 사고의 지지대로 간주하지 않는 풍토가 제도적으로 마
련되어야 할 것이다.

　따라서 특별연구팀은 위임위원회에 사상가 · 저술가 · 교사 · 통신관
계자 등으로 구성된 집단을 조직할 것을 강력하게 권고한다. 이렇게 조
직된 집단을 통해서, 적극적인 인구관리 전략에 지적 · 도덕적 · 경제
적 · 정치적 · 심리적 정당성을 부여해 줄 개념과 논점과 이미지를 개발
해 나가야 할 것이다. 또 이들 지적 노동자들은 21세기의 혁신적이고 실
용적인 윤리를 정교하게 수립하여 전파해 나가야 할 것이다.

　이렇게 적합한 이데올로기적 틀에 대대적인 투자를 하게 되면, 그
보상은 100배 이상으로 돌아올 것이다. 우선, 플라톤이나 다윈, 홉스,
맬서스, 니체, 하이에크, 노지크Nozick 같은 위대한 사상가들의 시각
— 그리고 좀 면구스럽지만 특별연구팀은 『루가노 리포트』에 담겨 있는
견해와 논점 역시 포함될 수 있기를 희망한다— 은 필요한 부분을 뽑아
내어서 다양한 청중들을 위해 시대의 기호에 맞게 말끔하게 가다듬어
다시 포장하여야 할 것이다. 그런 다음 이 엑기스를 여론형성자나 의사
결정권자, 일반 대중들 속에 확산시켜야 할 것이다.

　이에 따라 정확한 판단에 근거해서 해석된 근대 생명과학이나 생태
학, 인구학, 사회학, 신고전주의 경제학을 비롯한 여러 학문분야의 연구
결과들은 자연스럽게 쇄신된 지적 구조 내에서 각자의 위치를 찾아나갈
것이다. 그리고 그 견해들은 하나의 네트워크, 즉 엄선된 지식인 정예부
대를 통해서 세련되게 다듬어지고 구체화되고 발전되어 나가야 한다.
이 정예부대에 속하는 구성원들에게는 전통적인 대학사회라든가 전문
화된 재단이나 연구소 혹은 사이버 네트워크를 통해서 이론을 연구 · 전
개해 나갈 수 있는 물리적 · 정신적 공간이 제공되고, 높은 수준의 급료
가 주어져야 할 것이다.

　이들 정예집단은 저서출판이나 잡지기고를 왕성하게 하고 또 주류

언론과 라디오·텔레비전 방송, 인터넷 매체에도 수시로 이름을 드러내는 등 적극적인 활동을 줄곧 해왔어야 한다. 그리고 앞으로는 이들에게 공적·사적 모임에서 발언하고, 젊은 층을 만나서 교육하고, 여러 웹사이트를 개발할 기회가 충분히 주어져야 할 것이다.

충분한 자각과 적극적인 지적 리더십과 권위와 정당성 등과 같은 조건이 갖추어지지 않는다면, 『루가노 리포트』에서 그 밑그림을 서술하고 있는 전략들은 필연적으로 실패하고 만다는 사실을 잊지 말아야 할 것이다. 우리 특별연구팀이 판단컨대, 위임위원회가 '이데올로기적 정예부대' 같은 집단을 조직해서 유지·발전시켜 나가면 이런 일들이 무리 없이 추진될 수 있을 것으로 사료된다. 이런 정예부대원들이 세계화된 언론 복합기업의 최고위층과 돈독한 친분관계를 유지하고 있다는 점 또한 의심의 여지가 없다. 그리고 나날이 성장을 거듭하는 언론 복합기업은 사상전파에 있어서 필수 불가결한 각종 '지식·이데올로기 증폭장치'를 완벽하게 갖추고 있다.[2]

솔직히 말한다면, 특별연구팀 구성원들은 특별연구팀이 이 지식인 정예집단의 전형이라고 생각한다. 그리고 팀원들 모두가 지금 진행하고 있는 대기획에의 참여를 결정하는 데 있어서, 상당한 물질적 보상은 이 기획의 본질적인 장점 못지않게, 아니 그 이상으로 큰 매력으로 작용했음을 거리낌 없이 인정하고 있다는 것을 덧붙여둔다. 이 측면에서는 특별연구팀도 여타 전문가들, 즉 자유주의의 명백한 우수성을 인식하고 또한 자유시장에 복무하는 것이 확실히 자신에게 유리하고 이익이 될 때 자신의 지식과 능력을 적극적으로 발휘하는 사상가·과학자·저술가 들과 전혀 다르지 않다.

그렇지만 이 지점에서 특별연구팀은 더 크게 신경 써야 할 주의사항을 언급해 두고자 한다. 이처럼 풍족한 재정적·기술적 수단을 가진 천재집단이 주축이 되어 이데올로기 연구가 아무리 눈부시게 수행된다 할지라도, 만약 이 체제가 지구상의 거주민 절대 다수에게 경제적 복지와

생태적 재생, 문명적 가치의 표준— 이 표준은 끊임없이 높아진다— 을
제대로 제공할 수 없다면 이 체제의 이데올로기적 기둥은 무너지고 말
것이다. 사회에서 퇴출당한 사람들이 이 체제에서 결핍되어 있는 것을
발견하게 되면 곧바로 들고 일어날 것이며, 결국 자유주의적 자본주의
는 이들과 함께 붕괴되어 버릴 것이다.

경제적 기둥

바로 이것이 특정한 경제정책들이 지체 없이 제도화되고, 강화되어야
하는 이유이다. 지금까지는 세계은행과 IMF를 통해서 남반구와 동구의
국가들에서 수행된 구조조정 프로그램(SAPs)이 표준의 역할을 하고 있
다. 세계은행과 IMF가 긍정적인 역할을 해왔다는 사실을 결코 부정할
수는 없다. 구체적으로, 세계은행과 IMF는 구조조정 대상국가에 현실
적이고 실무적인 신자유주의 규율을 도입하도록 하고, 국가경제를 세계
경제에 편입시킬 것을 요구한다. 그리고 대상국가의 엘리트들이 (저임
금, 훨씬 유연해진 작업장, 대대적인 민영화, 정부간섭 축소 등을 통해서) 부를
축적할 수 있는 틀을 제공해 주고 있다. 이와 같은 엘리트 중심의 구조
조정 프로그램은 신자유주의와 세계화 시대에 부응하는 국가적 규모의
영향력을 갖춘 주주와 투자가들을 창출해 내는 데 큰 역할을 하고 있다.

물론 정확한 입증자료를 제시하기란 어려울 수 있겠지만, 아무튼 구
조조정 프로그램을 통해서 총인구가 줄어들지는 않았다 하더라도 인구
증가 추세에 제동이 걸린 것은 분명해 보인다. 바야흐로 전형적인 경제
적 목표와 인구통계학적 목표가 상호 연결되는 시기가 도래한 것이다.
실제로 구조조정 프로그램의 대상국가들 모두가 이 프로그램을 처음 수
행했을 때보다 국가채무가 훨씬 더 증대하였다는 점 때문에, 구조조정
프로그램을 확대·강화시킬 기회는 존재한다. 채무국들은 IMF가 아무
리 무리한 조치를 제시해도 받아들일 수밖에 없는데, 그것은 IMF의 승
인사인 없이는 어디서도 신용대출을 받을 수 없기 때문이다. 현재 아시

아의 인구과잉 국가들 가운데 유일하게 중국만 제외하고는 모두 다 IMF
의 감독 아래 들어가 있기 때문에, 실로 장족의 발전이 이루어질 수 있
을 것으로 보인다.

　구조조정 프로그램은 인구동향에 직·간접적으로 영향을 끼칠 수
있다. 구조조정 프로그램은 시너지 효과의 전형적인 모델이라 할 수 있
는데, 예를 들어 수출농산물 생산을 적극 장려하고 식품가격을 상승시
킴으로써 음식물 섭취 수준이나 질병에 대한 저항성을 악화시킨다. 또
여성들은 생계를 위해 매춘부로 나설 수 있으며, 그에 따라 에이즈에 감
염되어 전염시킬 수 있다. 생활하수와 쓰레기 수거 등을 위한 공중보건
예산과 기금이 대폭 삭감되기 십상이기 때문에, 그 결과 말라리아를 비
롯한 각종 질병이 다시 창궐하게 된다. 그리고 저임금은 유료 의료·약
품의 이용기회를 원천봉쇄하는 결과를 가져다준다.

　시장 자유주의가 급속도로 진행되고 있는 곳이면 어디나, 강요에 의
해서든 자발적으로든 사망률 증가와 출산율 감소라는 유리한 지형이 조
성된다. 또 구소련 같은 몇몇 지역들에서는 이미 기대수명이 엄청나게
짧아졌는데, 구소련의 경우 고용과 사회적 서비스가 급격하게 줄어듦으
로 해서 평균 기대수명이 5년이나 줄어들었다. 10년 전에 유니세프
UNICEF는 외채와 구조조정 프로그램으로 인해 1년에 50만 명의 아동
―물론 이 통계수치를 입증해 줄 수 있는 자료는 없다― 이 더 죽어간
다고 주장하였다.

　서구국가들은 IMF 이사진 구성에서 막강한 다수를 차지함으로써
구조조정 프로그램을 강화시켜 나가야 할 것이다. 세계은행과 달리,
IMF는 대중 영합적인 '여론'에 한번도 굴복한 적이 없었다. 따라서 엄선
하여 발탁된 IMF의 고위관리들이 『루가노 리포트』에서 제시하는 결론
들을 효과적으로 공유할 수 있을 것이라고 판단한다. 이들 IMF의 관료
들 역시 『리포트』에서 다루는 사안들에 대해 충분히 공감할 것이다.

　그리고 민간 금융자본 또한 인구감축에 유리한 조건을 만들어내는

데 긍정적인 역할을 할 수 있다. 시설 및 설비 투자와 달리, 주식이나 채권 구매는 완전히 유동적인데다 즉각적으로 철수할 수 있다. 1994년 후반에 멕시코가 붕괴하였을 때, 그에 뒤이은 페소화의 위기로 인해 기업이 줄줄이 도산하고 이자율이 급등하고 대량해고와 은행파산이 속출하였다. 그 결과 음식물 소비는 1/4로 줄어들었고 자살률이 신기록을 갱신하였는가 하면, 폭력범죄가 횡행하였다. 이와 유사한 시나리오들이 러시아에서는 이미 나타났으며, 태국과 한국·인도네시아를 비롯하여 동남아시아의 곳곳에서 현재 효력을 발휘하고 있다. 이렇게 해서 순식간에 시장은 질서가 잡힌다. 말하자면 항상적인 경쟁체제로 돌입하게 되는 것이다.

이와 같은 공공금융과 민간금융의 제도들은 적절하게 관리만 되면, 인구'정리' 전략을 지원함으로써 인구감축의 결실을 맺게 해줄 수 있다. 그렇지만 구조조정이나 유동적인 포트폴리오 투자가 아무리 많은 장점을 지녔다 할지라도, 이것들은 스스로 작동할 수 없다. 새로운 세계경제질서에 복무하는 쇄신된 정치질서가 뒷받침될 때 비로소 이것들은 원활하게 작동할 수 있다.

정치적 기둥

구조조정 프로그램은 매우 뛰어난 유용성을 가졌지만, 필연적으로 국민국가 체제의 부속물일 수밖에 없다. 개별정부는 IMF나 세계은행의 감독을 받고 있을 때조차도 국민국가 체제에 상응하는 하나의 통일체이며, 기준점이 된다. 지금까지 국가는 다소 정도의 차이는 있지만 자유주의 프로그램에 적극 협력해 오고 있다. 그런가 하면 또 어떤 국가들은, 물론 작고 허약한 국가일수록 달리 선택할 길이 봉쇄되어 있기 때문일 수있겠으나, 아무튼 엄격한 경제규율에 대항하여 폭력을 행사하는 양상을보이기도 했다. 이런 양상들은 일관된 통일성을 보이지도 않거니와 상당 부분 저항 지도부의 이데올로기적 지향성에 의존해 있을 수 있다. 그럼에도 불구하고 여러 나라에서 구조조정이 실패했다는 것은 결코 부정할 수 없는 엄연한 사실이다.

이것을 IMF나 세계은행의 과오로 돌릴 수는 없다. IMF와 세계은행은 지금까지 선구자적인 과업을 탁월하게 수행해 왔지만, 이와 같은 기능들을 불안정하고 모호한 정치적 틀 내에서 작동시켜 나가야 하는 것까지 피해 갈 수는 없다. IMF와 세계은행은 구조조정을 받고 있는 국가의 대중조직뿐 아니라 정부로부터도 그 합법성을 의심받고 있다. 현존하는 세계적 차원의 정치기구들은 오늘날의 명백한 문제들을 적절하게 해결할 수 있는 규칙들을 솔선해서 수립할 수도 없거니와, 만약 인구'정리' 전략이 내일 당장 실시된다면 이 전략을 수행하기에 전적으로 부적격한 조직이다.

따라서 현재의 목표는 시대에 뒤떨어진 국민국가 모델을 새로운 모델로 대체하는 것, 바로 이것이 되어야 할 것이다. 20세기 말에 우리는 세계화 경제의 승리를 거의 달성하였다. 따라서 21세기의 과제는 합법적인 세계 정치구조를 창출하는 것이 되어야 한다. 그리고 이 정치구조는 세계적인 승인 아래 세계화 경제를 지지·유지하고 완성시켜 나가야 할 것이다. 이 틀에서는 아마 IMF가, 몇 가지 단점을 지녔다 할지라도 조직쇄신을 단행한다면 핵심적인 역할을 하게 될 것이다. IMF는 연쇄적으로 발생하는 금융위기를 적극 활용하여 이론적인 권위와 구속력을 강화시켜 나가야 할 것이다.

앞에서 언급하였던 것처럼, 이 영역의 선구적 조직은 개혁적인— 사실상 혁명적인— 세계무역기구(WTO)이다. 국제기구가, 가난하든 부유하든, 크든 작든 혹은 힘이 약하든 강하든 모든 회원국의 무역분쟁에 대해 명실상부한 사법적 권한을 행사하게 된 것은 WTO가 최초이다.

WTO가 독자적으로 추진·관리하고 있는 또 하나의 긍정적인 요소는, 특별연구팀이 모여서 『리포트』를 작성하고 있는 지금 협상이 한창 진행중인 다자간 투자협정(MAI)이다. 다자간 투자협정이 체결되면, 국가법을 대신할 만한 구속력을 가진 민간기업 투자의 다국적 틀이 만들어지므로 세계경제 정부는 더 큰 위력을 발휘할 수 있을 것이다.

WTO 회원국들이 최대한 빨리 다자간 투자협정을 비준하도록 해서 다자간 투자협정에 실질적인 힘이 실려야 할 것이다. WTO의 한 고위 관리는 이렇게 말했다. "이것〔다자간 투자협정〕은 1947년의 GATT와 마찬가지로 첫 걸음에 불과하다는 것을 명심해야 할 것이다. 다자간 투자 협정은 세계경제 헌법의 요체라고 할 수 있다. 현재 우리는 역사적으로 매우 중요한 단계에 접어들고 있다." 특별연구팀은 이 발언에 많은 화답이 있기를 희망하는 바이다.

이상을 간단하게 정리한다면, IMF와 WTO와 다자간 무역협정은 상호간의 자문과 협력을 전제로 할 때 국제 금융·투자·무역부의 효시 조직으로서 기능할 수 있다. 그러나 이것은 사실 시작에 불과하다. IMF와 WTO 그리고 다자간 무역협정이 세계적인 구속력을 가진 지구정부를 스스로 구성할 수 없다는 것은 명백한 사실이다.

따라서 새천년으로 넘어가는 문턱은 위험으로 가득 차 있다. 국민국가는 의문의 여지가 없을 정도로 약화되었지만, 이들 국민국가를 대신할 수 있는, 세계적으로 공인된 진정한 초국적 정치권력은 아직 존재하지 않고 있다. 이 공백을 어떻게 메울 수 있을까?

- 세계시장은 그 자체가 사회의 원칙을 조직하는 수장이 되어야 할 것이다. 그런데 일부 교조적 시장옹호론자들의 주장과 달리, 시장은 전적으로 자기규제적일 수가 없다. 시장의 미래와 우리의 미래를 보호하기 위해서는 시장을 이끌어나가고 그 방향을 제시할 수 있어야 한다. 특히 금융시장 부문이 이 원칙에 해당한다. 세계화폐를 제안하기에는 너무 이른 감이 없지는 않지만, 그럼에도 불구하고 과감하고도 신속하게 움직일 수 있고 세계적인 범위의 경제적·정치적 사안들에 대해 결정을 내리고 실행할 수 있는 강력한

집행기구가 무엇보다도 필요한 것은 분명하다.

- 이 집행기구는 스스로 금융시장을 규제해 나가거나 아니면 크게 강화된 국제결제은행(BIS)을 통해서 금융시장을 규제해 나가야 할 것이다. 그리고 집행기구의 운영예산은 금융시장의 조세수입을 통해서 확보되어야 할 것이다.

- 다국적기업은 새로운 정치구조의 수립에 깊이 개입해야 할 것이며, WTO나 다자간 투자협정에서도 요소요소의 자리에 적극적으로 참여해야 할 것이다.

- 공식적으로는 유럽정부들을 대표하면서도 거의 모든 측면에서 일국 의회는 물론이고 유럽의회로부터도 구속을 받지 않는 유럽위원회는 다국적 집행기구의 효시가 되는 모델이라고 할 수 있다.

- G-7 역시 이와 유사한 역할을 개발해 나가야 할 것이다. 이미 G-7 회의는 G-7국가 정상들의 회의만으로 국한되지 않고 G-7국가의 재무(혹은 다른 부) 장관들의 회의가 개최되고 있다. 여기서 더 나아가 민감한 사안에 대해 집단적 의사결정을 내릴 조직의 개발 같은 특수한 임무를 띤 고위급 행정관리들의 회의도 개최되어야 할 것이다.

- UN 또한 적절하게 다루어진다면, 세계 집행기구를 구성하는 데 있어서 일정한 역할을 할 수 있다. UN이 구조조정을 단행해서 방만한 산하기구들을 통폐합시키는 등 규모를 대폭 축소한다거나 민간기업의 정보수집 기술과 의사결정 능력을 모델로 삼아서 개선할 준비가 되어 있다면, UN만큼 국제적 집행기구의 건설과정에 합법성을 부여할 수 있는 국제조직은 현재 없다. 지금의 사무총장은 이 같은 메시지를 수용할 자세가 충분히 되어 있다.

- 강한 집행기구가 필수조건임은 명백한 사실이다. 그러나 현재 세계는 너무 복잡해서, 어떤 식으로든 국가영토를 토대로 할 수밖에 없는 국제 입법부를 수용하기가 어려운 실정이다. 따라서 의회민

주주의는 필연적으로 더 권위적일 수밖에 없는 다양한 종류의 규칙 사이에 끼여든 200년 역사의 막간극으로 간주되어야 할 것이다.

- 그러나 비정부기구(NGO)는 일정한 간격을 두고, 일종의 '자문 자격'으로서 공식기구 속으로 끌어들여야 할 것이다. 이런 상설 NGO포럼의 대표는 각 회원국의 정책에 따라 선출될 수도 있고 그렇지 않을 수도 있다. 1990년대에 잇따라 개최된 UN회의를 통해 성공적인 실험을 거쳤듯이, 이 모델은 NGO의 급진적이고도 도전적이고 무법적인 성향을 누그러뜨림으로써 상당히 '건설적'이고 '책임감 있는' 조직으로 탈바꿈시키는 데 탁월한 능력이 있음이 증명되었다.

- 국민국가에 남아 있는 최고의 전통적 정부부서로는 사법부가 유일하다. 사법부는 경찰관할권, 국가질서 유지, 재판체계, 구금시설 등을 관장한다.

- 모든 정치질서는 군사력 강화 메커니즘을 필요로 한다. 국가안전보장기구National Security Agency 및 확대된 나토NATO와 더불어 펜타곤이 이 역할을 수행할 것으로 보인다. 즉 여러 문화가 뒤섞여 있는 비서구문명 지역의 몇몇 우호적인 국가들 내에 믿을 만한 하부 군사조직을 심어놓아야 할 것이다.

- 정보기술은 쇄신된 세계질서의 건설 및 통합에서 가장 중요한 역할을 하게 될 것이다. 엘리트층은 전용 네트워크들을 통해서 이미 연결되어 있으며, 세계정치의 운영과 협의의 필요성이 점점 더 분명해짐에 따라 필연적으로 이 연결고리들은 강화되어 나갈 것이다. 또한 정보기술은 갓 태동하고 있는 반대집단을 감시 및 침투·궤멸하는 역량을 강화시켜 주기 때문에, 반대 움직임을 효과적으로 차단할 수 있을 것이다.

이 밖에도 '시민권'의 개념이 (앞에서 언급한 이데올로기적 기둥의 지원을 받아) 재정립되어야 하며, 쉽게 조작할 수 있는 쌍방향적 네트워크들을 100% 활용하여 대중들에게 의사결정 과정에 참여하고 있다는 환상을 심어주어야 한다. 다시 한번 언급하지만, 이와 같은 정치통제의 도구들은 통제대상인 시민들의 시야에 가급적이면 드러나지 말아야 한다. 그렇지 않을 경우, 세계정치의 운영은 물론이고 원활하게 작동하고 있는 시장기능까지 붕괴될 수 있다. 이렇게 되면 국제무대는 혼란과 무질서가 판을 치는 무법천지가 될 것이다.

심리적 기둥

마지막 기둥인 심리적 기둥은 앞에서 논한 이데올로기적·윤리적 사안과 밀접한 관계가 있다. 그럼에도 불구하고 개인과 집단의 심리, '가슴과 마음을 획득하는 싸움'은 충분히 독자적인 영역을 구축할 만하다. 이런 요소들이 제대로 활용만 되면, 사회집단들간의 적대의식 같은 유리한 분위기를 조성하는 데 큰 역할을 할 수 있다. 사회집단들간의 적대감은 그 자체가 인구감축으로 직결될 수 있기 때문이다. 또한 역설적으로, 개인의 심리는 세계화의 확산을 강화시켜 줄 수 있다.

이러한 목적에 맞게 주조된 가장 유용한 심리도구는 '정체성 정치'인데, 이 용어는 서구에서부터 사용되기 시작하였다. 정체성 정치에 따르면, 모든 개인이 출신국가라든가 자기 나라에서 속하는 사회계층 혹은 직업적 지위를 가지고 자신을 정의한다거나 하물며 인류의 한 구성원으로서 자기정의를 하지 않고, 인종·성별·언어·민족·종교적 하위집단과 자신을 강하게 동일시하는 것이 가장 이상적인 상태라고 할 수 있다. 이렇게 되면 각 개인은 자신을 협의로 정의된 집단의 구성원으로서 가장 먼저 인식하게 될 것이며 노동자라든가 공동체의 구성원, 부모, 한 국가나 세계의 시민으로 인식하는 것은 그 다음이다. 어떤 수준에서든 '시민'이라는 개념은 적극적으로 차단되어야 할 것이다.

앞에서 개괄적으로 설명한 이데올로기적 · 윤리적 공세 가운데 일부는 성별 · 인종 · 종교 · 민족 중심주의를 논리정연하게 적극 옹호하는 대변자들에게 물질적 · 도덕적 지원을 제공하는 데 할애되어야 할 것이다. 또한 이들 대변자들은 특정 집단을 대상으로 하는 — 특히 이런 대변자가 자연발생적으로 생겨나지 않는 곳에 설립되어 재정지원이 되고 있는 — 지국을 갖춘 통신매체들을 광범위하게 활용해야 할 것이다.

이를테면 특별연구팀은 흑인, 백인, 갈색인종, 황인종 그리고 게이, 레즈비언, 페미니스트, 남성우월주의자 그리고 유대교인, 기독교인, 힌두교인, 이슬람 근본주의자와 지상주의자, 나아가 (경찰에서부터 트럭운전사에 이르기까지) 사회적으로 멸시받는 취약한 직업집단을 기대하고 있다. 물론 이들 모두는 신문이나 잡지, 라디오, 텔레비전, 웹사이트를 구독 · 청취 · 시청 · 접속하고 있으며 무엇보다도 자신의 '권리'를 최우선으로 여기고 그에 몰두해 있어야 한다. 여기서 권리는 부정적 측면(다시 말해 희롱, 폭력, 차별로부터 자유로워지는 권리)뿐 아니라 긍정적 측면(다시 말해 실질적 혹은 가상적 부당대우, 과거나 현재의 부당대우를 빙자해서 특별한 대접을 요구할 권리), 나아가 분리국가를 수립할 권리까지 포괄하는 것으로 인식되어야 할 것이며, 이런 권리들은 격렬하게 옹호되어야 할 것이다.

사실 지구상의 모든 정체성 집단은 정도의 차이는 있겠지만 적어도 한번쯤은 다른 집단의 희생물이 되었거나 단순히 역사적 · 지정학적 희생물이 되어본 적이 있기 때문에, 이런 희생자들의 아우성은 머지않아 귀에 거슬리는 소음이나 귀청이 터질 듯한 폭음쯤으로 여겨지게 마련이며 급기야 무장을 외치는 다른 목소리까지 이 아우성에 파묻혀 들리지 않을 수 있다. 여기서 목표는 분열을 강화시키는 것, 타자와의 차별성을 강조하는 것, 게토를 건설하는 것이다. 일반적으로 알고 있는 것과 달리, 대부분의 정체성 — 그중에서도 특히 '민족적' 정체성 — 은 그 역사적 뿌리가 얕으며 오히려 최근의 구성물이다. 따라서 정체성이 존재하지 않을 때조차도 사람들이 그 정체성의 이름을 빌려 살인을 할 정도로 극단적인 힘을 발휘한다는 점에서, 정체성은 신의 존재와 흡사한 면이 매우 많다.

강력하고 호전적인 분열심리를 가장 신속하게 조성해 내는 방법은 상당 규모의 X집단 구성원들이 Y집단으로부터 굴욕을 당한다거나 살해당하는(혹은 굴욕이나 살해를 당하고 있다고 믿는) 것이다. 이와 같은 긴장 분위기를 언제나 쉽게 조성하거나 조장할 수 있는 것은 아니다. 그렇지만 현시대의 세계는 확실한 근거도 없이 민족·종교적 차별을 하는 사례를 매우 많이 제공하기 때문에, 이런 차별로 인해 긴장감이 표출되거나 고조될 수 있다. 게다가 X집단과 Y집단 사이에 적대감이 상존해 있고 갈등이 끊이지 않는다면, 그 속에서는 현존하는 인종주의 경향들이 더 큰 힘을 발휘할 수 있으며 쉽게 폭력을 받아들이는 분위기가 형성될 수 있다.

정체성 정치는 다음과 같은 두 가지 주목할 만한 장점을 가지고 있다.

- 첫째, 정체성 정치는 공동체 내부에서 각종 긴장을 다 격화시킴으로써 내부갈등과 내전의 토대를 마련해 준다. 이 같은 긴장들이 전쟁으로까지 비화되지는 않았을 때조차도, 긴장감 자체는 선명하게 대립하는 집단들을 오로지 서로에 대해 공격하도록 하기 때문에 그 배후에서 세계를 무대로 하여 실질적으로 활동하는 사람들을 은폐시켜 주는 장점이 있다.
- 둘째, 정체성 정치는 연대형성을 방해한다. 그리고 특별연구팀이 권고하는 전략들에 대한 반대가 지극히 불확실하고 문제가 많다는 인식을 심어준다. 즉 정체성 정치 아래서는 광범위한 전국·국제 단위의 전위조직이나 연합체 건설이 원천적으로 봉쇄까지는 아니라 할지라도 매우 어려워지며, 진정한 정치에 호소하는 것이

불가능해진다.

사람들이 무엇을 할 수 있을 것인지 스스로 묻기보다는, 자신이 누구인지를 가장 중심적인 화두로 삼을 수 있게 해야 한다. 사람들이 심리적으로 눈이 멀어 있고 세계화에 반대할 만한 역량을 갖춘 세계시민이 존재하지 않는 한, 경제적·정치적 세계화는 아무런 방해도 받지 않고 전진할 수 있다.

　다만『공산당선언』의 "만국의 노동자여 단결하라!"는 호소라든가 파리 학생과 노동자들의 다음과 같은 외침은 상기해 둘 필요가 있다. 1968년 5월에 프랑스 정부가 학생지도자 다니엘 코앵-방디Daniel Cohn-Bendit를 지목해서 그의 종교와 시민권을 이유로 특별징계 처분을 내리려 하자, 파리의 학생들과 노동자들이 들고 일어나서 "우리 모두 유대계 독일인이다"라고 외쳤다. 미래의 코앵-방디들이 스스로 '유대계 독일인'(혹은 다른 정체성이어도 관계없다)이라고 인식하고 타자들로부터 배제당하는 이 특정 집단의 문제를 자기 문제로 받아들임으로써 언제든지 다른 국적·종교·민족 집단에 대항하여 싸울 수 있다면, 아마 가장 이상적인 형태가 될 것이다.

　역으로, 연대와 보편성의 전략을 주장하고 또 정치지도자로서의 잠재력까지 지닌 사람은 개인적인 평판이나 신뢰도를 실추시켜야 할 것이다. 구체적으로 그 사람이 속하는 인종이나 민족 혹은 성적 지향성, 금전적 청렴성에 주로 근거해서 그 사람의 동료나 이웃, 학생, 노동자들로부터 믿을 수 없는 인물로 지목되도록 해야 할 것이다. 이를테면 시민권을 중심으로 한 포괄적 민족주의를 적극 실천하고 있는 사람들이 이 유형에 속한다.

　한편 최근의 과학연구들은 이러한 사안들에 대해 진일보한 통찰력을 제공해 주고 있으므로, '인구감축의 과업'을 수행할 때 이 연구들을 조심스럽게 응용해 나갈 필요가 있다. 특히 게임이론game theory과

동물학은 인간이 서로 협력하고 사회를 이루어 살아가는 이유와 그 방식을 설명하는 데 도움이 된다. 몇몇 게임전략의 컴퓨터 시뮬레이션('욕에는 욕' '조건부 협력자' '영원한 결핍' 등)을 보면, 사람들로 하여금 화해와 협력이란 영원히 헤어날 수 없는 상호비난과 증오와 '피비린내 나는 불화'가 끝없이 반복되거나 악순환하는 것으로 인식하도록 유도한다. 이러한 전략과 산물들을 면밀하게 검토해 보면, 심리적 기둥을 건설하는 데 많은 도움을 받을 수 있을 것이다.[3]

특별연구팀은 이상 네 가지 기둥이 확고하게 제자리를 잡기를 희망하면서, 다음에서는 인구감축 전략의 구체적인 요소를 살펴보기로 하겠다.

3. 재앙

서론

서기 200년에 로마제국의 인구는 4600만 명으로 정점에 다다랐다. 여기에는 당시 유럽에 살고 있던 인구 3600만 명 가운데 2800만도 포함되어 있었다. 이탈리아는 1km²당 19명(현재 이탈리아의 인구밀도는 당시의 10배이다)으로 인구밀도가 가장 높은 제국이었다. 그후 400여 년 동안, 유럽의 인구는 이때의 3/4으로 줄어들었고, 특히 지중해 연안국가들의 인구감소가 극심했다. 이와 같은 극적인 감소는 기후변동이나 전염병, 그 밖에 입증 가능한 특정 원인에서 비롯된 것이 아니었다. 두 명의 인구역사학자는 "이것은 고대사회가 그저 과잉팽창했던 것과 매우 흡사한 양상을 보인다…"고 말한다. 아니면 맬서스의 용어를 적용해서 표현한다면, 생존수단이 인구를 따라잡지 못했기 때문이다.[1]

이런 극적인 인구감소의 원인이 무엇이었든, 로마문명은 그로부터 오래 버티지 못하고 곧 그 자리를 암흑시대Dark Ages에 내주어야 했다. 기원후 1천 년 동안 생존수단의 생산은 부진을 면치 못하였고, 유럽의 인구는 3600만 명을 간신히 유지했을 따름이었다. 그후 1000~1300년에 유럽의 인구는 폭발적으로 증가하여, 14세기 초 무렵이 되면 전례 없이 8천만 명에 육박하게 된다.

유럽문명을 유지해 나가기에 더없이 적절한 인구규모였지만, 오늘날 '대사망'Great Dying이라고 불리는 참사는 최소한 유럽인구 1/4의 목숨을 앗아갔다. 흑사병은 상대적으로 인구밀도가 높은 프랑스, 이탈리아는 물론이고 인구밀도가 낮은 북해 연안지역 국가들까지 휩쓸었다. 그 뒤로도 30년 전쟁으로 또 한 차례 급격한 인구감소를 겪고 나서야 비로소 유럽의 인구규모는 회복될 수 있었다.

그러나 이와 같은 전쟁, 국지적 기근, 질병, 이민 등으로 무려 5천만 명에 이르는 영혼이 줄어들었음에도 불구하고, 1845~1914년에 유럽의 인구는 80%나 급증하였다. 이는 산업혁명이 일어나고 그와 더불어 영양섭취나 기본적인 위생이 조금씩 향상되었기 때문이다. 그 뒤로도 1차 세계대전이 800만 명의 젊은 생명을 앗아갔지만, 1924~45년에 유럽의 인구는 40%가 증가하였다. 그러다가 2차 세계대전 이후부터 인구는 안정적인 증가세를 보이기 시작하였으며, 아마 터키와 북아프리카로부터의 이민인구를 제외한다면 전체적으로는 감소했다고 보아야 할 것이다.

한편 중국인구의 역사는 유럽보다 훨씬 폭력적이다. 중국의 인구는 한나라(BC 206~AD 220) 중반기에 5천만~6천만 명으로 정점에 이르러서, 그후 1천년 동안 이 상태를 유지하였다. 그러나 쌀농사 기술이 발달하면서 마침내 더 많은 인구를 좀더 풍족하게 먹여 살릴 수 있게 되었지만, 인구감소의 역병이 휘몰아친 데는 중국 역시 예외가 아니었다. 다만 흑사병이 덮친 유럽과 달리, 중국의 경우에는 이 역병이라는 것이 몽골이었다. 칭기즈칸으로부터 출발한 몽골의 칸들은 중국 북부지방에 거주하는 인구의 3/4을 살육하였는가 하면, 남부지방에서는 주민의 1/3을 도륙하였다(아마 3500만 명쯤 될 것이라고 중국인들은 말하는데, 당시로서는 엄청난 숫자가 아닐 수 없다). 그 뒤로 중국의 인구규모는 차츰 회복되어 가지만, 또다시 만주족에게 희생당한다. 만주족은 17세기에 2500만 명의 중국인을, 그리고 19세기에 또 그만큼의 생명을 앗아갔다. 마오주의자들 역시 대약진운동으로 다소 진부하기 짝이 없는 몇몇 예들의 전철을 밟았던 것은 분명하다.

요컨대 정복이나 전쟁, 기근, 질병으로 인한 인구감소는 별로 새로울 게 없다. 여기서 어려움은, 바로 이 감소된 상태를 어떻게 유지시켜 나가는가 하는 것이다. 특별연구팀은 앞으로 권고사항을 개발하고 제안해 나가는 과정에서, 예방 차원의 인구감축 전략과 치료 차원의 전략을 모두 다 검토할 것이다. 그리고 이하에서는 인구감축 전략을 주로 PRS(Population Reduction Strategies)로 약칭할 것이다.

예방 차원의 PRS는 출산율 저하에 중점을 둘 것이며, 치료 차원의 PRS는 사망률을 높이는 데 집중할 것이다.

치료 차원의 PRS의 결과(사망률 증가)가 다소 눈에 띄기는 하겠지만, 특별연구팀은 다음과 같은 점을 특별히 강조해 두고자 한다. 즉 사망자 자신의 여러 가지 부적응이 사망원인이 아니거나 자연사가 아닐 경우에는 특정 기관이 그 사망의 배후에 있는 것으로 비쳐서는 절대 안 된다. 증가하는 인구를 주기적으로 제어해 주던 전통적인 재앙들―전쟁, 기근, 전염병, 지진―은 여전히 우리 곁에 있으며, 여기에다 마약, 범죄, 환경 파괴적 독소 등과 같은 근대적인 강화요소들까지 가세하였다. 따라서 인간의 능력으로는 도저히 일어나게 할 수 없는 지진이라든가 그 밖에 신이 하시는 행위들은 다루지 않을 것이다. 만약 이런 일들이 발생한다면 일종의 보너스로 받아들여야 할 뿐, 결코 그것에 의존해서는 안 된다. 정복, 전쟁, 기근, 전염병 같은 '역사적' 재앙들을 살펴볼 때, 가장 탁월한 안내자는 다름아니라 성서의 마지막 권인 요한묵시록에 그 예언적 안목이 선명하게 기록되어 있는 성 요한이다.

확실히 요한은 광포한 재앙의 원인을 특정인의 탓으로 돌리며 비난할 수 없었기 때문에, 은유적 표현을 사용하여 이 재앙들을 말을 탄 기수로 의인화했다(사실 정복자에게는 대리인이 있다. 너희는 가해자를 알아볼 수 있고, 그가 너희에게 아무리 선행을 베풀더라도 너희가 몽고인에게 학살당하고 있는지 혹은 마오주의자에 의해 죽임을 당하고 있는지 알 수 있다). 특별연구팀이 '어떻게'라는 영역을 여행하는 동안, 네 명의 기수가 늘 우리와 함께 다닐 것이다. '왜'의 영역에 관해서는 위임위원회가 만족할 만큼 충분히 설명되었기를 바라 마지않는다. 만의 하나, 그렇지 않다면 특별연구팀은 실패한 것이 되기 때문이다. 그리고 또 위임위원회가 '사치스러운 인구증가를 정리'해야 하는 필요성을 충분히 납득하였기를 바란다.

묵시록의 기수들: 현시대의 고찰

1) 정복

묵시록에서 첫번째 기수는 "정복의 길을 향해… 전진해 나간다." 그는 백마를 탔으며, 그는 제국의 경쟁자요 로마세계의 공포요, 저 유명한 '마지막 한 개의 화살' Parthian shot[2]의 대가인 파르티아인과 똑같은 활을 가지고 있다.

다른 사람들을 지배하는 것은 여전히 PRS의 중요한 요소이다. 그러나 직접적인 정복이나 점령 혹은 직접통치 같은 로마와 파르티아의 방식은 더 이상 통용될 수 없다. 나름대로 겉을 치장한 가장 최근의 정복방식이라 할 수 있는 '식민화' 역시 그 유용성이 바닥을 드러내기 시작했다. 정복된 땅이나 식민지의 주민들이 실용적 측면에서도, 물질적 측면에서도 더 이상 가치가 없기 때문이다.

과거의 정복자나 식민주의자들에게는 자국 인구를 유지하기 위해서, 해외에서 식량을 수입하여 자국의 불안정한 식량생산을 보완해 준다거나 공중보건 정책을 적극적으로 시행하는 것이 중요했을 수 있다. 그러나 오늘날의 상황은 전혀 그렇지 않다. 적어도 지난 20년 동안, 필요한 노동자의 수는 줄어들고 필요한 노동의 질적 수준은 높아지는 경향을 보이고 있다. 이렇게 세계경제의 요구조건에 부응한 결과 생겨난 과잉인구는 이 체제에 엄청난 비용을 발생시키고 있다. 뿐만 아니라 전통적인 정치·사회적 통제방식으로는 이런 과잉인구를 해결할 수 없다.

바로 이것 때문에, 특별연구팀은 줄곧 비전통적 정복의 필요성을 강조한 것이다. 즉 이데올로기적 여론을 주조하거나 윤리의식을 변화시키거나 혹은 그람시가 말한 새로운 문화 헤게모니를 창출하는 등의 방식을 구사해야 한다. 그리고 또 구조조정을 더욱 강력하게 실행할 것과 국가권력을 대폭 축소시킬 것, 국제적 차원의 집행기구를 구성할 것 등과 같은 간접적인 통치방법도 강조하였다. 이때 국제적 단위의 집행기구는 막강한 권력을 가지고 세계 곳곳을 포괄할 수 있어야 하며, 책임성이 부과되지 않아야 하며, 다국적기업들과 긴밀한 협조체제 아래 작동되어야 한다. 그 밖에도 미래의 정복자들이 직면할 수 있는 각종 저항을 줄이기 위해서는, 정체성 정치를 적극 활용하고 민족이나 공동체들 사이에 긴장을 고조시킬 것을 권고하였다.

쓸모 있는 땅과 유용한 경제행위가 존재하는 곳이면 어디나 간접통치가 힘을 발휘할 수 있어야 하고 그 지배체제는 겉으로 드러나지 않아야 한다. 이것의 정반대 사례로는 아마 나이지리아에서 불필요하게 노출되어 있는 셸 석유회사Shell Oil Company를 들 수 있을 것이다. 나이지리아 오고니족의 삶의 터전이 셸 사 때문에 심하게 오염이 되었다는 증거자료가 있는가 하면, 재판을 가장하여 안티 셸 운동을 하던 활동가들을 교수형에 처하였다.

1995년 11월에 작가 켄 사로위와Ken Saro-Wiwa는 법의 살인이 선고되기 얼마 전에, 감옥에서 이렇게 썼다. "지난 30년 동안 셸은… 수탈을 자행하였고, 오고니족의 명예를 마구 훼손하면서 멸종의 위기에 빠뜨렸다. 셸은 완전히 폐허가 된 환경과 비참한 인간의 흔적만이 남겨놓았을 뿐이다. 내가 오고니족을 조직하여 평화적인 시위에 나서자… 셸은 나이지리아 군대를 끌어들여 우리의 시위를 막았다. …나는 한 가지 제안을 하고자 한다. 셸의 상품은 일절 사지 말자." 수백만 명이 켄 사로위와의 이 제안을 읽고 그대로 따라 했으며, '셸'이 '엉터리 재판'kangaroo court이나 '오염'과 어떻게 연루되어 있는지 알게 되었다. 결국 셸은 위장기업을 설립해서 이런 일들을 해치우게 하든가, 토착민들에게 일자리를 주어서 정착할 수 있게 했어야 했다. 자기 기업은 물론이고 다른 다국적기업들의 이미지를 깎아내리는 행동들을 즉각 중단했어야 했다.

특별연구팀은 이 체제의 더 큰 선을 위해 최소한의 희생조차 감수할 의지가 없는 기업에 대해서는 별로 호의를 가지지 않는다. 여기서 더 큰 선이라 함은 자신은 물론이고 자신과 처지가 같은 다른 기업들도 함께 번영할 수 있는 것을 일컫는다. 기업계 스스로 성문 혹은 불문의 규율을 위반한 행위에 대해서, 불량 다국적기업에 대해서 제재를 가할 수 있는 내부 치안·감독기관을 설립하지 않으면 머지않아 그 대가를 치르게 된다는 것을 정중히 경고해 둔다.

잔인무도함은 어리석기 짝이 없는 행동이다. 피지배자는 지배자의 조직과 통치 방식을 파악할 수 없어야 하고, 지배자에 대항하는 움직임에 동원되지 않게 해야 한다. 멀리 떨어져서 피지배자를 다스리는 정복자는 공공연히 모습이 드러난다거나 직접적인 공격대상이나 타도대상이 되지 않는다.

그러나 여기서 특별연구팀이 주로 관심을 기울이게 될 것은, 고대나 현대 정복자의 권력이 아니라 '생체권력' 혹은 '생체정치'이다. 전통적인 권력의 개념은 개인과 사회를 보살피거나 억압하는 것이라면, 생체권력은 훨씬 더 포괄적인 개념이다. 프랑스의 유명한 학자 미셸 푸코가 맨 처음 이 개념을 도입하여서, 전혀 다른 두 가지 지배형태가 교체되는 역사적 이행기를 분석하였다.

푸코는 '주권'과 '생체권력'을 구별했다. 전자는 개개인을 규율·통제·처벌하고 때로는 처단하는 역량을 통해서 인식되지만, 후자는 전체 인구를 대상으로 한다. 즉 '생체정치'는 각각의 이름과 얼굴을 가진 독립적이고 식별 가능한 개인들을 다룬다기보다, 전체에 적용되는 예측이나 통계, 세계표준 등을 다룬다. 따라서 생체권력은 피터, 폴, 메리 등과 같은 개인의 질병치료나 수명연장을 추구하는 것이 아니라 기대수명의 향상을 목표로 설정한다. 이와 같은 목표 아래, 광범위한 위생법규를 채택하고 건강한 생활습관을 장려하는 정책이나 사고방지를 위한 안전정책을 수립한다. 당연히 이 제도들은 인구를 구성하는 개개인에게 초점이 맞춰져 있지 않고, '인구'라고 불리는 통계적 전체를 중심으로 한다.

푸코에 의하면, 주권통치로부터 생체권력의 통치로 넘어가는 이행

기는 19세기 초에 나타나는데 이는 죽음을 대하는 태도를 가지고 설명
할 수 있다는 것이다. 이 시기의 초반부까지만 해도 어떤 개인이 죽으면
그 죽음에 대한 의식이 치러졌으며 장례식에는 망자의 가족을 비롯하여
종종 망자가 속해 있던 집단(친척, 직업, 거주지 등)의 사람들이 모두 참
여했다. 그러나 생체권력의 통치 아래서 죽음은 지극히 사적이고 쓸쓸
하고 거의 수치스러운 것이며 터부시되었다. 죽음은 개인이 세속군주의
통치대상에서 벗어나 신의 심판 대상이 되는 순간을 가리키는 것을 의
미하게 되었다. 이와 같이 생체권력은 죽음 그 자체에 대해서 전혀 주의
를 기울이지 않고, 오직 사망률에만 관심을 기울인다.

　이 두 통치형태는 도입기술이나 선호하는 제도에서도 차이가 난다.
주권통치자의 행위는 개인을 규율에 잘 적응시키고 유순하고 쓸모 있게
만드는 등, 주로 개인의 신체와 밀접한 관계가 있다. 이에 비해 생체권
력은 개개인의 신체보다는 다수에 무게중심을 두고, 전체적으로 생명에
영향을 끼칠 수 있는 갖가지 재난의 발생 가능성을 줄이는 데 힘을 기울
인다. 또한 주권통치는 학교, 병원, 군대, 공장 등과 같은 공공기관이 필
요하다면, 생체권력에서는 사회보장제도와 노후연금을 관장하고 안전
규칙과 위생규칙을 집행할 방대한 행정조직이 필요하다. 그 밖에도 생
체권력에서 출생은 의료진이 맡아서 처리할 사안이며, 신생아의 예방접
종은 법으로 규정되어 있고, 공공주택의 기준이 수립되어 있다.[3]

　푸코의 이와 같은 구별이 얼마나 유용한지 정확하게 가늠할 수는 없
다. 그렇지만 오늘날의 각종 제도가 여전히 주권통치와 생체권력 사이
의 한 지점에 위치해 있는 것은 분명하다. 의료와 병원은 개인의 건강과
'신체정치'의 건강을 모두 다 다룬다. 기업은 여전히 피고용인 개개인의
신체적 통제를 필요로 하지만, 그렇다고 낡은 포드Henry Ford 방식의
표준 규격이나 예측성을 적용해서 조립라인의 효율성 향상을 도모하지
는 않는다. 포드는 진정한 '주권통치자'였고, 그의 통치방식에는 강제적
개입이 포함되어 있었다. 예를 들어 일당 5달러를 받는 피고용인이 그

가치를 온전히 실현하지 못하면, 사회복지사가 피고용인의 사생활에 직접 개입하여 5달러의 가치를 실현할 수 없게 만드는 개인적 습관이나 가정환경 등 부적절한 요소를 찾아낸다.

오늘날의 기업조직은 수동적이지 않으면서 매우 유연한 신체를 요구한다. 어떤 사람들은 훈련과 재훈련 과정을 통해서 이와 같은 필요성을 분명하게 인지한다. 예를 들어 현재 미국의 많은 기업들이 활용하고 있는 '경험훈련' 프로그램은 모든 연령대의 남녀 직원을 대상으로 해서 다양한 수준의 신체역량을 키워준다. 높은 벽이나 흔들거리는 장대를 올라간다거나, 높이 걸려 있는 줄 위를 걷는다거나, 동료가 붙들고 있는 지프라인zip-line에서 허공에 떠 있는 공간으로 뛰어오른다거나, 발 하나 너비의 급회전하는 착지점에 서서 공중으로 점프하는 훈련 등이 실시된다고 한다. 기업들로부터 의뢰를 받아 이런 훈련을 실시하는 회사에 따르면, 마지막 훈련에서는 "사람들이 착지점 위에 똑바로 서려고 안간힘을 쓰다가 종종 팬티에 배설을 하기도 한다."

이 같은 고난도 훈련을 무사히 통과한 사람들은 스스로 미지의 위험을 감수하고 두려움을 헤쳐 나가야 한다는 것, 이럴 때 동료들의 지원이 매우 중요하다는 것을 뼛속 깊이 새기게 된다. 급속한 변화와 전대미문의 경쟁의 시대에 성공의 필수조건은 "낡은 형태와 행동방식을 과감하게 버리고… 어려운 과도기를 거치면서 도약하고, 새로운 출발점에서 열심히 일하는 것"이 될 것이다. 이제 더 이상 피고용인은 획일적이고 위계질서가 고착화되어 있고 관료주의적인 세계에 적응하는 법을 배울 것이 아니라, 급변하고 유동적이며 유연한 세계에 적절하게 대응하는 법을 배워야 한다.[4]

특별연구팀은 이제 세계는 푸코가 말한 1970년대 중반에서 한 단계 더 나아가 완전히 새로운 국면으로 접어들고 있다고 본다. 주권과 생체권력 모두를 뛰어넘은 지점에 위치해 있는, 제3의 권력으로의 이동은 필연적이다. 언뜻 보면 제3의 권력이 기업의 손에 장악되어 있는 것처럼 보일 수 있겠으나, 사실 제3의 권력은 개인의 책임성을 바탕으로 하고 있다.

이런 새로운 통치체제 아래서, 사람들은 개인적인 차원에서 모든 책임을 져야 하며 자신의 신체에 대한 통치권을 당연하게 받아들여야 하며, 실제로 경쟁의 세계에서 성공하고 살아남기를 바란다면 자신의 신체를 '정복'해야 한다. 새로운 통치체제가 필요로 하는 것은 유연한 신체와 정신과 마음을 두루 겸비한 사람이다. 만약 이와 같은 조건이 갖추어지지 않았을 때 세상은 즉각 그 사실을 깨닫게 해줄 것이다.

사회적 영역에서도 생체권력의 목표는 세밀하게 다시 정의되어야 하며, 완전히 뒤바뀐 세계에 부응하여 변화해 나가야 한다. 물론 이 영역에서도 개인이 아니라 인구를 다루게 될 것이다. 그러나 제도적 권력이 더 이상 국가 범위에 머무르지 않고 점차 국제적 범위로 그 무게중심이 옮겨감에 따라, 생체권력은 국가가 책임져야 하는 것으로 간주되는 국민국가의 인구가 아니라 가장 보편적인 관점에서의 인구, 즉 지구 전체의 주민을 통치대상으로 하게 될 것이다.

앞으로 생체권력과 생체정치는 생명보다는 죽음에 초점을 맞추고, 재생산보다는 감축을 적극적으로 장려하고, 장기성보다는 단기성을 지향해야 할 것이다. 이상의 과업은 역사적인 범주와 철학적인 범주에서부터 형이상학적인 범주까지 포괄한다. 지난 200년 동안 서구를 지배해온 사고방식은 변화되어야 한다. 이제는 지금까지의 사고방식과 정반대의 사고방식이 요구된다. 죽음의 불가피성을 이해하고 기꺼이 받아들여야 하며, 생명을 회피하는 방법을 모색하여야 한다.

위임위원회로부터 부여된 과제에 비추어볼 때, 특별연구팀은 그에 합당한 범주와 진지한 자세를 견지하면서 오직 미래에 필요한 것들만 서술할 수 있다. 이를테면 거대한 철학운동이 앞으로 일어날 수 있을 것인가 하는 것은 특별연구팀이 언급할 성질의 것이 아니다. 그럼에도 사고방식의 전환이 지나칠 정도로 더디게 진행되는 것처럼 보일 수 있으나, 분명히 일어나고 있다는 것을 밝혀두고자 한다. 그래서 이와 같은 전환을 개인적으로뿐 아니라 사회적으로도 촉진해 나가는 몇 가지 방안을 지금까지 제시하였다. 바로 이것이 가장 심층적인 측면에서의 '정복'이다. 경주에서 설령 다른 기수들이 우승할 것처럼 보이더라도 '정복'의 기수가 선두주자가 되어야 한다. 이하에서는 이 선두주자에 뒤이어 달리는 기수들에 관해 설명할 것이다.

2) 전쟁

두번째 기수는 핏빛의 붉은 군마를 타고, 엄청나게 큰 칼을 휘두른다. 그는 군대의 지도자이다. 요한묵시록에서는 그에게 "지구로부터 평화를 빼앗아 그들이 서로 죽이고 죽임을 당하게 하라"고 명한다. 여기서 '그들'은 누구인가? 대부분의 역사를 통틀어서 군인은 전쟁에 나가 싸우고 전쟁터에서 죽음을 맞이한다. 그러나 현대로 눈을 돌려보면, 특히 요동치는 현 세기에서 전쟁은 군인보다 오히려 민간인을 훨씬 더 많이 몰살시킨다. 1990년대만 보더라도, 거의 100차례의 전쟁에서 최소한으로 잡아도 600만 명의 민간인이 집중포화를 당했다.

질병, 기근과 더불어 피비린내 나는 전쟁은 현대세계에서 상당히 촉망받는 인구감축 전략이다. 외부의 힘을 이용해서 '그들을 죽이는' 것은 반드시 최후의 카드로 활용되어야 한다. 오늘날 칭기즈칸과 똑같은 방식을 구사할 수 있는 곳은 지구상 어디에도 존재하지 않거니와, 설령 그럴 만한 역량을 갖추고 있다 할지라도 그와 같은 방식은 결코 사용되어서는 안 된다.

그렇다면 '서로 죽이고 죽임을 당하는' 인구감축 전략은 어디에 적용되어야 할까? 북반구가 아닌 것만은 분명하지만, 부득이하게 북반구라면 가장 신중하게 선택된 지역에서만 이 전략이 구사되어야 할 것이다. 익히 예상할 수 있듯이, 세계 총투자의 2/3와 세계 생산역량의 거의 대부분이 부자나라들에 집중되어 있다. 따라서 이런 부유한 지역에 전쟁을 조장하는 것은 당연히 반생산적일 뿐 아니라, 정치적·물적 자원의 불균형이 초래될 것이다.

물론 보스니아나 코소보처럼 시대에 뒤떨어진 예외적 상황이 간혹 발생하지만, 유럽의 국가들 사이에서나 국가 내에서 전쟁이 일어날 가능성은, 미국과 캐나다 사이에서 전쟁이 발발할 확률과 마찬가지로 거의 현실성이 없다. 심지어 서유럽과 러시아 사이에도 전쟁이 발발할 가능성이 희박한 것은 마찬가지이다. 이에 비해 남반구나 구소련에서 탈퇴한 신생 이슬람 공화국들에서 전쟁은 전혀 시대착오적인 것이 아니다. 이 지역들에서 전쟁은 '사치스러운 증가를 정리하는' 강력한 수단이 될 수 있다.

그들이 '서로 죽이고 죽임을 당하도록' 하기 위해서는 심리적 무기는 물론이고 물리적 무기도 필요하다. 앞에서 특별연구팀은 심리적인 무기, 특히 '자기방어'에서 '자기'를 정의하는 수단에 관해 언급하였다. 정체성 정치는 폭력을 불러일으킨다. 또한 정체성 정치는 이 폭력의 희생자들 사이의 연대를 약화시킨다. 이렇게 해서 그들은 서로 철저하게 이방인이 되고, '너'와 '나'는 본질적으로 다른 존재가 된다. 그러나 특정 집단을 타깃으로 해서 차별과 억압을 가하게 되면 그들의 자아정체성은 강해질 수밖에 없기 때문에, 이런 식의 차별과 억압은 신중하게 조성되어야 한다. 그들이 희생당하고 있다는 느낌을 가지게 되면, 자신에게 희생당할 대상을 찾게 마련이다.

'이메일' '해외송금' 혹은 '맹목적 이민 애국주의자'라고 지칭할 수 있는, 상대적으로 최근에 부상한 세력을 결코 무시해서는 안 된다. 일반적으로 오늘날 국외이주 인구는 과거의 이민세대들보다 물질적 자원을 훨씬 많이 보유하고 있다. 또 이들은 자기 '고국'에서 벌어지고 있는 민족분쟁이나 종교분쟁에 동참하지 못한다는 데 대해 죄의식을 느낄 수 있어서, 먼 타향에서나마 극단주의적 전략들을 전개함으로써 이 같은 죄책감을 씻고자 할 가능성이 농후하다. 이러한 현상은 유대계 미국인과 팔레스타인인에서부터 크로아티아계 캐나다인, 타밀 타이거[5], 유럽에 거주하는 이슬람 근본주의자에 이르기까지 광범위한 국외 이주자들에게 영향을 끼친다. 이들의 활동이 엄밀하게 자기네 고국의 일에 국한된다거나 이들이 이민한 국가의 정치와 충돌하지 않는 한에서는, 이들의 행동을 자극할 만한 가치가 있다.

자기 나라나 해외에서 모종의 사안에 개입하는 집단이 어떤 색깔을 지녔든, 모험을 감행할 각오를 하고 거기에다 계속 배팅을 해야 한다. 고만고만한 자원과 계획이나 투자만으로 누구나 수익을 거둘 수 있는 것이 아님은 명명백백하다. 여기서 권고하고 있는 대부분의 전략이 시행될 예정인 가난한 나라들의 경우, 전통적인 개념의 '개발'과 '개발 프로젝트'를 계속 실시하게 되면 상당한 효과를 거둘 수 있을 것으로 사료된다.

대형 댐 건설로 강제이주를 당했거나 상업적 자원기반이나 생태적 자원기반이 무너져 내몰림을 당한 사람들은 절박할 수밖에 없기 때문에, 맹목적 애국주의자나 근본주의자, 국수주의자, 종교지도자로 양성할 수 있는 훌륭한 인적 자원이다. 일단 그들이 자신의 또 다른 '정체성'을 발견하고서 이를 단련시키게 되면, 다른 집단들에 대항하는 데 유용한 도구가 될 수 있기 때문이다.

농촌지역에 거주했던 사람들은 대부분 도시 빈민지역으로 흘러 들어가게 마련이다. 과밀상태를 촉발하는 인구과잉 그 자체는 분쟁을 조장하는 데 있어서 더없이 강력한 자극제이다. 베이루트나 알제, 콜롬보처럼 개발이 한창 진행되고 있는 제3세계의 대도시들에는 (앞으로 간략하게 검토하게 될 기아와 질병뿐 아니라) 갈등의 유리한 조건들이 존재하며, 민족적·종교적 갈등의 토대도 갖추어져 있다.

인구과밀은 르완다의 농촌을 무대로 한 후투-투치족 분쟁에서도 유효한 수단이 되고 있는데, 이 분쟁은 부분적으로 자원전쟁으로도 해석될 수 있다. 두 종족간의 긴장이 대량살상 단계로까지 고조되기 불과 얼마 전인 1991년에 당시 르완다의 농업장관은 다음과 같은 발언을 하였다. "우리는 토양침식으로 인한 농업생산성 하락과 심각한 인구압박의 고통을 겪고 있다. …우리의 식량생산 능력은 500만 명을 먹여 살릴 정도의 수준인데, 현재 우리나라의 인구는 730만에 이른다…" 이런 수치상의 문제를 해결하는 방식은 곧 드러났다.

지금까지 한 가지 요인에 의해서 일어난 전쟁은 하나도 없다는 점에서 전쟁발발의 요인은 복합적이라고 연구조사는 밝히고 있지만, 강력한 작용을 하는 몇 가지 인과형태가 있음을 확인할 수 있다. 오슬로 평화연구소Peace Research Institute of Oslo에서 발표한 분쟁연표를 보면, 1990년대는 무장충돌로 점철되다시피 했으며(1990년 1월부터 1996년 12월까지 98건의 무장충돌이 발생했다), 내전이 압도적으로 많았고 국가간 전쟁은 거의 없었다. 오슬로 평화연구소에 따르면 분쟁은 다음과 같은 특징을 지닌다.

- 분쟁은 농업생산이 GDP에서 주요한 비중을 차지하는 빈곤국가에서 발생한다.
- 내부분쟁과 가장 빈번하게 결합되는 환경적 요소를 차례로 열거하면 "농지의 황폐화… 1인당 사용할 수 있는 깨끗한 물의 부족, 높은 인구밀도" 순이다.
- 통계적으로 가장 전쟁이 일어나기 쉬운 정치체제는 '과도적 민주주의 정부'이다.
- "과도한 외채와 내전발발 빈도 사이에는 특히 강력한 상관관계가 존재"한다.
- "1차 상품의 수출소득 하락은 내전의 발생과 밀접한 관계가 있다"(원문 강조)
- IMF의 적극적인 개입의 역사 역시 모든 형태의 정치적 분쟁 및 무장분쟁과 절대적인 상관관계를 가진다. "IMF의 요구사항이 몇 가

지인가 하는 것과 높은 이자율의 대출조건은 정치적 저항과 국내 갈등의 핵심적인 유발요인이다."[6]

이상과 같이 상호 시너지효과를 일으키는 원인적 요소들은 우리의 목표 수준을 설정하는 척도가 된다. 부채는 계속 증가하게 되어 있다. 여러 경쟁국이 수출하는 상품들의 가격이 소폭이라도 일제히 하락하고 세계시장에 공급과잉 상태가 초래되기 시작하면, 상품가격은 계속 하락하게 되어 있다. 그 결과 수출국가의 구매력은 거침없이 떨어진다. 가령 아프리카 지역의 1990년대 수출소득이 1980년대 수출소득의 2/3로 떨어지면서, 세계시장에서의 구매력 역시 동반 하락하였다. 흔히 굉장히 부자라고 생각하는 석유 수출국들의 경우 해외시장에서의 구매력이 1980년대의 40% 수준밖에 안 되는 실정이다. 대부분의 석유 수출국들은 수출품목을 다양화할 수가 없기 때문에 특히 주목할 만한 타깃이 될 수 있다. 특별연구팀은 석유가격을 현재보다 더 떨어트릴 것을 권고하는 바이다.

외채는 증가하고 수출상품 가격은 하락하면 부분적 혹은 총체적 채무 불이행 사태가 초래되고, 채무 불이행 사태는 IMF가 더 엄격한 대출조건을 요구할 수 있는 빌미를 제공해 준다. 만약 앞에 제시한 원인적 요소들이 여전히 효력을 발휘한다면, 갈등 역시 고조시켜야 할 것이다. 『리포트』의 마무리 작업을 하는 동안, 동남아시아는 IMF의 수중에 확실하게 들어갔는가 하면 과거의 '호랑이들'조차 IMF에 면역력이 없다는 것이 입증되고 있다. 뿐만 아니라 막대한 외채와 높은 인구밀도는 이들 국가를 PRS의 유력한 후보지로 부각시켜 준다.

예를 들어 인도네시아는 세계에서 네번째로 인구가 많은 나라이며, 지난 수십 년 동안 '트랜스마이그라시'Transmigrasi라는 이주 프로그램을 실시하여 외곽의 섬들에 주민을 정착시키는 등 감당하기 벅찬 인구문제에 대처하느라 골머리를 썩여왔다. 현재는 IMF의 요구조건을 꼼짝없이 이행해야 할 형편에 놓여 있지만, 아마 IMF의 프로그램들을 수행할 역량도 갖추어져 있을 않을 뿐더러 뇌물수수가 관행처럼 되어 있는 광범위한 부정부패를 뿌리뽑지도 못할 것이다. 더욱이 인도네시아는 1965년에 '공산주의 척결'을 내걸고 군대가 조직적으로 50만 명의 국민을 학살한, 관심을 기울일 만한 전례를 가진 나라이다.

그 밖에도 인구는 많고 가난한 나라들에는 오래 전부터 높은 외채와 높은 이자율의 대출조건이라는 증후군이 상존하면서 계급증오와 민족분열을 격화시키고 있다. 이 국가들은 세계복지에 전혀 기여하는 바가 없거나 설령 있다 해도 매우 미미하기 때문에, '사치스러운 증가를 정리하는' 시도가 수행되어야 할 지역, 정확하게 그 지점이다.

구조조정 프로그램을 입안한 기관들은 걸핏하면 립 서비스용으로 이상적인 민주적 지배체제 운운하지만, 이 기관들이 요구하고 있는 조건들과 민주주의가 양립하기란 거의 불가능하다. 오슬로 평화연구소는 갈등상황의 한 가지 특징으로서 '과도적 민주주의' 통치체제를 조심스럽게 적시하고 있다. 가난한 나라의 정부는 한편으로는 시장의 규제철폐를 받아들이고 세계 경쟁무대에 문호를 개방해야 하고, 또 한편으로는 불만이 팽배한 국민들을 계속 통제해 나가야 하는 이중부담을 안고 있다. 절대 다수 국민들의 생활수준이 끊임없이 악화되기 때문에 정부는 (선거는 말할 것도 없고) 폭력에 의한 정권타도의 위기에 처해 있다. 따라서 이런 국가들의 정부는 '민주적일 것' '엄격한 조건을 적용할 것' '권력을 유지할 것'이라는 삼중의 족쇄를 차고 있는 셈이다. 이와 같은 모순은, 오슬로 평화연구소가 밝힌 '과도적 민주주의' 정치체제와 내전의 높은 상관관계도 설명해 줄 수 있을 것이다.

특별연구팀이 제시한 목표에 비추어볼 때, 이런 국가에 대해서는 인구통제 정책을 추진할 필요성을 인식시키고 적극적으로 추진하도록 강제해야 할 것이다. 구체적인 정책으로는 범죄적 요소와 반사회적 요소를 신속하게 척결하는 것과 불임과 피임(이에 관해서는 뒤에서 논할 것이다)을 적극 장려하는 것 등이 포함될 것이다. 이러한 정책기능들이 지방

행정당국들을 통해서 적절하게 실행만 되면 구태여 외국이 직접 개입할 필요가 없기 때문에, 정당한 개입명분을 찾는 수고를 하지 않아도 된다.

그렇다면 전쟁과 같은 치료 차원의 전략이 정치적으로 방해받지 않고 적용될 수 있을까? 혹시 참견하기 좋아하는 북반구의 정부들이나 '인도주의자들'이 전략수행을 방해하지는 않을까? 물론 그와 같은 간섭이 독립된 개개의 사건에서는 하나의 요소가 될 수 있다. 하지만 전체적인 차원에서 본다면, 민족갈등이나 파벌간의 경쟁, 생태환경을 둘러싼 증오와 경쟁 등이 원인이 되어 발생한 분쟁은 더 이상 북반구에서 큰 공감을 얻지 못한다.

베트남전쟁 시기의 반전운동 같은 강력한 정치적 저항이 일어난다거나 칠레·니카라과·남아프리카공화국 수호를 위해 광범위한 연대전선이 형성되던 시대는 끝났다. 현 시대 가난한 나라들에서 발생하는 전쟁을 보도할 때는 이 전쟁에 수반되는 극도로 혼란한 정치상황과 무차별적인 살육을 비롯하여 특히 '미개인'과 '야만인' 집단에서 이 같은 전쟁이 일어난다는 것을 반드시 시사해야 한다. '문명사회'에서는 이런 분쟁들을 측은하면서도 유치하고 해결할 길이 도저히 없는 것으로 받아들이도록 해야 할 것이다. 그에 따라 자연히 서구는 훨씬 응집력 있는 사회라는 부수적인 효과를 얻을 수 있다.

그럼에도 불구하고 남반구의 분쟁에 대한 '문명사회'의 대응은 인도주의 차원의 활동으로 모아져야 할 것이다. 이 권고가 우리의 가장 중요한 목표와 상반되는 것처럼 보일 수 있으므로, 다음의 사실을 환기할 필요가 있다. 즉 분쟁지역에서 50명의 인명을 구하는 모습을 카메라에 생생하게 담게 되면, 이것은 그 이면에 있는 5만 명이 제거될 수 있는 상황을 가려주는 매우 편리한 커튼 역할을 하게 된다는 것이다. 요컨대 인도주의 활동은 사람들에게 이런 희생자들은 자기 일을 스스로 해결할 능력이 없는 구제 불능의 약자라는 이미지를 강하게 심어주게 되며, 또 이런 국가들이 적절한 타깃이라는 인상을 강화시켜 준다(누구나 미국이나 독일에 외부사람들이 들어가서 인도주의 활동을 펼치는 장면을 상상할 수는 없을 것이다…).

어쩌면 앞으로는 인도주의 단체들도 우리의 설득을 받아들여 '희생자들의 복지'를 위한 산아제한 프로그램이나 불임·임신중절 시술에 적극 협력할 수도 있다. 특히 '연대의 윤리'가 '긴급구호의 윤리'로 대체되고 있는 추세는 매우 중요하다. 핍박받는 사람들에 대한 탈식민지 시대적 동정심과 마더 테레사가 고난받는 자들에게 베푼 자비심은, 어떤 색깔을 띤 정치체제이든 그 정치권력의 역할을 대신해 준 것이나 다름없다. 상징적으로 '고난받는 자들' 하면, 어린이와 정신지체아 같은 존재론적 수준과 동일한 것으로 받아들여지고 있다. 더욱이 어느 누구든 동정심이라고는 눈곱만큼도 없는 것처럼 비치지 않으면서, 인도주의적 지원을 반대하기란 불가능하다. 따라서 특별연구팀은 인도주의적 지원을 활성화할 것을 적극 권한다.

무기거래

PRS의 목표들은 가능한 한 언제 어디서나 자발적으로 선택되도록 하고, 서로 상승작용을 일으키도록 해야 할 것이다. 결국 이것은 전략적 목표들이 그렇게 할 수 있는 물리적 자원을 갖추었다는 것을 전제로 한다. 물론 르완다의 후투족은 대부분 넓적한 칼날 아래 제거됐지만, 면대면 面對面 식의 제거는 효율성도 떨어지거니와 지저분하기 짝이 없다. 따라서 보다 정교하고 세련된 재료들이 일반적으로 사용될 수 있어야 한다.

통계에 나타난 숫자만 가지고 해석한다면, 제3세계의 총 무기거래 규모는 1989년부터 크게 줄어들었다. 그런데 이런 공식통계에는 1990년대에 40%나 폭락한 미국달러의 가치가 반영되어 있기 때문에, 이 통계수치는 한마디로 엉터리다. 달러가치의 하락은 남반구 국가들의 분쟁이 크게 줄었거나 앞으로 줄어들 것임을 의미하기보다 오히려 그 반대이다. 냉전종식 이후 제3세계 국가들의 공식·비공식적 무기거래 실태를 분석해 보면, 다음과 같은 사실이 반영되어 있다.

- 갖가지 문제로 골치를 앓고 있는 남반구의 대부분 정부들에게는 국내 치안역량과 게릴라 진압역량을 향상시킬 필요성이 존재한다. 이에 따라 이들 정부는 탱크나 전투기 같은 중장비에서 상대적으로 저렴한 장비로 무기구매 형태를 전환시켜 나가고 있다. 즉 대외전쟁에 투입되는 중장비보다는 갈수록 말을 안 듣는 국민들을 다룰 보병무기나 헬리콥터, 폭동진압 장비가 필요한 것이다.

- 과거에 기술이전을 통해 수익을 올렸던 무기 공급업자들이 비교적 저렴한 현대식 소형무기를 제조하는 새로운 생산역량을 보유하게 되었다. 이로써 실전 경험이 풍부한 수많은 전투원들이 공식적으로 출국금지 상태에 있다 하더라도, 자기 나라에서 군사적 요구들을 실현시킬 수 있게 되었다.

- 무기 암거래시장이 눈부시게 성장하면서, 그에 발맞추어 무기가격이 크게 하락하였다. 100달러를 호가하던 A-47을 현재 러시아에서는 30~40달러, 캄보디아 암시장에서는 8~10달러면 구입할수 있다. 이제 암시장은 일찍이 합법적 무기시장보다 훨씬 비싼 가격에 물건들을 내놓던 그런 시장이 아니다. 무기 구매자들은 감시를 피하기 위해 거액의 웃돈을 얹어줄 필요가 없다.

냉전시기 동안, 대체로 무기 시스템은 부피가 크고 값비싼 비축용 무기로 구성되어 있었다. 그러나 오늘날의 무기구매 형태는 과거 미 국방부나 구소련 군대의 무기구입 형태와 대조적으로, 정교함은 좀 떨어지지만 조작이 용이한 소형의 품목이 주류를 이룬다. 여전히 미국은 대·소형 전쟁물자의 공식적인 공급처로서 타의 추종을 불허하는 선두자리를 지키고 있으며, 상업적 냉전의 최대 승리자이다. 미국에는 합법적인 무기 제조업체와 수입업체가 수백 개나 되고 허가받은 중개업자가 28만 5

천 명에 이르기 때문에, 상대적으로 소량씩 거래되는 미국 무기 소매시장도 가장 각광받는 시장으로 군림하고 있다. 현재 전세계에 유통되고 있는 각종 형태의 소형무기는 5억 개가 넘으며, 이 가운데 50% 이상이 미국에서 거래된다. 러시아는 이 시장에서 철저하게 패하였다. 지난 10년 동안 러시아가 제3세계 국가들로부터 공식적으로 받은 주문이 80% 이상 줄어들었다.

그러나 미국을 제외한 국가들의 무기업체들은 대부분 규모의 경제를 실현하기 위해 경쟁업체를 인수합병한다거나, 군사기술 이전을 목적으로 한 합자투자나 전략적 제휴를 시도하고 있다. 이 과정에서 최대 수혜자는 이미 무장이 잘되어 있는 중동을 비롯하여 발칸지역, 인도대륙, 중앙아시아이다.

무기감축 추세에도 아랑곳없이, 제3세계의 많은 국가들이 소형무기뿐 아니라 대량살상 무기까지 사들이고 있다. 생화학 · 독극물 무기협정에 따라 생화학 무기의 보유는 원칙적으로 금지되어 있음에도 불구하고, 현재 적어도 10개국이 생화학 무기를 보유하고 있는 것으로 미국 정보계는 추산하고 있다. 숙련된 생화학기술자와 상업용 발효시설, 제약산업 등의 기술역량을 보유한 국가나 해외공급선을 갖춘 약품공장을 운영할 능력이 충분한 국가라면, 생화학 무기를 완벽하게 생산할 수 있다. 생화학 무기는 비축해 둘 필요가 전혀 없다. 소규모 공장에서 필요할 때마다 신속하고도 값싸게 제조할 수 있는 것이 바로 생화학 무기이다. 운반체계 또한 정교한 수준에서부터 원료 수준(자기 목숨을 희생할 각오가 되어 있는 테러리스트들이 주로 담당한다)에 이르기까지 모두 다 포괄할 수 있다.

소규모의 재래식무기 암시장에서는 골동품 수집가, 탁송장 위조전문가, 고난도 항로설계자, 문서위조 및 돈세탁 전문가 등으로 구성된 전문 직업군이 날로 성업중이다. 그리고 대규모의 탈세 무기거래가 이루어지고 있는 주요 시장들은 방콕, 페샤와르(파키스탄), 터키를 비롯하여 구소련에서 독립한 몇몇 공화국들을 거점으로 하고 있다.

행정당국은 이런 수익성 높은 무기거래를 축소시킬 의지도 없거니와 그럴 능력 또한 없어 보인다. 이 점에서는 선진국과 후진국 모두 똑같다. 유엔이 재래식무기의 교체상황을 자발적으로 '등록'하도록 하는 유명무실한 제도 외에는 특별한 안을 가지고 있지 않다는 것은 놀라운 일이 아니다. 따라서 특별연구팀이 추측컨대, 정부든 반체제집단이든 혹은 군사력을 장악하기 위해 곳곳에서 준동하는 범죄조직이 무기를 조달하는 데는 큰 장애가 없을 것으로 보인다. 몇몇 무기거래 근거지들이 이동할 수는 있겠지만, "앞으로 몇 년 동안 무기거래는 그 지속적인 발전과 성장에 걸림돌이 거의 없이 번창해 나갈 것"이라는 전문가의 발언에 동의한다.

이런 한편으로, 우리가 타깃으로 삼고 있는 국가들에 대해서 개별적으로 압력을 넣고 때에 따라서는 재정지원을 통해 경기를 부양시킴으로써 무기거래의 과정이 자연스럽게 순환될 수 있도록 해야 한다. 특히 후진국에는 로테크 무기와 하이테크 무기가 광범위하게 퍼져나가고 있는데, 이것이 자기들끼리 서로 견제하기 위한 것인 한 바람직한 발전이라고 사료된다.[7]

개입

그동안 익히 보아왔듯이 '야만인'들은 '서로 죽이고 죽임을 당하는' 성향을 지닌 것만은 분명하다. 그렇다고 해서 그들이 전적으로 이 측면에서 우리의 목표를 실현시켜 주지도 못할 테지만, 우리가 필요로 하는 수준에 미치지 못하는 것 또한 확실하다. 더구나 이 야만인들은 여전히 우리에게 큰 해악을 끼칠 수 있다. 걸핏하면 그들은 서구문명에 대한 증오심으로 가득 차 있을 것이며, 과거보다 훨씬 조직적으로 움직일 것이며, 다종다양한 범죄활동으로 축적한 풍부한 재원을 바탕으로 해서 무장을 하게 될 것이다.

그 결과 서구의 권력들에게는 야만인들의 사건에 개입할 수밖에 없는 경우가 때때로 발생할 것이며, 서구의 대중들은 이런 개입에 익숙해져야 할 것이다. 이라크와는 비정기적인 전투가 계속되어야 하겠지만, 한 분석가의 말을 빌리자면 우리의 주적 主敵은 "오늘날 우리가 테러리스트, 게릴라, 산적, 강도라고 부르는 집단으로서, 향후 이들은 필시 자신들을 지칭할 보다 공식적인 직함을 갖추게 될 것이다."[8]

미래의 전쟁 가운데 일부는 전통적인 국가와 이들 신흥 야만인—앞으로는 국민국가와 경쟁관계에 서게 될 군벌, 마약재벌, 각종 조직깡패—사이에서 발생할 것이다. 몇 가지 사례에서 볼 수 있듯이, 전통적인 국가권력은 사실을 인정하지 않지만 이들 신흥 야만인이 이미 국가의 역할을 대신하고 있는가 하면 국가권력에 깊숙이 침투하여 사실상 양자를 구분해 낼 수 없을 정도이다("폭력과 강압으로 부를 장악한 각양각색의 범죄조직과 혁신적 구조에 제압당하거나 혹은 그들에 의해 운영되거나 혹은 그들에게 탈취당한 정부가 갈수록 늘어나고 있다").

이 조직들은 빠르고 기동성 있고 국경을 무시한다("우리가 지도상에서 보는 국경선이 지상에는 존재하지 않는다"). 서구의 새로운 타깃은 대륙을 자기 집 앞마당으로 여기는 우크라이나계 러시아인, 알바니아인, 코소보인, 나이지리아인, 이탈리아인 마피아들이나 일본의 야쿠자나 중국의 삼합회, 콜롬비아와 멕시코의 마약카르텔, 약 150만 명으로 추정되는 미국의 깡패집단이 될 것이다.

이들 탈국가 조직의 권력은 다양한 다국적 용병 연결망을 통해서 전통적인 국가에 도전하게 될 것이다. 또한 갈수록 더 자신들의 국가적 야심이나 세계 차원의 야망을 방어하는 데 전력투구할 것이다. 고전적인 형태의 전쟁발발은 점점 줄어드는 대신, 말 그대로 전략적인 위협과 극도의 폭력이 일상화될 것이다.

오늘날 흔히 그렇게 하듯이, 이러한 위협들을 은폐하거나 무마시켜 버릴 것이 아니라 대중들에게 널리 알려야 한다. 서구의 정부들은 모든 상황을 잘 관장하고 있는 체하는데, 이것이야말로 엄청난 실수를 하고 있는 것이다. 오히려 위협을 그럴싸하게 호도하거나 얼버무리기보다는, 필요할 때 국가가 개입할 수 있도록 국민들을 준비시켜야 하며, 이를 위해서는 시민들이 그 위협을 직접 느낄 수 있게 해야 한다.

실제로 위협이 존재하기 때문에, 대중여론은 비교적 단순한 방식으로 형성시켜야 한다. 신흥 야만인들은 점점 더 교묘해지고 있으며, 자신들 수중에만 있다면 그것이 대량살상 무기라 할지라도 주저치 않고 사용할 것이다. 만약 세계무역센터World Trade Center를 공격한 야만인들이 방사능 물질을 차에 싣고 공격을 했더라면, 아마 뉴욕 금융가는 수십 년 동안 봉쇄되었어야 할 것이다. 혹은 그들이 유독성 세균이나 생화학 세균을 선택했더라면, 얼마나 엄청난 희생을 가져왔을지 짐작조차 할 수 없다.

서구에 살고 있는 우리들은 이런 탈국가 조직과 범죄군단들에 대처할 준비가 한심할 정도로 안 되어 있다. 지난 수십 년 동안 우리는 우리와 잠재적인 적들의 물리적 거리를 크게 벌여놓는 기술(장거리 폭격기, 미사일 등)을 개발하는 데 집중하였지만, 이제 21세기 전투의 군사적 목표물은 바로 우리 옆에 있다는 것을 깨달아야 한다. 점점 더 전쟁은 히로시마보다는 『일리아드』*The Iliad*와 같은 양상을 띠게 될 것이다.

우리에게 필요한 것은 신형 폭격기나 잠수함 혹은 탱크가 아니다. 그것이 방위산업에 종사하는 노동자들을 실업자로 만들지 않기 위한 것이 아닌 바에는 말이다. 우리의 이해관계를 실질적으로 방위하고 나아가 여기에 개괄된 전략들을 수행할 수 있는 쪽으로 재정투입을 재조정할 필요가 있다. 그런데 안타깝게도 우리는 근접 범위에서 우리의 실질적인 적을 목표물로 하는 것보다 원거리에서 수백 명을 죽이는 일을 훨씬 더 능숙하게 잘한다("한마디로 현행 시스템은 살인자는 제멋대로 활보하게 하고 그 살인자의 이웃들을 처벌하는 식이다"). 그리고 한 가지 첨언하자면, '살인자'를 공격할 때도 그 살인자와 가까운 이웃이 공격하는 것으로

보이는 것이 가장 이상적이다. 이렇게 되면 다른 야만인들에 대한 적개
심과 보복심을 불러일으킬 수 있기 때문이다.

  탈근대 시대의 전쟁은 사막이나 시야가 트인 넓은 공간에서 전개될
가능성은 거의 없다. 오히려 도시지역에서 전개될 가능성이 높으며, 이
런 도시의 지형이나 주민들에 대해서는 적이 우리보다 더 잘 꿰뚫고 있
다. 여기서 지형이라고 하면, 고층빌딩들이 서 있는 빈민가나 터널, 지
하철, 하수시설 등이 포함된다. 그리고 재래식 전쟁은 거의 절대적으로
수평적이었다면, 탈근대 시대의 전쟁은 수직적인 형태를 취할 것이다.
뿐만 아니라 질병으로 얼룩진 추악한 전쟁이 될 것이다("전쟁터가 될 가
능성이 가장 높은 곳은, 인간들이 토해 낸 분비물이 처리되지 않은 채 널려 있고
공기는 소름 끼칠 정도로 끔찍하고 인간들은 썩어가고 있는 도심지역이다").

  특히 미국인들은 사람보다 기계를 사용해서 더러운 일을 처리하는
데 익숙해 있다. 이들은 이제 전사자 0%의 전쟁을 기대하고 있다. 그렇
지만 앞으로는 모든 면에서 군인이 또다시 중요한 요소로 부상할 것이
다. 도시를 중심으로 한 전쟁은 군인들의 죽음 없이 전개될 수도, 수행
될 수도, 종결될 수도 없다.

  그리고 서구의 윤리의식조차도 예측 가능한 미래의 적과의 전쟁에
서 잘못 적용되고 있다. 이를테면 서구의 법정은 외국의 마약재벌이나
기타 범죄자들에 대해서도 망설임 없이 법과 헌법에 명시된 보호를 적
용한다. 우리는 사회적으로 합의된 법과 규칙을 준수하고 있지만, 그들
은 아니다("갈수록 더 세계는 법과 관습 심지어 식사예절… 따위에 관심조차
기울이지 않을 것이다. 군대는 어떤 역할을 하고 경찰은 또 어떤 역할을 하고,
정부의 합법적인 역할은 무엇인가라는 측면에서 본다면, 우리는 지난 세기의
패턴에 매몰되어 있다. 하지만 우리의 적들에게서는 이런 케케묵은 폐습을 전
혀 찾아볼 수 없다").

  바야흐로 미래의 전쟁은 항상 해외무대에서만 상연되지는 않을 것
이다. 아마 자기 나라에서 똑같은 문제들에 직면해서 하나같이 준비부

족을 뼈저리게 느끼게 될 것이다("미국 내부에 실수로 점철된 섬들이 솟아나고 있다. 즉 전통적인 법집행의 범주에 도저히 포섭될 수 없을 정도로 다루기 어렵고 집약적인 문제들이 발생하고 있다"). 다른 서구국가들의 도시들 역시 이 같은 파멸의 그림자에서 결코 벗어날 수 없다. 자신들의 실수투성이 섬들이 곳곳에 생겨나는 것을 망연자실하게 지켜봐야만 할 것이다.[9]

미국의 부자들은 이미 이런 위험을 간파하고 있다. 게임이 시작되기 훨씬 전부터, 그들은 자신들만의 공동체로 거처를 옮겨갔다. 이렇게 모여든 3만 가구는 자신들의 공동체를 보호하기 위해, 통행을 통제하는 초소를 입구에 세우고 경비원을 고용하였다. 이어 2005년이 되면, 이같이 요새화된 공동체들이 완공되어서 추가로 6만 가구가 입주를 하게 될 것이다. 그렇지만 아무리 철벽같은 담을 쌓아올린다 해도 그 담장 안에서조차 미국이나 다른 서구국가들의 특권층은 21세기 충돌의 덫을 피해갈 수 없다.

특별연구팀은 위임위원회가 서구의 군 수뇌부나 법집행자들과 맺고 있는 단단한 연결고리에 대해서까지 세세하게 고찰하지는 않을 것이다. 그럼에도 우리에게 위임되어 있는 총체적인 임무와 관련하여, 특정 전략들에 대해서는 조언할 의무가 있다고 판단한다. 『리포트』의 어디를 들쳐보더라도 정치적 픽션이나 공상과학 같은 요소는 하나도 없다. 오로지 오늘날 우리는 어떤 위협에 직면해 있고, 적은 누구인지만 짚어내고 있을 따름이다.

19세기에 익숙했던 세계, 즉 무법적이고 초국가적이고 탈국가적이고 다국적인 경쟁자들이 존재하지 않는 안정된 국가는 아마 영원히 사라질 것이다. 우리의 군대는 소련과의 전쟁이나 걸프전을 준비하는 일을 즉각 중단하고, 21세기를 어떻게 대처해 나갈 것인지 심각하게 고민해야 한다. 그리고 경찰 고유의 역할과 군대의 역할도 다시 생각해 보아야 한다.

앞에서 특별연구팀은 낡아빠진 유엔을 대신할 강력한 국제 실행기구의 필요성을 집중적으로 다루었다. 유엔의 '평화유지' 모델은 전혀 쓸모가 없다는 것이 거듭 증명되고 있다. 이제 새로운 개념을 개발할 때이다. 여느 실행기구와 마찬가지로, 특별연구팀이 제안하는 새로운 국제 실행기구는 앞서 언급한 일종의 전투임무들에 대비하여 상당 규모의 무장개입 군대를 통솔할 수 있어야 한다. 이 군대는 최첨단 장비를 갖추고 고도로 훈련된 전투원들로 구성될 것이다. 이 같은 무장력은 다음과 같은 점에서 강한 설득력을 가진다. 우선 국제적인 범죄나 테러리즘과 싸울 것이기 때문에 (범죄행위의 배후인물들을 제외한) 모든 사람에게 보다 안전한 세계를 제공하게 될 것이며, 또한 간접적으로는 국민국가를 보호해 줄 것이다. 특히 마피아에게 아직 매수당하거나 탈취되지 않은 정부들에게는 신뢰할 만한 주장이 될 것이다.

나아가 특별연구팀은 서구의 정부들이 정규군에 필적하는 민간 공격 · 방어 보안군의 창설을 검토할 것을 촉구하는 바이다. 초보적인 수준이기는 하지만 이런 유형의 구조는 이미 존재한다. 이를테면 남아공화국에 본부를 두고 있는 '집행결과' Executive Outcomes라는 기업이 그 예이다. 또한 이런 유의 군대는 역사적으로도 흔히 찾아볼 수 있는데, 용병이라고 불리었다. 지금 우리는 단순한 경비업체나 '청원경찰' 업체를 말하고 있는 것이 아니다. 실전에 투입할 전투군대를 이야기하고 있는 것이다. 민병대라 할지라도 민간 설립주체의 명령에 따르는 것이 아니라 국가의 목적에 복무해야 한다. 그리고 정부는 단독으로 혹은 연합해서든, 이 민병대의 유일한 클라이언트가 되어야 할 것이다. 이와 같은 민병대를 창설하는 민간기업에 대해 공신력을 부여하면, 다음과 같이 여러 가지 이점이 생길 것이다.

- 민간 보안군을 설립하는 민간기업은 실업자나 불만분자, 폭력과 비행을 일삼는 청소년 들에게 배출구를 제공하고, 엄격한 규율 아래 이들을 훈련시켜서 사회적으로 건설적인 일에 기여하도록 해

줄 것이다.

- 군대설립의 주체는 공개입찰 방식으로 선정되어야 한다. 그렇게 되면 민간기업들은 공정한 경쟁을 하게 될 것이다. 입찰에 나선 민간기업들은, 비대한 조직과 과잉장비를 특징으로 하는 현재의 군대보다 훨씬 저렴한 비용으로 이와 같은 비전통적인 각종 임무를 수행할 수 있는 방안을 내어놓을 것이다.

- 민간 보안군은 거치적거리기만 하는 법률이나 기존 규칙들에 대해 부담을 가질 필요가 없으며, 따라서 각종 업무를 신속하고도 깔끔하면서 효과적으로 처리할 수 있을 것이다.

- 민간 보안군에 고용된 사람들은 보수가 높은 만큼 위험부담도 크다는 사실을 숙지하고 있기 때문에, 사고시 오늘날 최저임금 근로자의 사망 때처럼 불필요한 사회적 관심이나 대중적 항의를 불러일으키지 않을 것이다.

(평화유지군과 달리) 무장 전투군대는 국제 실행기구의 지휘 아래에 놓이고 정부로부터 의뢰를 받아 민간 전쟁업체가 구성한다는 점에서, 매우 요원한 제안처럼 들릴 수 있다. 하지만 이 제안은 결코 먼 미래의 일이 아니다. 특별연구팀은 민병대 창설의 긍정적인 면들에 대해 머지않아 공감하게 될 것이라고 믿고 있다. 예를 들어 미 국무부는 '군사전문 자원회사'Military Professional Resources, Inc.라는 미국기업과 수백만 달러 규모의 계약을 이미 체결하였는데, 계약내용은 보스니아 내 무슬림-크로아티아 연합군을 훈련시키는 일이다. 이런 계통의 활동이 정상적인 운영절차로, 아니면 최소한 기본 운영절차의 하나로 받아들여질 때까지 활발하게 일어나야 할 것이다.

그렇지만 현실적으로 한동안 주요한 군사활동은 전통적인 국민군대가 수행하게 될 것이므로, 모든 적대적 침입자로부터 서구 사회와 문화를 방위하는 책임은 국민군대에게 맡겨질 것이다. 앞에서 인용한 명석한 관리는 다음과 같이 인식하고 있다. "미국 군대의 사실상 역할은 우리의 경제를 수호하기 위해 세계를 안전하게 지키고, 우리의 문화적 공격에 문을 열도록 하는 것이다. 이와 같은 목적을 실현하기 위해 우리는 상당량의 살상을 감행해야 할 것이다."[10]

야만인의 아기들?

살상이 필수 불가결하다면, 그 이후에 어떤 일이 펼쳐질까? 일단 분쟁이 소강상태에 접어들면 '야만인'들은 그저 단순히 자신들의 잃어버린 시간을 만회하려고 들지 않을까? 그렇다면 신속하고도 정력적으로 자손을 생산하지 않을까? 이 지점에서 특별연구팀은 이른바 '분쟁 후 출산 증후군'에 관해 간략하게 언급하고 넘어가야 할 것이다. 분쟁 후 출산증후군이란 역사적으로 전쟁 등으로 폐허가 된 사회에서 전쟁 이후에 출산율이 치솟는 것을 말한다. 가령 칭기즈칸이 물러간 이후에 중국의 인구가 이전 수준을 회복할 수 있었다면, 현 시기 PRS의 궁극적인 효과는 과연 무엇일까?

이런 베이비붐 같은 역행적인 사례는 고대와 중세의 역사나 2차 세계대전에서나 찾아볼 수 있을 뿐, 현 시기와는 거의 관계가 없는 개념이다. 유엔의 통계자료에 따르면, 베트남·니카라과·이란·이라크·모잠비크·남아공화국처럼 여러 형태의 전쟁으로 황폐해진 국가들이나 심지어 동티모르와 캄보디아처럼 대량학살이 일어난 극단적인 사례에서조차 출산율에서 (저하 경향 이외에는) 분쟁 후 변화를 거의 찾아볼 수 없다. 다만 동티모르와 캄보디아에서는 일시적으로 출산율이 급증했다. 예외라면, 정치적으로 산아장려 정책을 지향하고 국민들도 적극적으로 이 정책을 따르는 팔레스타인이 유일하다. 그 밖의 국가들에서는 분쟁과 무기거래가 우리의 목표에 절대적으로 긍정적인 효과를 가져다줄 것이다.

다음에서는 또 하나의 인구감축 전략을 살펴볼 것이다. 기아와 기근

요소는 전쟁의 원인이 되기도 하고 전쟁의 결과이기도 하다.

3) 기근

세번째 기수는 한 쌍의 저울을 들고 검은 말에 올라앉아 있으며, 한 목소리가 이렇게 울부짖는다. "밀 한 두량을 거절한 자, 보리 석 두량을 거절한 자." 성 요한이 묘사하는 기근은 현 시대의 그것과 놀라울 정도로 흡사하다. 성서 속의 세계와 오늘날 세계는, 누가 먹고 누가 굶주리는가 하는 것이 기상변화나 병충해, 전쟁에 의해 결정되는 것이 아니라, 정치적 역학관계와 구매력에 의해 결정된다는 공통점을 가지고 있다. 목소리가 "밀 한 두량을 거절한 자"라고 울부짖는다는 것은 그 거래가 어떻게 이루어질지를 보여주는 것이다. 그 거래를 지시할 힘을 가진 사람이나 그 거래에 대해 지불하기를 거부하는 사람 모두에게, 식량은 항상 즉각적인 효용성을 가진다.

모든 사회의 역사를 통틀어서 식량위기는 흔히 발생하는 일이었다. 중세유럽에서는 한 두량의 씨앗으로 산출할 수 있는 곡물은 두 두량밖에 안 되었으며, 수확량이 충분치 못하여 해마다 비축해 놓은 곡식은 금방 동이 났고, 그러다 보니 대략 10~12년 주기로 기근이 발생하였다. 그렇지만 전체적으로는 "모든 사람이 다 죽지 않았다면, 굶주리는 사람은 하나도 없다"는 분위기였다.

이에 비해 근대의 기근은 물질의 절대적인 부족 때문이라기보다는 오히려 시장의 영향을 훨씬 더 많이 받으며, 부자들은 이 영향을 거의 받지 않는다. 1846~47년에 아일랜드에서 약 100만 명의 목숨을 앗아간 감자 대기근 때, 대지주들은 곳곳에서 가난한 농민들이 굶어 쓰러져가는 데도 예년과 다름없이 영국으로 식량을 수출하였다.

심지어 1943년에 수백만 명이 떼죽음을 당한 벵골의 기근처럼 20세기 제3세계의 '전형적인' 기근 때에도 부자들의 식탁은 갖가지 음식으로 풍성하였다. 1980년대에 아프리카 대륙이 기근으로 몸살을 앓았을 때에도 정부 고위관료나 사업가, 군 장교 들이 대거 죽었다는 이야기는 들어본 적 없다. 오늘날 남반구와 북반구에서 부자들이 기아까지는 아니더라도 영양실조에 걸릴 상태에 처했다면, 아마 그것은 극심한 흉작이 덮친데다 전쟁이나 그 비슷한 대재해로 무역이 봉쇄되는 극히 드문 상황이 한꺼번에 발생했기 때문일 것이다.

여기서 우리의 관심사항은 인구곡선에서 기근이라는 전통적인 재앙이 지니는 가치를 평가하는 것이다. 맬서스Malthus는 인간의 재생산 속도를 따라가지 못하는 식량생산만이 고삐 풀린 출산을 막을 수 있는 유일한 '제어장치'라고 보았다. 하지만 특별연구팀은 '녹색무기'의 표적 적중률이 그 어느 때보다도 높아진 것은 사실이지만, 그렇다고 우리 뜻대로 구사할 수 있는 유일한 대안은 결코 아니라고 본다. 녹색무기는 독립된 하나의 요소가 아니라 군수품의 일환으로 인식되어야 한다.

식량이 부족한지 충분한지에 따라서, 앞서 분석한 분쟁(과 다음에서 살펴볼 질병)이 불붙거나 수그러들고 격화되거나 약화될 것이다. 기수들은 함께 말을 타고 서로 도와가면서 희생물들을 짓밟고 유린한다.

지적 혼란과 비현실적 감상주의는 걸핏하면 기아와 기근 문제를 들고 나와서 물을 흐려놓는가 하면, 최근 들어와서는 '식량안보'라는 유토피아적 개념까지 퍼뜨리고 있다.[11] 많은 학자들이 앞으로 '세계'가 80억, 100억 혹은 120억의 인구를 충분히 먹여 살릴 만큼 식량을 생산할 수 있을까 하는 물음에서부터 출발하지만, 실로 무의미한 문제제기가 아닐 수 없다. 곡물가격만 보더라도, 정치권력만 충분히 뒷받침해 준다면 실제로 '세계'는 무슨 일이든 다 할 수 있다.

따라서 토지나 물, 농업원료, 씨앗 등과 같은 물질적 자원의 문제라든가, 더 중요하게는 국가나 사회계급, 개인이 식량과 경작지에 접근할 수 있는 정치적 · 금전적 수단의 문제에서부터 출발하는 것이 타당성을 가진다. 우리는 이 문제를 전통적인 경제 카테고리인 수요와 공급을 이용해서 살펴볼 것이다.

공급

특히 최근 몇 년 동안, 전세계적인 풍작으로 곡물생산량은 19억 톤이라
는 기록을 세웠다. 뿌리식물과 감자 등 덩이식물까지 포함한다면, 기본
작물(밀, 옥수수, 쌀, 기장, 수수, 감자류, 카사바)의 생산량은 무려 25억 톤
으로, 1980년과 비교해 엄청나게(거의 40%) 증가했다. 그리고 지난 수
십 년 동안 식량생산은 꾸준히 증가하는 추세를 보였다. 따라서 이와 같
은 추세와, 21세기는 만성적인 식량부족에 시달릴 것이라는 특별연구
팀의 예측이 정면으로 배치되는 것으로 보일 수 있다.

　과거에 여러 연구집단이 극심한 빈곤을 예측했다가 틀렸다는 것이
확인됨으로써 곤경에 처하기도 했지만, 특별연구팀은 많은 요소들이 그
방향으로 수렴하기 때문에 다시 모험을 감행하기로 하였다. 다년간 추
격을 받으며 앞서거니 뒤서거니 하다가, 마침내 맬서스주의의 오랜 진
실이 다시 선두로 치고나가기 시작한 것이다. 현재 인구증가율은 식량
생산의 증가율을 추월하고 있다.

　잉여곡물의 비축량은 상대적으로 불확실하다. 세계식량기구(FAO)
는 전세계 소비량의 20% 혹은 73일분이 안정적으로 비축되어 있어야
한다고 권고한다. 3년 연속 수확량이 감소하면서, 급기야 1995~96년
에 적색경보가 울렸다. 세계 곡물비축량은 20년 만에 가장 낮은 수준인
48일분의 소비량으로 떨어졌다. 밀과 옥수수의 가격이 천정부지로 치
솟았다. 그후 1996~97년에 수확량과 비축량이 다시 증가하면서, 곡물
가격은 '정상'을 되찾았다. 그러나 특별연구팀은 이것이 일시적인 급등
일 뿐 지속적인 증가추세는 아니라고 예측한다.

　인구는 계속 증가하고 있는 데 반해, 식량생산은 답보상태이거나 하
락할 가능성이 훨씬 높다. 지구상에 경작지와 물과 에너지와 비료와 농
민을 무제한으로 공급할 수 있는 나라는 의당 하나도 없다. 현재 최고의
천혜를 누리는 몇몇 나라들조차 자연자원의 한계수위를 늘리는 데 재정
을 투입하고 있다.

한정된 땅

세계 최대 곡물생산 국가를 순서대로 열거해 보면 중국, 미국, 인도, 러시아, 인도네시아, 프랑스, 캐나다, 브라질, 독일, 우크라이나, 오스트레일리아 순이다. 이 가운데 아마 브라질과 미국을 제외하고는, 총 농경지를 확장시킬 여지가 거의 없다. 이런 한편으로 매우 비옥한 경작지들이 계속 침식되고 오염되고 염분의 농도가 높아지는가 하면 도로로 만들어지고 있다. 식량생산을 증대하려면, 남아 있는 경작지들을 거의 쥐어짜다시피 해야 할 것이다.

지난 15년여 동안 중국은 식량생산량이 거의 50%나 급증하는 엄청난 발전을 기록하였다. 1980년 중국의 식량생산량은 미국과 엇비슷했으나, 지금은 미국의 1.5배나 된다. 농업인구가 3%도 채 안 되는 미국과 달리, 중국은 경제활동인구의 약 3/4이 이 같은 위업을 달성하도록 요구받고 있다.

현재 중국은 지나치게 가파른 속도로 산업화를 추진하고 있다. 미국과 마찬가지로 중국 역시 인적 자원을 인간노동의 산물로 대체할 수 있겠지만, 중국이 지난 몇 년 동안의 식량생산 실적을 거듭 달성할 수 있을지는 매우 의심스럽다. 아마 그 수준을 유지하기란 불가능할 것이다. 그 밖에 주요 곡물생산 국가들을 살펴보면, 미국의 경우 현재 곡물생산량은 1980년 수준과 큰 차이를 보이지 않는다(휴경지에 대한 정부보조금 지급이 그 부분적인 원인이다). 지구온난화 시대에 접어들어, 미국과 캐나다, 오스트레일리아의 곡창지대는 집중호우가 쏟아지고 기후가 불안정한 등 위태로운 상태이다.

러시아와 우크라이나 역시 기후의 영향을 크게 받는데다 구소련 때 지급되던 농장보조금이 폐지되면서 곧바로 곡물생산량은 곤두박질쳤다. 유럽의 집약적인 곡물재배 방식도, 여전히 유럽공동체 예산에서 가장 큰 비중을 차지하는 보조금에 크게 의존하고 있다. 뿐더러 인도네시아의 생태적 재앙과 인도의 녹색혁명[12] 후유증은 더욱더 성장의 발목을 잡을 것이다.

지난 수십 년 동안 세계 곡물산출량은 상당 부분 고투입 - 고수확 녹색혁명의 품종에 힘입어서 증대하였다. 일부 전문가들은 이런 품종(혹은 유전자 조작된 종자)들이, 과거에는 한번도 재배된 적이 없었던 지역들—예를 들어 아프리카—에서 대규모로 재배되고 있다는 사실을 지적한다. 그리고 브라질의 세라도[13] 같은 미개간지에 산성에 강하고 가뭄을 잘 견디는 새로운 밀 품종을 심으면, 언젠가 브라질은 밀을 자급자족할 뿐 아니라 밀 수출국가도 될 수 있다는 것이다.

또 이 전문가들은 가난한 나라들의 경우에는 관개시설을 하여 새로운 농경지를 조성해서 일년에 이모작 또는 삼모작을 하면 수확량을 늘릴 수 있다고 주장한다. 그런데 이들은 기술을 절대적으로 신뢰한 나머지, 삼림이 파괴되고 지나친 가축방목으로 경작지가 황폐해지고 '이모작'은 '과잉경작'으로 인한 토질의 저하로 이어지기 십상이라는 것을 흔히 간과해 버림으로써 경고신호를 전혀 듣지 못한다. 이 모든 요소는 산출량 감소의 원인으로 작용한다.

이 같은 낙관적 예측은 핵심적인 요소 몇 가지를 놓치고 있다. 미국과 브라질이 경작지를 넓힐 수 있다 하더라도, 다른 지역과 마찬가지로 거기에도 수확체감遞減의 법칙이 적용된다. 따라서 초과 산출량에 비례하여 생산비도 증가할 것이다. 또 가난한 나라들에 농사지을 땅이 조금이나마 남아 있다 하더라도, 대개 그런 땅은 토질이 척박하고 시장에서 멀리 떨어진 기반시설조차 갖추어져 있지 않은 지역에 위치해 있다. '자작농'이라면 더 나은 생활을 희망하며 이런 땅에라도 기꺼이 정착하겠지만, 대규모 상업농업의 경우에는 기반시설과 투입비용에 대한 대대적인 투자 없이는 수익성을 장담할 수 없을 것 같다.

한정된 물

이 밖에도 관개시설은 다른 지역들의 손실을 보완해 주고, 과거에 그러했던 것처럼 생산량을 향상시킬 것이라는 주장도 있다. 전세계적으로 관개시설이 되어 있는 농지는 16%(1950년의 2.5배가 넘는다)에 불과하지만, 총 농작물의 1/3이 물 공급을 충분히 받고 있다는 것이다. 그러나 담수의 공급은 점점 줄어들고 있고, 농업용수 사용자와 산업용수 사용자와 개인 사용자뿐 아니라 국가들 사이에서도 물 확보를 둘러싸고 전쟁을 방불케 하는 치열한 경쟁이 가열되고 있다. 게다가 농업기술 전문가들은 이로 인한 사회적 · 정치적 압박감을 무시해 버리는 경향이 있다.

물리적 측면에서 볼 때, 국가들이나 대륙들 사이에는 담수의 분배가 제대로 이루어지지 않고 있다. 현재 담수의 거의 3/4이 관개수로로 흘러 들어가고 있다. 남반구의 경우, 전체 물 사용량의 90%가 농업용수이다. 제3세계의 주민들이 떼거리로 도시로 몰려들고 있는 현 상황에서 이처럼 극도로 편향된 자원지배 형태가 과연 얼마 동안 유지될 수 있을까?

이렇게 농업용수는 불균형적으로 우위에 있음에도 불구하고, 중국의 특히 북부 농촌지방에서는 수천만 명의 농민이 이미 만성적인 물 부족사태에 시달리고 있다. 중국인들은 최소한 100만 헥타르의 농지를 관개용지로 환수당했지만, 현재와 같은 농업용수 부족이나 잠재적인 부족사태는 비단 중국에만 국한된 것이 아니다. 멕시코에서부터 알제리에 이르기까지 다른 나라들 역시 중국과 유사한 영향을 받고 있다. 낭비와 허술한 관리 때문에 물 부족 사태가 더 악화된 것은 사실이지만, 절대적인 물리적 한계용량이 훨씬 더 상황을 옥죄고 있다.

대수층[14]이 말라가고 있으며, 미국 대평원의 화석 지하수는 이미 반 이상이 말라버렸다. 미국 텍사스나 이스라엘, 인도의 비옥한 경작지들이 지하수의 고갈로 불모지가 되어버렸다. 구소련 시절에 아랄해에서 해수를 끌어들여 관개시설을 한 거의 300만 헥타르에 이르는 목화재배지는 더 이상 작물을 재배할 수 없는 소금사막으로 변했다.

수억 명에 이르는 도시인구의 식수가 부족해지면, 각국 정부들이 관개시설의 남용을 정당화하는 데 어려움을 겪게 될 것은 불을 보듯 뻔하다. 총 관개용수 중에서 실제로 농작물로 흘러드는 양은 1/3에 불과할 정도로, 대부분의 관개시설은 고비용에 비효율적이다. 관개시설로 유입되는 물이 풍부할 때도, 유지비용이 많이 드는데다 운하와 댐이 퇴적물로 인해 막히지 않도록 항상적으로 주의를 기울여야 한다.

구소련의 아랄해의 대실패에서부터 일찍이 높은 생산량을 자랑했던 인도의 수많은 녹색혁명 지역들에 이르기까지, 토양의 염분화가 공통적으로 나타나고 있으며 토질이 급속도로 저하되고 있다. 사하라 사막 주변지역에서는, 공동체 소유로 잘 관리되고 있던 땅들이 세계은행의 명령에 따라 헐값으로 개인들에게 불하되었다. 헐값의 땅, 강과의 근접성, 관개 논농사에 대한 간편한 대출 등은 일확천금을 노리는 상인들에게 큰 매력이 아닐 수 없었으며, 이들은 임기응변으로 배수장치도 제대로 하지 않고 마구 관개시설을 만들었다. 이렇게 배수장치가 없는 관개시설은 불과 한두 계절 만에 수만 헥타르의 농토를 폐허로 만들 수 있다. 요컨대 녹색혁명은 갈색혁명으로 변해 가는 것으로 보이며, 지구 온난화 현상이 이를 더 악화시킬 수 있다.

그 밖에 주요 투입물의 경우, 비료와 농약은 땅으로 스며들어 축적됨으로써 북반구의 여러 지역에 공급되는 식수를 이미 오염시키고 있으며, 농업용수 사용자와 비농업용수 사용자의 갈등을 첨예화시키고 있다.

한정된 돈

막강한 경제적 세력과 사회적 세력들 또한 공급을 제한하고 있다. 다른 자산소유권과 마찬가지로 토지소유권은 대지주들에게 크게 집중되어 있을 뿐 아니라, 지난 세대에 녹색혁명으로 기존 부자들의 부가 확대되면서 토지집중은 더 심해졌다. 가난한 사람들에게는 토지 접근권이 봉쇄되어 있어서 아무리 열심히 일해도 경작을 증강시킬 수 없다.

식량생산의 향상에 필요한 기술이나 개량종자는 거의 양도가 되지 않을 것이다. 녹색혁명의 초기단계와 마찬가지로, 새로운 영농법은 상당히 많은 비용이 들기 때문에 부농들만 활용할 수 있을 것이다. 더구나 이 기술들은 복합적인 공공조직망을 통해서 보급되어야 하지만, 국가 긴축재정 아래서는 이런 조직망을 만들고 유지하기가 어렵다. 설령 생산 그 자체는 향상된다 하더라도, 기술이 비싸면 그만큼 비싼 돈을 들여서 식량을 생산하는 것은 필연적이다.

외채부담에 짓눌려 있는 나라들은 돈이 많이 들어가는 새로운 토지개발에 투자할 재원도 없거니와, 전통농민들의 생산성을 향상시킬 수 있는 농업활성화 정책이나 기술개선 프로그램 등에 지원할 여력도 없다. 전후戰後세계에서 농업 연구 · 개발은 생산력 증강에 주요한 역할을 했지만, 1970년대까지만 해도 연간 7%씩 증가하던 연구 · 개발자금은 90년대 들어와서 정체상태에 있다.

이상 일련의 이유에 근거해 볼 때, 엄격하고 복합적이며 자기강화적인 공급 제한요소들이 생겨나서 토지나 물을 둘러싼 갈등을 고조시킬 것으로 예측된다. 전체적으로 세계 식량공급은 화폐로 표현되는 세계 식량수요와 보조를 맞출 수 있다는 낙관론자들의 예측이 옳을 수 있다. 그러나 문제는, 가난한 사람들에게는 바로 그 화폐가 없다는 것이다. 가난한 사람들에게도 욕구가 있고 그들 역시 배고플지 모르겠지만, 시장은 그와 같은 '수요'에는 전혀 귀를 기울이지 않는다. 다음에서는 세계식량방정식의 이 측면을 살펴보겠다.

수요

'세계'는 현재의 수확량으로 현재의 60억 인구를 먹여 살릴 수 있을까? 이 질문 역시 하나마나한 것이다. 왜냐하면 모든 것은 '먹여 살린다'가 의미하는 바에 달려 있기 때문이다. 만약 먹여 살린다는 것이, 생산과 완전히 분리시켜서 모든 사람에게 똑같은 양의 곡물 · 감자류 등 식물성과 최소한도의 단백질을 섭취할 수 있게 콩류를 배급해서 1일 총열량

2350칼로리를 그럭저럭 맞추는 것을 뜻한다면, 답은 '예스'이다. 겨우 생명을 유지할 수 있는 단조로운 기본 식단을 전체가 다 받아들이고 절대적으로 평등한 상황이라면, '세계'는 현재의 인구에다 얼마간 더 먹여 살릴 수 있다.[15]

그러나 만약 이것이 모든 사람의 식단에서 ('고칼로리') 동물성이 1/4을 차지해야 하고 또 각종 과일과 채소와 식용유(그리고 우리의 특권적 지위를 고려한다면 포도주와 맥주도 있어야 할 것이다)를 소비할 수 있는 것을 의미한다면, 그 답은 단연코 '노'이다. 이 경우, 현재의 수확량을 전제로 할 때 '세계'는 지금 살고 있는 인구의 약 절반에 해당하는 30억 남짓밖에 먹여 살릴 수 없다. 어떤 시나리오를 보든, 마치 식량공급이 똑같은 비율로 이루어지는 것처럼 혹은 사람들이 만족스러운 정치체제에서 살 수만 있다면 양도 충분치 않은 기본적인 곡물과 콩류만으로도 만족할 것처럼 전개되고 있는데 그야말로 탁상공론이 아닐 수 없다.

특별연구팀이 여기서 생물학적 필요의 문제를 다루고 있는 것은 아니지만, 생물학적 필요는 오직 그것이 거부당하는 한에서만 사망률 상승에 긍정적이 역할을 할 수 있음을 밝혀둔다. 식량 역시 상품이기 때문에, 식량의 수요는 엄밀하게 구매력 측면에서 고찰되어야 한다. 가령 자신이 원하는 음식은 뭐든지 다 구매할 수 있는 능력을 가진 사람들 가운데 채식주의자는 극히 드물다. 통계상으로는, 이런 사람 치고 채식주의자는 한 명도 없다. 어느 시대, 어느 사회에서나 처분 가능한 잉여소득이 발생하게 되면, 그 돈은 더 나은 음식물을 사는 데 쓰이게 마련이다. 부유한 사람들이 현금을 가지고 육류제품에 대한 수요를 나타냄에 따라, 공급 측면은 그 수요를 따라간다.

그러면 경작지가 목초지로 바뀔 것이다. 여러 나라에서 엄청나게 많은 사람들이 굶주리거나 영양실조에 걸려 있는데도 불구하고, 음식물의 수요가 넘쳐흐른다는 것은 기초식량 작물이 가축사료용 작물로 대체되고 있다는 것을 뜻한다. 멕시코에서는 사람들이 먹는 옥수수의 재배지

가 소에게 먹일 수수 재배지로 변경되고 브라질에서는 검은 콩이 간장
용 콩으로 대체되는가 하면, 타일랜드에서는 쌀 대신 카사바가 재배되
고 있다.

이 작물들은 주로 북반구의 가축용 사료로 수출된다. 이 같은 토지
의 용도변경은 음식물을 둘러싼 부유한 소비자와 가난한 소비자의 갈등
을 직접적으로 반영하게 마련이다. 가난한 사람들은 이중적으로 박탈당
하는 셈인데, 육류제품을 소비할 여력이 없을 뿐 아니라 이들이 주로
소비하는 음식물도 생산하락으로 가격이 올라가기 때문이다.

도덕주의자들은 어떤 식으로든 가난한 사람들을 먹여 살리기 위해
서 모든 사람이 똑같이 형편없는 기본적인 음식만 '먹어야 하는' 것처럼
말한다. 고상한 척하고 자칭 대변인이라는 사람들은 수많은 인간들보다
더 훌륭한 식사대접을 받고 있는 서구의 애완동물들에게 걸핏하면 비난
의 손가락질을 해댄다. 애완동물들이 이런 생활을 누릴 수 있는 것은,
그 주인 스스로가 합당하다고 생각하는 일에 대해 자신의 소득을 자유
롭게 쓸 수 있기 때문이다.

사실 개나 고양이 논쟁은, 북반구에 풍성한 식탁을 제공하기 위해
가난하고 '배고픈' 나라들에서 수출하는 '사치스러운' 음식물을 비난하
는 내용이 변형된 형태이다. 수적으로 훨씬 적은 개와 고양이의 먹이나
12월의 희귀한 딸기와 아보카도가 어떻게 지불수단도 전혀 가지고 있지
않은 단 한 명의 주린 뱃속을 단 한 번의 푸짐한 음식으로 채워줄 수 있
는지, 그 방법론에 대해 언급된 적이 한 번도 없다는 것은 결코 놀랄 일
도 아니다.

식량 무역과 원조

지불능력을 있는 국가들의 총수요를 살펴보면, 지난 10여 년 동안 상업
용 곡물의 수입은 연간 약 2억 톤으로 상당히 안정세를 유지하고 있다.
그리고 국가재정이 적자상태여서 상업용 시장에서 곡물을 제대로 구매

할 재정적 능력이 없는 국가들에 대해서는, 1990년대에 식량원조가 비교적 풍족하게 이루어졌다(연간 1천만~1500만 톤).

조만간 이러한 요소들이 변화하게 될 것이다. 지불능력이 있는 식량부족 국가들의 상업용 수입은 늘어나겠지만, 갈수록 공급이 줄어듦에 따라 식량원조는 계속 하향추세를 보이게 될 것이다. 식량원조는 1993년에 최고기록을 세웠는데, 전세계적으로 1680만 톤의 식량이 양도성 판매나 무상 형태로 지원된 풍성한 해였다.

그러나 1996~97년에는 저조한 수확량이 식량원조의 위축을 가져와 예년의 1/4에 불과한 750만 톤으로 크게 줄어들었으며, 이것은 앞으로의 추세를 보여주는 하나의 신호였다. 미국 농무부에 따르면, 세계인구의 약 50%가 살고 있는 65개의 국가가 국민들에게 기초 영양분 섭취라는 최소한도의 요구를 충족시켜 주기 위해서는 이미 2200만 톤의 식량이 필요하다.

과거에 중국은 이 방정식에서 지금보다 훨씬 핵심적인 요소였다. 중국은 세계 최대 곡물생산 국가임에도 불구하고 일본에 이어 세계 제2의 곡물수입 국가라는 것은 앞으로의 불길한 징조를 잘 말해 준다. 게다가 최대 고객인 아시아의 이 두 나라를 뒤잇는 한국, 이집트, 브라질, 멕시코는 현재 심각한 재정위기를 겪고 있다. 가장 저명한 후기맬서스주의자의 한 사람인 레스터 브라운Lester Brown은 상당히 신뢰성 있는 사례를 제시하면서, 중국이 세계 식량무대에서 단일국가로는 최대로 불안정한 행위자가 될 것이라고 진단한다.

브라운이 제시하는 장면 가운데 몇 가지는 가히 충격적이다. 가령 중국이 국민 1인당 연간 달걀소비량을 100개에서 200개로 늘린다는 공식목표를 달성하기 위해서는 13억 마리의 암탉 떼가 오스트레일리아의 전체 곡물생산량(약 2600만 톤)에 버금가는 양을 먹어치우는 상황을 불러와야 할 것이다. 또한 중국의 성인 모두가 1년에 맥주를 단 세 잔만 더 마신다 해도, 술집 청구서에는 수백만 톤의 초과 곡물량이 반영될 것이

다.[16]

　따라서 중국인의 식생활 개선이 지구상의 나머지 나라들에 끼치는 영향은 실로 엄청날 것이다. 1978년 중국이 공식적으로 농업정책을 '집단책임 체제에서 가구주 책임제'로 전환하고부터 중국농업은 괄목할 만한 성장을 하였다. 부의 증가에 뒤따라 어김없이 나오는 육류제품 소비증가의 법칙은 중국에도 그대로 적용된다. 1978~92년의 경우, 인구는 2억 명 늘어났는데 1인당 돼지고기 소비량은 거의 2.5배 증가하였다. 고급품 시장의 다른 음식품목들 역시 유사한 수요증가를 기록했다.

　뿐만 아니라 중국은 자동차 중심의 운송시스템을 개발해 나가기로 결정했는데, 특별연구팀이 볼 때 이 같은 결정은 재앙을 불러오고도 남음이 있다. 수백만 헥타르의 농토가 고속도로와 주차장으로 용도 변경될 운명에 처해 있다. 급속하게 산업화되어 가고 있는 남부에서는, 해마다 두세 종의 작물을 규칙적으로 산출하던 비옥한 경작지가 이미 도시화와 공해로 인해 사라지고 있는데 아마 그 규모가 연간 100만 헥타르 정도는 될 것이다.

　그러므로 중국은 식량 자급자족 국가가 될 가능성이 희박하다. 그러나 필요로 하는 식량을 얼마든지 시세가격으로 수입할 수 있을 뿐 아니라 지불능력도 상당하다. 레스터 브라운은 또 한 가지 충격적인 비교분석을 제공하고 있다. 즉 중국은 대미무역 흑자—1994년 현재 300억 달러—만 가지고도 그해 세계시장에서 판매되는 식량 전량을 사들일 수 있다는 것이다. 중국의 현금보유고와 잠재적으로 필요한 수입량은 정확하게 다른 궁핍한 구매자들에게 실로 문제가 아닐 수 없다.

　중국의 식량수요는 지금부터 2020년까지 4억 5천만 톤에서 5억 9400만 톤으로 약 1/3이 증가할 것으로 예상된다. 식생활 개선으로 인해, 이러한 수요증가 가운데 40%는 사료용 곡물이 차지하게 될 것이다. 전문가들(중국인 2명과 미국인 1명)이 OECD에 보고한 바에 따르면, 1991년에 300만 톤의 곡물을 수입했던 중국의 구매력은 가파르게 상승

하여 2000년에 4천만 톤에 이르고 2010년쯤 되면 4300만 톤 정도로 안
정세를 유지할 것으로 예상된다.

이상의 예측들은 여러 가지 변수―기후, 고수확 품종의 도입, 다소
효율적인 사료-육류 전환체계, 도시화 비율, 식생활 변화속도, 인구증
가 등―에 따라서 너무 낮거나 높을 것일 수 있겠지만, 그와 같은 경향
을 보이는 것만은 분명하다. 국가안보와 이데올로기 또한 중국정부가
자급자족 수준과 수입의 균형유지에 신경을 쓰지 않을 수 없게 하는 요
소들이다.[17]

이미 중간계급이 상당히 두텁게 형성되어 있고 현재 급속한 산업개
발을 추진중인 거대하고 막강한 나라가 있다. 과연 이 나라가 국경 너머
의 다른 나라 사람들을 위한 재정비용이나 인적 비용을 부담하면서까지
자국 소비자들의 욕구를 충족시켜 나갈 수 있을까? 아무튼 중국은 세계
곡물비축량과 곡물가격에 영향을 끼칠 정도로 가공할 만한 역량을 갖추
게 될 것이다.

특별연구팀이 예측한 대로, 만약 중국의 수요가 중기적으로 가격상
승의 압박요소로 작용한다면 이때의 수요증가는 서구의 주요 동맹국들
에게 파국적인 부담이 될 수 있다. 일본의 식량 수입량은 안정세를 유지
해 오고 있지만, 향후 그 규모가 줄어들지는 않을 것이다. 현재 한국과
멕시코 같은 주요 식량구매 국가들은 OECD 회원국이다. 더구나 이 두
나라는 금융위기를 겪고 있으며, 서구 국가들은 이 나라들을 붕괴되게
할 수 없다. 또 하나의 거대한 식량수입 국가인 이집트는 중동의 안정화
에 있어서 핵심적인 국가이다. 이 가운데 원화의 평가절하로 구매력이
급전직하한 한국은 제외시킬 수 있다고 하더라도, 이들 식량수입국의
상업용 수요는 인구증가에 비례하여 늘어날 것으로 예상된다.

여느 생산과 마찬가지로, 곡물생산도 당연히 시장의 신호에 반응한
다. 그러나 곡물가격이 비교적 유리할 때조차도, 폭발적으로 증가하는
수요에 맞추어서 세계 곡물공급이 늘어날 것이라고 장담할 수는 없다.

사람들이 별로 주목하지 않지만, 사실 훨씬 더 큰 불안을 야기할 수 있는 요소는 도시로의 이농 추세이다. 농민을 노동자로 만들 수는 있지만, 노동자를 농민으로 만든다는 것은 불가능하다. 아프리카의 일부 지역을 제외하고는, 일단 도시거주자가 된 농민은 농촌으로 돌아가지도 않거니와 설령 간다 해도 농촌에서는 일자리를 찾을 수 없다.

혹자는 노동을 자본으로 대체할 수도 있다고 주장한다. 또 이것은 미국의 농업인구가 3%가 채 안 되는 이유이기도 하다. 그러나 국가는 무엇보다도 먼저 기계류와 비료에 투입할 현금을 보유하고 있어야 한다.

따라서 특별연구팀은 수요가 증가하고 공급은 지불능력이 있는 구매자들에게 집중될 것이고, 그 결과 가격이 상승하고 재력 있는 국가와 그렇지 못한 국가 사이에, 개별사회 내에서는 승자와 패자 사이에 새로운 긴장이 형성될 것이라고 예측한다.

해결방안과 권고사안

이와 같은 공급－수요 추세는 우리의 목적에 거의 전적으로 유리하게 작용하는 것이다. 그렇다면 추가로 PRS의 수행이 필요한 지역은 어디일까?

침식과 염류화, 공해, 도시화 등은 자가발전을 계속해 나갈 것이다. 이 추세를 유지·촉진시키기 위해서는, 현상유지 정책과 (외채 및 외채상환금을 포함한) 재정유출에 좀더 힘을 기울이는 것이 요구될 것이다. 이 두 가지 요소는 식량공급을 제한시키고 곡물가격을 상승시키기 때문이다.

중국과 일본처럼 지불능력이 있는 극소수 구매자들이 시장독점을 하게 되면, 이 또한 식량부족과 가격상승의 목표에 긍정적인 역할을 하게 될 것이다. 자국의 식량요구를 포괄할 수 있는 재정능력을 갖춘 이들 구매자의 역량과 자유시장을 고려할 때, 물론 기아의 희생자가 어느 지역에서 집중적으로 발생할 것이라고 정확하게 지목하기는 어렵겠지만 우리의 주요 타깃집단인 빈곤국가의 과잉인구와 일치하리라는 것은 자신 있게 말할 수 있다.

다만 식량산출을 후퇴시키는 이상과 같은 요소들에도 불구하고, 몇 가지 정책들이 생산의 증강에 중요한 기여를 할 수 있다. 따라서 특별연구팀은 위임위원회가 이 길목들을 차단하는 데 집중할 것을 권고하는 바이다.

차단되어야 할 정책들

한정된 토지와 물과 자본에도 불구하고, 농산물을 낮은 가격으로 공급할 수 있는 잠재력을 지닌 숨은 식량자원이 존재한다. 현재 곡물 및 기타 식량의 추수 후 손실규모가, 국가와 기후에 따라서 총 수확작물의 8~25%에 이른다. 곰팡이나 벌레, 쥐, 기타 해충의 공격에 적절히 대처하지 못하는 빈약한 저장기술 때문에 톤 단위의 어마어마한 양이 소실되고 있는 것이다.

저장시설을 집중화시키면 그만큼 손실 가능성은 더 커진다. 종속국가들에 농업기술을 이전하고 개발 프로젝트를 실시할 때, 마을이나 농장 단위의 저장시설을 축소시킴으로써 도시를 기반으로 한 대규모 집중적인 시설에 유리한 분위기를 조성해 나가야 할 것이다. 집중화된 저장시설에서는 해충의 전파속도가 훨씬 더 빨라질 뿐 아니라 피해 또한 그만큼 더 커질 수 있기 때문이다. 예비식량 비축분을 줄이는 것도 가격상승에 긍정적인 역할을 하고, 음식물의 취득을 어렵게 하는 효과가 있다. 추수 후 손실규모가 대폭 감소되면 비용효과가 높아지므로, 반드시 차단되어야 한다.

상당수의 사람들에게 높은 음식물 접근기회를 제공할 가능성이 있는 두번째 방법론은 정치적인 것으로서, 즉 토지개혁과 소농—특히 여성농민—에 대한 지원이다. 수십 년 전이라면 이런 역逆전략이 PRS에 큰 위협이 되었을 테지만, 지금은 그만한 위력을 발휘하지는 못한다. 왜냐하면 대부분의 정부들이 널리 채택하고 있는 녹색혁명 형태의 기획들은 정치적으로 영향력 있는 상업농민과 재정지원이 잘되고 있는 지역에 유리하기 때문이다. 또한 정책제공자들은 자기들의 이유 때문에 이 정책들을 밀어붙였으며, 그 결과 현재 소농들은 그 어느 때보다도 매우 불리한 처지에 놓여 있다.

20~30년 전까지만 해도 많은 나라들에서 토지개혁은 당면한 이슈였지만, 오늘날 이 문제가 다시 쟁점화될 위험은 거의 찾아볼 수 없다. 농민은 수적으로도 열세일 뿐 아니라 시장세력에 대항할 수 있는 정치적 역량도 크게 쇠퇴하였다. 지금까지 정부들은 엄격한 구조조정의 규칙들을 준수해 왔으며, 이제는 농업분야도 다른 분야와 똑같이 자유주의 정책에 내맡기고 있다.

예를 들어 이집트에서는 최근 채택된 법률에 의거해서 지난 수십 년 동안의 토지개혁 법령들을 폐지하였는데, 그에 따라 지대는 시장에 의해 결정되고 지주는 마음대로 소작농을 쫓아낼 수 있게 되었다. 과거에는 소작농의 토지사용권이 무제한적이어서, 상속되기까지 하였다.

멕시코의 토지개혁은 신성불가침의 헌법 제27조에 명시되어 있으며, 이 27조에 따라 개인의 사용권을 보장하는 마을공동체 소유의 토지나 에지도스ejidos[18]가 생겨났다. 그러나 현재 헌법 제27조는 북아메리카 자유무역 협정(NAFTA)을 지원하기 위해 입안된 정책들의 일환으로 '개혁'되었다. 개정헌법에서는 에지도스 토지의 사유화 및 외국인 소유를 허용하며, 협동조합 소유의 토지와 공동체 소유 토지를 다른 부동산과 똑같이 시장세력에게 개방하고 있다. 그 효과가 나타나기 시작하는데, 가령 1995년에 멕시코는 주식인 옥수수의 생산이 부진하여 1천만 톤의 옥수수—연간 소비량의 1/3이 넘는다—를 해외에서 수입하는 기록을 올렸다.

공상가적인 경향이 매우 짙은 멕시코 치아파스Chiapas 같은 일부 저항운동들은 이러한 생활현실들을 받아들이기를 거부하고 있다. 하지만 특별연구팀은 이런 유의 저항들을 새롭게 가다듬은 심호흡이라고 보기보다는 숨넘어가기 직전의 헐떡임으로 간주하는 편이다. 농민들은 다른 사람들과 똑같이 시장에서 경쟁해야 한다. 이 경쟁을 활성화시킬 수 있는 법적 장치는 실제로 곳곳에 널려 있다. 대부분의 정부가 농산물 무역을 자유화하고 (일시적으로) 값싼 수입 농산물에 시장을 개방하라는 압력을 받고 있는 것이 그 예이다. 어찌 되었든 이들 정부는 자국의 농민들이 토틸라스의 원료보다는 환금성 높은 수출작물의 생산으로 눈을 돌리는 쪽을 선호한다.

이와 같은 조건들이 유지되는 동안에, 토지집중화와 통계에 잡히지 않는 소규모 자작농에 대한 대책이 수립되어야 할 것이다. 이들 '통계에 잡히지 않는 농민'은 기술적·정치적으로 지원받을 경우 수확량과 식량 효용성을 크게 증강시킬 수 있는 유일한 행위자이기 때문에, 만전을 기할 필요가 있다.

그리고 토지개혁의 경우, 일단 논의가 된다면 이데올로기 측면에서 접근하여 과거의 이슈, 즉 농업의 효율성에 밀려난 이슈라는 인상을 강하게 풍길 필요가 있다. 쓸모없고 퇴행적인 농민 중심의 영농과 농민기술은 폐기돼야 할 것이다. 그렇다면 정확하게 어떤 기술이 현대적인가? 이 질문에서 도달하게 되는 결론은 생명공학과 유전자 조작 농산물이지만, 일반적으로 이 영역을 상당히 잘못 이해하고 있다. 따라서 특별연구팀은 무조건 환영할 영역은 아니라고 본다.

판도라의 상자

다국적 화학·제약·종자 기업들 대부분과 많은 관측자들은 생명공학과 유전공학을 세계기아를 퇴치할 최첨단 만병통치약이라 말하고 있다. 그러나 특별연구팀은 유전자 조작 작물이 오로지 남반구, 즉 인구통제 방안으로서 식량 이용도의 축소와 기아 및 기근의 강화가 목표인 남반구에서 배타적으로 재배되는 한에서 유전자 조작 작물에 대해 진심으로 지지를 표하고자 한다. 그런데 지금까지는 정반대의 전략이 적용되어 왔다. 북반구에서는 유전자 조작 작물이 급속도로 퍼져나가고 있지만, 남반구에서는 '너무 복잡하고' '너무 비싸서' 활용하기 힘든 기술로 인식되고 있는 것이 그 증거이다.

물론 관련 산업분야와 밀착되어 있을지 모르는 위임위원회 위원들의 심기를 불편하게 할 수 있다는 우려가 없지는 않지만, 그럼에도 불구하고 특별연구팀은 다국적 기업집단의 근시안적이고 단기적인 이해관계를 결코 동의할 수 없다. 현재 다국적기업들은 보다 거시적인 이해관계인 전지구적 경제체제에 반하는 행동을 하고 있다.

지면의 제약으로 말미암아 생명공학과 유전자 조작 작물을 다룬 과학문헌들을 충분히 검토할 수는 없겠지만, 특별연구팀의 이런 입장이 왜 정당한지 간략하게 서술하겠다. 특별연구팀은 지금까지 입수한 증거에 근거해서, 유전자 조작 작물은 기업 쪽 과학자들의 주장과 달리 역효과를 낳을 것이라는 결론을 내렸다.

그렇다, 유전자 조작 작물은 이것을 사용하는 사람들에 대해서 고성능의 무기가 될 수 있다. 실험실의 시험관이나 제한된 시범시험장은 역동적인 환경의 복합성을 대신할 수도, 재현할 수도 없다. 우리는 각종 위험부담뿐 아니라 미래의 '부작용'까지 예상하고 있다. 특히 그 부작용의 정도는 매우 심각하여 이와 같은 변종들의 활용으로부터 획득할 수 있는 이점들을 훨씬 압도할 것이라고 본다.

제초제에 저항성을 갖도록 유전자 조작된 식물들(생육기간 동안 언제든지 재배지 전체로 퍼져나갈 수 있으며, 따라서 이론적으로는 유용한 작물은 그대로 두고 잡초만 죽이는 특성을 지녔다)은 해충에 대한 내성과 슈퍼잡초를 급속도로 번식시킬 것이다. 1993~94년에 야외실험에서 방출된 작물의 36%가 제초제 저항성을 가진 것으로 밝혀졌다.

일정한 제초제에 반복적으로 노출된 '잡초'(다른 환경에서는 바람직한 작물일 수도 있다)는 그 제초제에 대해 저항성이 커지기 때문에 이 잡초를 제거하기 위해서는 더 많은 양의 제초제를 살포해야 할 것이다. 그리고 이처럼 항상적으로 제초제를 살포하게 되면, 토양과 농작물에 잔류 화학물질이 계속 쌓이게 된다. 일반적으로 제초제는 토질을 저하시키고 지렁이와 이로운 벌레들을 죽이고 물을 오염시키는 것으로 알려져 있다.

저항성을 가진 상품명 X제초제(1993~94년의 야외실험에서 32%가 이 특성과 관련이 있었다)와 반대로, 자체적으로 살충제를 방출하도록 생물학적으로 조작된 작물은 항상적으로 화학제품을 살포한 야채류와 다름없다. 그와 같은 작물은 궁극적으로 이로운 유기체를 포함하여 광범위한 종류의 유기체를 죽일 수 있다. 이 작물들이 방출하는 독성물질은 오랜 시간 동안 토양 속에 잔존해 있으면서, 작물 자체가 수확된 후에도 여러 달 동안 효력을 발휘할 수 있다. 이것은 곤충들 역시 수명기간 내내 이 독성물질에 노출되어 있을 것임을 뜻한다.

이와 같은 항상적인 노출은 독성에 저항성을 가진 '슈퍼벌레'에 강한 선택적 압력을 가지게 하며, 그에 따라 슈퍼벌레는 원래 한정된 자기 먹이 이외에도 다른 작물들에 기생할 수 있게 된다. 이 제품의 제조업체(몬산토 Monsanto)에 따르면, 미국 남부지역에 대단위로 재배되고 있는, 살충제가 방출되도록 유전자 조작된 목화작물은 목화 솜벌레의 80%를 죽인다고 한다. 그렇지만 한 과학자는 다음과 같이 지적한다. "80%의 치사율은 연구자들이 저항성을 가진 곤충을 번식시키고자 할 때 사용하는 바로 그 수치이다."[19]

과거에 과학자들은 종간 유전자 전이는 불가능하다고 믿었지만, 이제 종의 장벽을 넘나드는 전이는 일반적으로 이루어지는 것으로 알려져 있다. 그런데 유전자는 그대로 가만히 있는 것은 아니기 때문에, 저항성의 효과는 광범위한 변종 유기체의 출현―식물과 동물 그리고 인간도 그럴 수 있다―으로 나타날 수 있다. 슈퍼잡초와 교잡된 유전자들이 종간 장벽을 넘나들다 보면 침투력이 강한 잡종을 만들어낼 수 있다. 일단 유전자가 더 넓은 환경 속으로 침투해 들어가면, 그것을 되돌린다는 것은 불가능하다. 이와 마찬가지로, 특정 바이러스에 대해 저항성을 가지게 유전자 조작된 식물은 유전자 재조합을 통해서 자연적으로 생겨나는 바이러스보다 훨씬 더 치명적인 신종 바이러스의 출현으로 귀결될 수 있다.

완전 방출을 하기도 전에, 유전자 조작 과정에서 '무해한' 박테리아 (클렙시엘라 플란티콜라 Klebsiella planticola)가 토양 생태계에 전혀 예기치 않은 변화를 불러일으킨다는 사실이 실로 우연히 발견되었다. 이 박테리아는 생식기능을 파괴하는 잠재력을 가진 선충류를 폭발적으로 증식시켰는데, 다행히 이 야외실험은 시험재배지에 국한되었다.

옥수수의 변종 하나는 이미 항생제에 저항성을 가지게 만들어졌다. 이 저항성이 먹이사슬의 상층부에 있는 다른 유기체들에게 전파될 수 있는지는 아직 알려져 있지 않다. 현재 생태계에 대한 지식이나 의도치 않는 부작용에 관한 지식은 지극히 초보적인 수준이다.

특별연구팀이 볼 때, 유전자 조작 식물들의 바람직하지 않은 결과들은 '가설' 차원의 문제가 아니라 '언제' 발생할 것인가의 문제이다. 이런 식물들 대부분이 이미 '방출되어' 있고 또 상당수 기업의 과학자들이 강력하게 반대하겠지만, 특별연구팀은 기왕에 유전자 조작 작물이 재배된다면 그 사용을 가난한 인구과잉 국가들에 국한시킬 것을 촉구하는 바이다. 그렇지 않을 경우 이 나라들이 최후의 승리를 거두는 불상사가 일어날 것이다.

기타 방안

그 밖의 식량과 기아에 기초한 PRS로는 특히 다음과 같은 방안들을 추천한다.

• 적극적인 무역 자유화: 농산물의 무역 자유화는 제3세계의 가난하고 힘없는 농민들을 북반구의 고도의 기계화 농법을 갖춘 농민들

과 훨씬 더 직접적으로 경쟁하게 한다. 국제적 규제가 있다 해도, 아마 북반구의 농민들은 다른 명목으로 위장된 보조금이나 공공연한 보조금을 계속 받을 것이다. 향후 몇 년 내에, 지역시장에서 판매되는 다량의 저가 수입 농산물은 극한상황에 몰려 취약한 소규모 자작농 대부분을 싹 쓸어 없애야 할 것이다.

- 현대 농업기술을 통한 작물 다양성의 축소: 일반적으로 소농들은 유전적 다양성을 확보하기 위해 종자를 저장해 두는 경향이 있는데, 유전적으로 균일화된 '현대' 종자들을 필요에 따라서는 원가 이하나 무료로 공급하여 이를 저지해야 한다. 해충은 균일한 환경에서 번성하며, 단일재배monoculture는 혼작混作이나 간작間作보다 질병에 훨씬 취약하다. 수출농업은 거의 항상적으로 단일성에 기초하듯이, 마찬가지로 식용작물 역시 동일한 패턴을 따르도록 해야 할 것이다.

- 녹색혁명의 강화: 녹색혁명 기술이 처음에는 수확을 증대시켰지만, 일반적으로 여기에는 영세하고 가난한 경작자의 능력을 벗어나는 제조설비 투입과 종자구입이 요구된다. 또한 제조설비 투입은 비싼 사용료와 사용권 취소, 그 밖에 토지개혁에 반하는 법령을 통해서 저지할 수도 있다.

- 식량원조: 현재 식량원조는 감소추세에 있지만, 가장 중요한 타이밍 문제만 잘 해결한다면 여전히 긍정적인 효과를 가져다줄 수 있다. 원조식량은 원조대상 지역의 추수기 직전이나 추수기와 때를 맞추어서 투입되어야 한다. 그렇게 되면 수확량이 예상보다 훨씬 낮은 수준일 때도, 상당량의 해외 원조식량에 의해 곡물가격이 그 나라 농민들의 손익분기점 아래로 떨어질 수 있다. 원조물자의 배분은 자선단체들을 동원해서 할 수 있다. 그리고 수입종자에 의존하게 된 지역에 대해서는, 종자조달 타이밍을 파종하기 부적절한 시기와 일치되게 잡는 것을 잊지 말아야 한다.

기근

일반적인 통념과 달리, 전면적인 기근이 발생하는 경우는 비교적 드물다. 바로 이 점이 지금까지 특별연구팀이 식량공급의 제한과 기아 및 영양부족 사태가 지닌 잠재력에 대해 더욱더 집중한 이유이다. 왜냐하면 식량공급의 제한이나 기아, 영양부족은 비록 몰살까지는 아니라 하더라도 고대의 네번째 기수인 전염병—이것의 현대적 모델은 다음 항에서 살펴보게 될 것이다—에 유리한 환경을 제공하기 때문이다.

그러나 기근은 여전히 한정된 지역에서 PRS의 중요한 수단이다. 또한 가지 흔히 잘못 알고 있는 사실은 기근이 가뭄이나 홍수, 그 밖의 자연재해 '때문에' 발생한다는 것이다. 미국 아이오와 주와 아프리카에서 발생한 가뭄은 전혀 다른 사태이거니와, 기근은 상당히 많은 사람들의 —식량이나 돈, 인간신체 등의—비축분이 이미 고갈되어 버린 곳에서만 발생한다. 익히 알려져 있는 기근의 조기 경고징후로는 다음과 같은 것들이 있다. 식료품 가격이나 보석가게 및 기타 귀중품 가게의 매출이 가파르게 상승하고, 일자리를 찾아서 이주하는 사람들이 급격히 늘어나고, 평상시에는 소비되지 않던 식료품의 소비가 매우 큰 폭으로 증가한다.

이와 같은 징후들이 포착될 때는 개입하지 않는 것이 무엇보다도 중요하다. 바로 이 순간에 발생하는 자연재해는 식량위기를 불러일으키는 데 일조할 수 있다. 따라서 홍수통제나 메뚜기 퇴치 같은 돌출 가능성 있는 요소들을 교란시키는 방안을 면밀히 검토해 놓을 필요가 있다. 그리고 지금까지 살펴보았듯이 전쟁은 대량의 취약층을 극도로 효율적으로 발생시키는 또 하나의 수단이다.

1966년 한 해만 해도 자연재해와 인위적인 재해로 약 5천만 명이 자기 나라의 다른 지방이나 국경지대의 난민수용소로 옮겨갔다. 이 가운데 4/5가 전적으로 국제원조에 의존하여 생명을 이어가고 있다. 모든 종류의 비상사태를 처리하는 데 든 경제적 비용이 1960년대에 연간 약

10억 달러, 70년대 30억 달러, 80년대에는 90억 달러였다. 90년대의 재정 추정치는 훨씬 더 높아질 것이다.

유엔은 1989년에 25%를 지출하였던 긴급구조 예산을 이미 50% 이상 지출하고 있다. 향후 몇 년 동안의 주요 과제는 이런 비싼 비용을 들여서 재해민을 구조하는 구호활동을 모든 가능한 수단을 동원해서 차단하는 것이 될 것이다.

가령 그 나라의 엘리트 권력층을 동원하여 기근시기의 '인도주의적' 지원에 반대하는 주장을 펼쳐나가게 할 수 있다. 취약계층의 유복한 동포들은 우리의 인구감축 전략뿐 아니라 북반구의 동정심 많은 사람들을 난민구제를 호소하는 목소리에 설득당하지 않게 하는 지지대로서 고려해 볼 수 있다. 비축식량을 가지고 있는 지주와 상인들은 식량위기 시기에 오히려 재산을 불릴 수 있기 때문에, 자신들의 창고를 거저 주거나 싸게 팔아넘기려고 하지 않을 것이다. 군 지도부는 자국 국민들을 볼모로 해서 인도주의적 원조를 끌어들일 수 있는데, 일단 원조가 들어오면 이들이 접수해 버린다.

한때는 이런 파벌 지도부들이 양대 냉전권력 중 어느 한쪽을 이용해서 자신들의 팽창주의적 활동의 자금을 지원받을 수 있었다. 그러나 이제 이런 선택의 가능성은 사라져 버렸고, 그 다음으로 그들이 발견한 것은 기근과 국제적인 동정심이 그 못지않게 훌륭한 대체물이라는 사실이다. 원칙적으로 원조물자의 분배를 담당하게 되어 있는 인도주의 단체들은 겉으로 보는 것처럼 자유롭게 이재민들을 위한 구제활동을 할 수 있는 것은 아니다. 이 단체들은 자신들이 어떻게 이용당하고 있는지 잘 파악할 수 있는 특히 유리한 위치에 있지만, 한마디로 일종의 덫에 갇혀 있는 형국이라 할 수 있다. 만약 인도주의 단체가 군 지도부를 규탄하면, 그들에게는 강제추방 조치가 내려지고 즉각 기근자 구호활동을 중단해야 할 것이다. 그리고 만약 비난하지 않고 그대로 넘어가면, 이것은 결국 그 나라 독재자에게 국제적으로 드러내놓고 날조된 합법성을 부여해

주는 셈이 된다.

특별연구팀은 원조물자를 전혀 주지 않는 것보다 더 나쁜 것은 저질의 독재자에게 그와 같은 뇌물을 건네주는 것임을 대중들에게 설명해 줄 것을 권고한다. 요컨대 '인도주의'가 반드시 '바람직한' 것만은 아니라는 사실을 대중들이 납득할 수 있게 해야 한다. 군부 지도자의 입장에서 볼 때는 당연히 기근—그리고 그에 따른 원조—은 최대한 오랫동안 지속되어야 한다. 따라서 특별연구팀의 주장은 오히려 '일거양득'의 효과를 가져다줄 것이다.

4) 전염병

묵시록에서 네번째 기수는 간단하게 죽음이라고 불리고 있지만 그의 '창백한 말'(일부 번역본들에서는 '핏기가 가신' 혹은 '파르스름한' 말로 번역되어 있다)은 썩어가고 있는 시체의 색깔이며, 전염병의 희생자들을 집어삼키기 위해 "지옥이 그를 뒤따른다." 그는 가장 가공할 존재이며, 우리의 목적에 비추어볼 때 가장 쓸모 있는 기수이다. 역사적으로 유행성 질병은 전쟁이나 심지어 기근보다 훨씬 더 인구역학에 지대한 영향을 끼친다.

전염병은 필연적으로 죽은 나무뿐 아니라 살아 있는 나무도 잘라내 버린다. 살려야 할 사람들까지 비명에 가게 한다. 질병이 부자와 빈자, 유능한 사람과 무능한 사람, 쓸모 있는 사람과 사회의 잉여분자를 항상 구분하는 것은 아니다. 그럼에도 통계를 보면, 상대적으로 더 취약하고 있으나마나 한 계층을 먼저 덮친다.

동시대를 통틀어, 선진국뿐 아니라 제3세계 국가들 역시 수명은 소득증가와 교육수준 향상에 비례하고 있다. 영국의 경우, 모든 연령집단에서 최하위 사회계층의 사망률이 최상위 사회계층보다 2~3배 높으며, 1981~91년에 이 격차는 더욱더 벌어졌다. 미국에서 가계소득의 분배가 가장 불평등한 주들이 심장질환이나 암, 자살로 인한 사망률 역시 가장 높다.

심지어 흑사병이 창궐하던 시기에도 부자들은 궁핍한 사람들보다 시골로 피란 가기가 훨씬 더 쉬웠다. 1974년 브라질에 유행성 뇌막염이 발생했을 때, 부유한 사람들은 짐을 싸서 해외로 나가 전염병이 수그러들 때까지 머물러 있었다. 인도의 한 의사가 말하고 있듯이, "넥타이 맨 사람들은 콜레라에 걸리지 않는다."

초기 식민지 시대와 특히 2차 세계대전 직후에 서구의 관료들은 미개한 제3세계 땅—그곳 사람들은 수세기 동안 높은 출산율과 높은 사망률, 질병에 걸리기 쉬운 생활방식을 숙명처럼 달고 다녔다—에 기본적인 공중 보건 및 위생 제도 몇 가지를 도입하였다. 또 식민지 개척자들은 풍족한 식량을 위해 새로운 작물과 선진적인 농사 시스템을 가지고 갔다. 그 효과는 한마디로 극적이었다.

이와 같은 사소한 변화만으로도 사망률이 전례 없이 낮아졌다. 그리고 출산율은 변함이 없는데다 사망률을 큰 폭으로 초과하는 일이 다반사였기 때문에, 폭발적인 인구증가가 잇따랐다. 예를 들어 인도양에 있는 영국령 모리셔스 섬의 경우 1935년까지만 해도 출생률과 사망률이 거의 똑같았다. 그러나 1966년에는 출생률은 과거 30년대보다 별로 높아지지 않았지만(1천 명당 31명에서 1천 명당 36명으로 증가하였다), 사망률은 1천 명당 30명에서 9명으로 크게 낮아졌고 인구는 30년 사이에 거의 2배로 늘어났다.[20]

19세기의 영국이나 세기 전환기의 뉴욕에 위생 및 상수도, 보다 나은 식생활 도입의 역사는, 남반구의 유아·아동 사망률에 대한 사소한 조치들이 그에 걸맞지 않은 엄청난 파급효과를 가져다준다는 것을 잘 말해 주고 있다.

그러나 이 같은 개입들이 아무런 조건이 붙지 않는 박애주의의 발로는 아니었다. 전염병이 영국 식민지 인도를 덮쳤을 때, 공중보건 운동이 전국을 휩쓸었다. 영국인들의 전염병 발병이 통제되고 기금과 물자가 바닥나자 곧바로 전염병은 원주민 집단의 '풍토병'으로 공표되었고, 인도사람들의 상황은 이전보다 훨씬 열악해졌다.

순위

(국가나 지역 차원에서조차) 동일한 물리적 공간에 거주하는 여러 계급의 사람들이 서로 다른 건강상태를 보일 수 있는 것과 마찬가지로, 주요 사망원인들에서도 부자나라와 가난한 나라 사이에는 엄청난 격차가 존재한다. 그렇지만 저개발 국가에서는 사망원인을 잘못 기록하는 것이 관례화되어 있다시피 하기 때문에 통계를 다룰 때 주의가 요망된다.

다음 〈표 1〉〈표 2〉의 세계보건기구(WHO) 자료는 정확성은 다소 떨어지지만, 가장 최근의 사망원인별 통계수치를 제공한다.

그리고 WHO와 하버드 공중보건스쿨, 세계은행이 공동으로 수행한 대형 연구 『세계의 부담, 질병』*Global Burden of Disease*(*GBD*)에서는 우리가 기대할 수 있는 가장 세련되고 포괄적인 통계자료를 제시하고 있다. *GBD*의 저자들은 1990~2020년의 주요한 질병부담 원인(질병원인과 동일하지는 않다)[21]의 상위 15위까지의 순위가 〈표 3〉과 같이 변화할 것이라고 예측한다.

〈표 1〉 1990년의 사망원인: 질병별 (단위: 1천 명)

선진국		개발도상국	
심장혈관 질환	5245	전염병/기생충 감염	9166
암	2413	심장혈관	9082
부상	834	부상	4251
호흡기 감염	389	호흡기 감염	3992
당뇨	176	암	3611
전염병/기생충 감염	163	분만/산후	2812
분만/산후	85	영양결핍	604
영양결핍	30	당뇨	396

* 자료: *British Medical Journal* vol. 314, 1997. 5. 10, p. 1367(WHO 자료를 기초)

〈표 2〉 1996년의 사망원인: 질병별　　　　　　　　　　　（단위: 1천명, %）

선진국 12,116			개발도상국 39,921		
순환계	5.6	46%	전염병/기생충감염	17.2	43%
기타, 미확인	2.8	23%	순환계	9.6	24%
악성 종양	2.5	21%	분만/산후	4.4	11%
만성 폐질환	0.9	78%	악성 종양	4.0	10%
분만/산후	0.1	21%	기타, 미확인	3.2	8%
전염병/기생충 감염	0.1	21%	만석 폐질환	2.0	5%

* 자료: WHO

〈표 3〉 질병요소의 발생빈도(세계)

질병 혹은 부상	1990년 순위	2020년 순위
저 호흡기 감염	1	6
설사병	2	9
분만 및 산후 상태	3	11
단극성 기능저하	4	2
관상심장 질환	5	1
뇌혈관 질환	6	4
폐결핵	7	7
홍역	8	25
도로 교통사고	9	3
선천성 장애	10	13
말라리아	11	25
만성 폐질환	12	5
낙상	13	19
철분결핍성 빈혈	14	39
단백질－에너지 영양부족	15	37

* 자료: *The Global Burden of Disease* vol. 1, p. 375.

〈표 4〉 사망원인별 위험요소의 순위   (1990, 단위: 1천 명)

위험요소	세계	사망률(%)	선진국	개발도상국
영양부족	5881	11.7	0	5881
담배	3037	6	1577	1460
고혈압	2918	5.8	1406	1512
물/위생	2668	5.3	35	2665
운동부족	1991	3.9	1099	892
직업	1129	2.2	230	899
위험한 성행위	1094	2.2	87	1007
술	773	1.5	136	637
공해	568	1.1	275	293
불법 마약	100	0.2	38	62

* 자료: 같은 책, 〈표6-2〉~〈표6-12〉, pp. 311~15.

마지막으로, 라이프스타일 측면에서 사망원인을 살펴보는 것도 매우 흥미롭다. 〈표 4〉의 WHO 통계자료를 다시 한번 보도록 하자.

이상의 표들은 특별연구팀이 위임위원회에 추천하는 PRS 집중지역에 관해 대략적인 지침을 제공해 준다. 특별연구팀이 가능성 있는 모든 사망원인—GBD팀은 107가지의 카테고리 및 하위 카테고리로 분류하고 있다—을 자세하게 논평하는 것은 불가능하지만, 우리의 관심사안에 비추어 특히 중요한 몇 가지 영역을 선택할 수는 있다.

『세계의 부담, 질병』의 저자들은 다음과 같이 질병 및 사망을 편리하게 분류할 것을 제안한다. 즉 그룹 1은 전염성·모계·산모·영양 상태로 구성되어 있으며, 그룹 2는 비전염성 질환, 그룹 3은 부상(자해로 인한 부상도 포함)과 사고로 구성되어 있다. 선진세계의 경우 사망의 86%가 그룹 2의 비전염성 질환 때문인 것으로 밝혀졌다. 더 놀라운 사실은, 라틴아메리카와 특히 중국을 비롯한 많은 개발도상 지역에서 이 질환들이 전염성 질병보다 훨씬 더 중요한 사망원인이 되고 있다는 점이다.

GBD의 연구결과는 라이프스타일의 요소들, 특히 심장발작 및 심장

질환과 관계있는 요소들에 더 세밀한 관심을 기울여야 하는 근거를 제공하고 있다.

흡연자들의 욕구에 영합하는 것은 상당히 전망 있는 접근방법의 한 가지이다. 가령 중국과 같이 성장일로에 있는 제3세계 국가들에서는 습관성 흡연이 빠른 속도로 퍼져나가고 있으며, 기업들은 자신들의 메시지에 별로 적대적으로 반응하지 않는 지역들에 광고 및 판촉 예산을 집중하고 있다. 세계은행은 21세기 첫 10년 동안 일반적으로 연간 약 200만 명이 흡연으로 인해 사망하게 될 것이라고 주장한다. WHO는 2020년이 되면 특히 중국과 과거 사회주의 경제권에서는 단일한 질병보다 흡연에 의한 조기사망과 장애가 훨씬 더 많아질 것이라고 내다본다. 이 점에서는 선진국들도 예외는 아닐 것으로 보고 있다.

오염된 물, 불결한 위생시설, 가정과 개인의 위생상태로 인한 사망률 역시 증가해야 한다. 물 문제에 관해서는 뒤에서 간단하게 다루게 될 것이다. 그 밖에 운동부족, 위험한 성행위, 술, 마약 등 개인의 나쁜 습관 또한 325만 명이라는 더 많은 사망자를 발생시켰으며, 이 가운데 80%가 개발도상 지역의 사람들이다. 뿐만 아니라 『세계의 부담, 질병』의 저자들은 자동차사고와 자해, 폭력, 전쟁으로 인한 사망자가 늘어날 것이라고 자신 있게 예측하고 있다.

그룹 1을 구성하고 있는 전염성·분만·모성·영양 상태 등의 사망원인은, 확실히 우리의 목적에 비추어볼 때 가장 바람직한 요소들이다. 특별히 주목할 범주는, 1996년 WHO 발표에 따르면 1700만 명을 사망에 이르게 한 원인이 되었던 감염성·기생충성 질병이다. 분만 및 산후 사망률 역시 이 점에서 잠재력을 가지고 있다.

기근에 관한 고찰에서, 특별연구팀은 기아가 직접적인 원인이 되어 죽는 사람은 비교적 적은데도 불구하고 식량의 구입 가능성을 제한하는 것이 매우 중요함을 강조하였다. 이 점은 〈표 4〉에서 확인되는데, 〈표 4〉에 따르면 전체 사망자의 11.7%가 영양부족이 결정적인 원인인 것으로 밝혀졌다. 영양부족과 기아는 질병 및 전염병 발병에 유리한 환경을 조성해 주기 때문에 반反식량전략은 여전히 인구감축이라는 거대기획 에 막강한 힘을 실어줄 것이다.

역사적 추세

전체 수의 축소는 그 자체만으로도 야심 찬 기획임에 틀림없다. 하지만 PRS의 목표는 단순히 전체 숫자를 축소하는 것보다 더 넓은 범주이다. 남반구의 경우에는 식민지 이전의 상황으로 되돌리기 위해 더욱 힘을 기울여야 할 것이며, 이보다는 좀더 어렵겠지만 북반구는 계몽주의 이 전 시기의 의식구조로 되돌아가는 것이 필요하다. 냉혹한 진보의 신화 —실제로는 숭배—는 폐기되어야 마땅하다.

　2세기에 걸친 의학의 발달 이후, 특히 2차대전 후에 항생제가 출현 하면서부터 사람들은 모든 질병은 완치된다고 생각하게 되었다. 하지만 분명한 사실은 더 이상 치료방법이 없는 질병이 상당수 된다는 점이다. 많은 경우 항기생충, 항박테리아, 항바이러스 질환은 그에 대처할 수 있 는 의료능력을 능가하고 있다. 의학은 결코 기적을 행할 수 없으며, 지 금까지와 마찬가지로 죽음의 사자를 물리칠 수 있는 지역과 집단에 집 중적으로 신경 쓰도록 해야 한다.

　과학과 의료는 1차대전 때 의사들이 고안해 낸 선별적 치료방식을 전세계적으로 실행해 나가야 한다. 당시 의사들은 목숨을 살릴 수 있는 군인들에게 집중하기 위해 가망 없는 환자들은 옆으로 밀쳐놓았다. 복 잡한 연구에 대한 재정지원 능력과 양질의 치료에 대한 지불능력이 가 장 뛰어난 집단을 괴롭히는 질병들에 가장 관심을 기울여야 하는 것은 당연하다. 이런 한편, 북반구도 그러하지만 특히 더 남반구의 대중들은 지난 수세기 동안 그래 왔던 것처럼 질병에 걸리면 지금까지보다 더 숙 명론적이고 불가항력적인 것으로 받아들이는 법을 배워야 한다.

　한편 '희생양 찾기'는 하나의 자연스러운 경향으로서 신중하게 조성될 수 있다. 고대 아테네 시대부터 전염병이 발생할 때마다 그 책임은 소수집단이나 '불순분자들' 혹은 종종 여성처럼 사회적으로 멸시받는 집단에게 전가되었다. 전염병의 습격을 받은 사회들 역시 자신들이 지도자의 영성부족을 벌하기 위해 하늘이 내린 천벌의 대상이 되었다거나 혹은 힘센 외국인들이 사주한 음모의 희생양이 된 것이라고 믿을 수도 있다. 이와 같은 막연한 의구심과 분열을 최대한 활용할 준비가 되어 있어야 한다.

도시화와 인구과잉, 빈약한 위생상태는 질병확산에 유리한 토양을 계속 제공해 줄 것이다. 아프리카는 가난한 대륙들 중에서도 도시화가 가장 덜된 곳임에도, 전체 인구의 30%가 이미 도시에 거주하고 있으며 지금도 매일 더 많은 수가 도시로 몰려들고 있다. 이런 상황을 최대한 활용하기 위해서는 무엇보다도 공공서비스, 그중에서도 특히 하수처리·폐기물처리·물공급·쓰레기집하 시설을 완전 민영화할 것을 권고하는 바이다.

지금까지 세계은행과 IMF는 공공서비스의 민영화에 가장 앞장서 왔다. 실제로 현재 저개발 지역의 건강에 더 큰 영향을 끼치는 것은 세계보건기구나 각국 정부의 보건부가 아니라 세계은행의 정책들이다. 세계보건기구와 각국 보건부는 이미 기반과 주도권을 상실해 버렸다. 세계은행이 줄곧 주장하고 있듯이, "열악한 위생시설과 안전을 장담 못하는 물의 공급, 불결한 개인위생과 식품위생, 부적절한 쓰레기처리 시설, 실내공기 오염, 좁고 열악한 주거시설"을 포함하여 빈곤층의 건강 위험 요소들은 '전세계 질병발생'의 1/3과 관계가 있다.

세계은행이 제시하는 해결방안은 다음과 같다. 즉 정부는 "효율적이고 책임 있는(주로 민간부문의) 공급자들이 각 가정에 그들이 원하고 또 그 비용을 기꺼이 지불할 수 있는, 물공급·위생시설·쓰레기수거·청정난방시설·주택공급 등의 서비스를 제공할 수 있도록 동기유발을 하는 범위 내에서 규제의 틀과 행정 틀을 제공해야 한다"는 것이다.[22]

그러나 지금까지의 경험에 비추어보면, 이와 같은 서비스들에 대해 실질 경제비용은 물론이고 이윤까지 보장되어야 한다고 할 때 빈민가 거주자들과 빈곤층 지역은 당연히 접근하기 어려운 서비스들이 될 것이고, 그 결과 질병의 동인들이 활성화된다. 사람은 누구나 노천 하수구나 오염된 물과 쥐 정도에만 일정 정도 면역성을 가지고 있을 따름이다. 현재 건강관리 시장은 세계은행의 접근방법론이 주도하고 있으며, 의료민영화 절차를 아직 완수하지 못한 국가는 예외 없이 미국모델을 가이드로 해서 각국에 적용시켜 나가는 의료민영화 과제를 반드시 실행해야 한다.

구조조정 프로그램을 진행하고 있는 국가는 어떤 경우에든 무료 건강관리를 제공할 수 없다. 인도는 90년대 초에 맨 처음 구조조정 협정을 체결했을 때부터, 해당 국가들의 경험을 그대로 되풀이하여 (에이즈에 대한 최소한의 예산을 제외한) 보건부문 예산이 30% 삭감되었다. 인도에서 말라리아가 일찍이 그 예를 찾아볼 수 없을 만큼 창궐했으나, 말라리아 퇴치 프로그램에 대한 예산은 40% 이상 축소되었다.

이와 같이 공공서비스의 예산이 대폭 축소됨에 따라, 머지않아 정부들은 유료 서비스 체제를 도입해야 할 것이며, 또 어떤 면에서 건강관리를 하나의 권리로 받아들이는 시민들의 의식을 뿌리 뽑을 수 있을 것이다. 그리고 사람들은 공공 시행기구의 수동적인 수혜자가 아니라, 집단 건강보험의 고객 혹은 기여회원이라는 것을 알아야 한다.

새로운 시너지 가능성은 반드시 개발되어야 한다. 예를 들어 세계은행의 토목공학 프로젝트와 농업 프로젝트는, 인도에서 모기의 최적 서식지인 고인 물웅덩이나 습지를 만들어냄으로써 말라리아를 창궐하게 했던 것처럼 말라리아의 발병에 큰 역할을 할 수 있다. 개인적 차원에서는 제대로 규명해 낼 수 없는 환경관련 질병은 민영화에 의해서 더욱 심각해질 것이다.

보건부문 예산의 축소추세와 건강관리 시장을 비롯한 세계시장의 성격 때문에, 양질의 의료전문가들이 해외에서 일자리를 찾을 수밖에 없게 해야 할 것이다. 아프리카에서는 3만 명의 의사들이, 그리고 인도와 파키스탄 등 아시아 국가들의 의사 상당수가 이미 그렇게 하고 있다. 표준적인 일괄 구조조정 프로그램에는 화폐가치의 절하가 포함되어 있으며, 그 결과 수입 약제와 병원기자재의 가격이 더욱 올라가게 된다. 상표등록이 되어 있지 않음으로 해서 환자들의 비용부담을 줄여줄 수 있는 의약품의 경우에는 다음과 같은 합리적인 근거를 내세워 유통을 저지시켜야 할 것이다. 즉 이로 인해 기존 약품들에서 수익성을 창출하지 못하는 기업들은 필사적으로 요구되는 신제품의 개발연구에 투자를 안 하게 된다는 것이다.

공공서비스와 의료행위, 건강 시설 및 약제의 민영화는 도움이 되기는 하겠지만 모든 일을 다 해낼 수는 없다. 상당수의 도시지역과 대부분의 시골에서는 이와 같은 시설들이 되어 있지 않거나, 되어 있다 해도 유료로 이용해야 한다. 여기에서 우선적인 전략은 꽤 효율적인 몇몇 개발기구들이 앞장서서 해나가고 있는 저비용·로테크 방식의 개입을 차단하는 방향으로 수립되어야 할 것이다. 천연두의 완전 퇴치라든가 광범위하게 실시되고 있는 아동기의 예방접종 같은 공중보건의 획기적인 발전 대부분은 정부 차원에서 이루어진 것이라기보다 유엔아동기금(UNICEF)나 세계보건기구(WHO) 등 국제기구가 이룩해 놓은 것이다.

UN 아동전담기구의 명예를 실추시키는 것이 그리 녹록한 일은 아니겠지만, 아무튼 UNICEF는 인구감축을 위한 싸움에서 결코 만만치 않은 적수라는 것을 반드시 인식해야 한다. 우선 북반구 정부들이 UNICEF에 내는 기부금을 차단할 필요가 있을 것이다(미국과 일본에서는 이미 추진되고 있다). 그리고 있음직한 부정행위나 낭비행위를 들추어내서 부각시키기 위해, 현장 실무진의 재정회계에 확대경을 들이대어 샅샅이 조사해야 할 것이다. 이 기구의 활동과 운영비에 대해 냉정하게 조사해 볼 것을 요구하는 다음과 같은 내용의 언론캠페인을 벌이는 것도 효과적일 수 있다. "당신이 크리스마스카드를 사면서 낸 돈은 실제로 어디로 갔는가?"

UNICEF는 예방주사, 설사병에 걸린 유아들을 위한 구강양치용 소금, 일반감염의 퇴치를 위한 저렴한 항생제 요법을 강조한다. 그리고 연간 500만 명을 죽음에서 구해 내고 있다고 주장하면서, 활동반경을 더 넓힌다면 800만 명 이상의 목숨을 살릴 수 있다고 강조한다. 우리의 타깃 국가들에서 옥스팜OXFAM 같은 몇몇 유능한 비정부단체(NGO)들과 UNICEF의 활동을 방해하거나 혹은 더 바람직하게는 중단시키기 위해서는, 구태의연하지 않은 방법들이 필요할 수 있다. 현재 활동하고 있는 활동가나 예비 활동가들 그리고 자원봉사자들의 사기를 꺾기 위해서는 침투·사보타주·혼란야기를 비롯하여 선택적인 인신공격을 구사하는 것을 완전히 배제할 수 없겠지만, 이와 같은 방법들은 최후의 수단으로만 사용되어야 할 것이다.

그 밖의 병력

1994년과 95년에 미군이 가나와 코트디부아르, 보스와나에서 수행한 MEDFLAG 프로그램을 계속 추진하지 않고 중단한 것은 현명한 처사이다. 그 지역의 군대 및 보건관계자들과 협력하여 수행한 이 같은 대대적인 건강 '공세작전'은 일반대중과 언론매체, 정부로부터 엄청난 인기를 얻었다. 미군은 의료전문 전투원으로 구성된 대규모 팀을 각국에 3주 동안 파견하여 도시와 농촌 지역에서 의료서비스와 가축치료를 실시하고 그 지역에 만연해 있는 질병들에 대한 대대적인 예방접종 프로그램을 실시하였는가 하면, 토착 의료인들이 응급 의료상황과 재난에 대처할 수 있도록 훈련시켰다. 그 대가로 이 나라들은 미군에게 매우 유용한 훈련장소를 제공하였고, 비판적인 성향의 NGO들을 정부당국이 정한 보건목표들에 협조하도록 완벽하게 묶어놓을 수 있었다.

MEDFLAG가 실행되기 전과 실행되는 동안에 이 나라들 정부당국과의 신중한 협력체계에 힘입어, 전반적으로 미국과 군대에 대한 의구심이 누그러졌으며 태도 또한 바뀌었다. 만약 이와 같은 작전수행이 아프리카와 다른 지역들에서도 일반화되었다면, PRS에 심각한 위협이 되었을 것이다. 특별연구팀은 펜타곤이 더 이상 이런 프로그램에 관심을 기울이지 않는 것 같은데다 관련 의료팀을 동유럽으로 이동 배치한 데 대해 만족한다.[23]

보건예산을 예방보다 임상의료와 병원'치료'에 집중하는 것도 비슷한 효과를 가져다줄 것이다. 제3세계의 대부분 정부들은 이와 같은 방향으로 나가도록 촉구할 필요가 없는바, 이미 여러 해 전부터 부유한 사회계층을 겨냥해서 보건예산을 지출해 오고 있다. 그래서 부유층은 현대적 의료시설을 마음껏 이용할 수 있지만, 황폐해진 농촌지역의 의료기관에서는 이미 사용한 주사바늘을 또 쓰고 간단한 연구실 실험조차 할 수 없다. 공공병원 그 자체가 우리가 상정할 수 있는 가장 효과적인 질병 전달매체일 수도 있다.

비판가들이 뭐라고 주장하든, 가령 WHO가 우리 시대 아니면 언젠가는 '만인을 위한 의료'를 달성할 수 있을 것이라고 말하는 것이 한갓 공상에 불과한 거짓말인 것처럼, 부유층에 대한 고급 의료서비스 대신 빈곤층을 위한 기본적인 건강관리 서비스가 우선적으로 '실행되어야 한다'고 요구하는 것은 이로울 게 전혀 없다.

이런 나약하고 순진하기 짝이 없는 주장은 시장경제는 물론이거니와 국제기구들 사이의 세력균형을 전혀 고려하지 않고 있다. "건강은 단순히 질병에 걸리거나 쇠약하지 않은 상태가 아니라 육체적·정신적·사회복지 면에서 완벽한 상태를 말한다." 이것은 WHO가 정의한 '건강'의 개념인데, 그 자체가 지나치게 광범위해서 현실적으로 아무 의미가 없다. WHO의 완전 포괄적인 정의와 비교해 볼 때, 세계인권선언의 하소연 조의 유토피아주의는 확실히 제한적이다! WHO의 관점에서 본다면 솔직히 '건강하다'고 주장할 수 있는 사람이 과연 있을지 의심스럽다.

이보다 더 협소하게 건강을 정의한다 할지라도, 건강은 비용이 많이 들거니와 갈수록 더 늘어나고 있다. 1990년 세계은행의 발표에 의하면, 공식적인 건강서비스에 대한 공적·사적 지출은 1조 7천억 달러라는 사상 유례가 없는 규모로서, 세계 총생산의 8%에 해당한다. 이 가운데 90%가 세계인구의 20% 미만이 살고 있는 부자나라들에서 쓰였다. 그리고 나머지 10%는 세계건강 지출분 중 자신들의 몫을 지불할 능력이 있는 제3세계의 엘리트 국가들로 집중되는 추세를 보일 것이다. 향후 몇 년 사이에, 이 비율이 실질적으로 변화되어야 할 이유는 전혀 없다.

지금까지 특별연구팀은 전염병과 기생충 감염질환이 전적으로 빈곤국가와 빈곤지역들에 국한되는 것은 불가능하다는 점을 강조했다. 필연적으로 그 여파는 퍼져나갈 것이다. 서구에서 '제3세계의 질병들'로 생명을 잃는 사람들이 소수 발생하겠지만, 따지고 보면 이들은 인구정리 과정에서 반드시 필요한 부속품과 같은 존재이다. 이따금 로스앤젤레스나 런던에서 발생하는 딴 세상 같은 참사는 생생하고도 선명한 공포의 요소가 될 것이며, 문명과 미개의 이분법적 구도를 강화시켜 줄 것이다. 부자나라들에 실질적인 위협은 지금까지와 전혀 다른 새로운 질서이다.

슈퍼벌레superbug

WHO는 딱 세 가지 질병에 관한 국가보고서를 요구하고 있는데, 콜레라·페스트·황열병 등 모두 다 열대성 질병이다. 북반구 사람들에게는 이 질병들이 분명하고도 현재적인 위험인자로 거의 간주되지 않고 있다. 그렇지만 훨씬 안전할 것 같은 이런 나라들은 자기들 고유의 질환들에 대처해야 한다. 지금 특별연구팀이 거론하고 있는 것은 심장질환이나 비만, 그 밖의 각종 풍요병이 아니라 위협적인 '슈퍼벌레'의 출현이다.

이 돌연변이종들은 지난 수십 년 동안 엄청난 양의 항생제를 먹으면서 맹렬하게 번식해 왔다. 실제로 현재 몇 가지 세균은 돌연변이종들에서 번성하고 있는데, 이런 세균성 질환에 걸리면 돌연변이종들을 박멸

할 신종 의약품이 개발되지 않는 한 살아날 길이 전혀 없다. 독이 먹이가 될 수 있다는 사실은 특히 경종을 울리는 발견이 아닐 수 없다. 왜냐하면 그 '먹이'라는 것이 다름아니라 마지막 보루라 할 수 있는 항생제 밴코마이신이기 때문이다. 애초에 세균 박멸약제였던 이 항생제에 대한 저항성은 이 병원균에서 저 병원균으로 옮겨다닐 수 있으며 실제로 전이되고 있다. 가령, 장내구균enterococcus은 밴코마이신에 대한 자체 저항성을 포도상구균staphlyococcus으로 전이시켰다.

포도상구균은 병원감염의 주된 원인인가 하면, 이미 일본 · 영국 · 미국의 병원들에서는 슈퍼 저항성을 가진 포도상구균 아우레우스aureus가 발견되었다. 면역체계가 손상된 다수의 사람들이 병원시설 같은 한 장소에 모여 있게 되면, 슈퍼벌레들에게는 더할 수 없는 포식처가 된다. 아직 이 슈퍼벌레의 괴멸적인 영향을 정확하게 파악해 내지 못하고 있는데, 그것은 이미 질병에 걸린 환자의 직접적인 사망원인으로서 적시하는 것은 논란의 여지가 있기 때문이다.

모든 감염체가 다 항생제를 게걸스럽게 먹어댈 정도로 돌연변이를 일으키는 것은 아니다. 그러나 유전자 조작 농작물의 사례에서 볼 수 있었듯이, 오히려 더 잘 알고 있어야 할 정책입안자와 과학자들 상당수가 마치 다윈이 결코 존재한 적이 없었던 것처럼, 마치 생명의 형태가 정적이고 불변인 것처럼 일을 추진해 나가고 있다. 이와 달리, 자연선택은 최하위 유기체를 비롯하여 모든 생명형태들을 포괄하며, 특히 최하위 유기체들은 짧은 수명과 신속한 재생산과정으로 인해 상위의 정교한 유기체들보다 훨씬 빠르게 돌연변이를 할 수 있다.

WHO는 "잘못 진단한 감염종류를 부적절한 양으로 부적절한 기간 동안 치료하기 위해 지나치게 많은 사람들에게 투여되는" 항생제가 의약품에 내성을 가진 변종들을 증식시키는 주요한 원인이라고 밝히고 있다. 다른 연구들에 따르면, 병원들의 비용절감 조치 역시 세균의 내성을 키워주는 데 일조하고 있다. 이로 인해 잘못된 처방이 내려지기도 하고,

또 항생제를 조합해서 쓰기보다 이 항생제를 써본 다음에 저 항생제를 써보는 식이기 때문이다. 세균의 내성이 어디에서 기원이 되었든, 이 현상이 증가일로에 있는 것만은 의문의 여지가 없다.

이 병원균들의 자연선택은 더 이상 무작위적 우성유전 하나에만 의존하지 않기 때문에 자기가속성을 지니고 있다. 실제로 어떤 세균들은 심한 스트레스 상태에서 돌연변이를 하도록 프로그램이 되어 있다. 또 어떤 세균들은 집단생존으로 이어지는 집합적 행동들을 보이고 있다. 그런가 하면 '플라스미드'plasmid 혹은 '트랜스포손'transposon이라고 불리는 DNA 조각들에서 발견되는 "잠재적으로 유용한 유전물질을 찾아서 자신들의 환경을 샅샅이 훑고 다니는" 세균들도 있는데, 이렇게 되면 수십 종의 약물에 대해 내성을 획득할 수도 있다.[24]

지금까지와 같은 청결유지 방식으로는 그 어떤 것도 막아내지 못한다. 매우 많은 병원균들이 비누나 소독제, 산, 심지어 고온에 친화성을 가지게 되었다. 신종 병원균들을 퇴치하기 위해 현재 개발되고 있거나 특허를 받은 약품은 극소수에 불과하거니와, 특히 새로운 약품이 개발되지 않는 한 극복할 수 없는 질병이 빈곤국가나 빈곤지역들에 다소 국한되어 발생한다면 그 치료약을 찾아보기는 더더욱 어렵다. 왜냐하면 이런 치료약은 개발해도 수익성이 거의 없기 때문이다. 이와 동시에 내성을 가진 병원균은 계속 증식하고 있지만 신종 항抗세균성 치료제 개발이 극도로 더딘 것은, 대체로 신종 항생제를 실험실에서 개발하여 시장에 출시하기까지의 비용이 무려 3억 5천만 달러나 될 수 있기 때문이다.[25]

2000년이 되면 항생제 시장의 규모는 400억 달러에 상당할 것으로 보인다. 유효성이 증명된 항생제에 대한 내성 현상이 퍼져나가면 나갈수록, 부유층과 빈곤층의 건강관리 격차는 그만큼 더 커질 것이다. 그 이유는 최신 슈퍼벌레를 최신 슈퍼약물로 치료하는 데 드는 비용이 하루 500달러는 너끈히 넘을 수 있기 때문이다. 이 비용에는 기업들이 자신들의 연구비를 생각하고 위험부담을 방어하기 위한 권리가 반영되어 있다. 특히 유사약품이 많고 시장에서 제약업체들간의 경쟁이 치열하기 때문인데, 가령 일본의 4만 3천여 제약회사 영업사원들은 자국 의사들에게 하루에 평균 1회 이상 전화를 건다(영국의 일반 개업의들은 연평균 62회 이상 영업사원의 방문을 받는다).

제약회사와 의사들은 스스로 단속을 할 필요가 있다. 의사들은 지나치게 여러 곳에서 지나치게 빈번하게 '최후의 선택'을 '최초의 선택'으로서 처방하는가 하면 부비강염 같은 흔한 질병을 치료하는 데도 고가의 광역 항생물질을 사용한다. 또 제약회사들은 자사의 항생제는 그 어떤 물질도 살아남을 가능성이 없을 만큼 광범위한 효과를 가지고 있다고 광고한다.

유럽이나 미국에서 판매 금지된 약들이 여타 지역에서는 아무런 제재 없이 유통되고 있다. 항생제가 들어갈 이유가 전혀 없는 조제약(예를 들어 지사제)에 항생제를 넣기도 한다. 의사들은 '대가성' 리베이트를 받아 챙기고, 그에 따라 Y약보다 X약을 처방하게 된다. 동일한 제약회사의 자회사인 약품 제조업체와 판매업체 사이에서도 약값이 몇 배로 늘어날 수 있다. 이런 관행은 일반화되어 있다.

세균의 내성이 증강함에 따라―그리고 세균이 항생제의 내성을 획득하는 각양각색의 방식이 날로 경악을 금치 못할 수준이 됨에 따라―질병의 치료는 점점 더 어려워지고 있다. 그리고 부자나라의 대중들이 이와 같은 항생제 내성 현상의 원인과 그것이 자신들의 건강에 끼치는 영향을 하나둘 인식하게 되면, 제약회사는 물론이고 어쩌면 의사들까지 비난을 면치 못할 것이다. 다시 한번 우리는 상업부문, 즉 자신을 지탱케 주는 체제에 대해 거의 관심도 없거니와 배려조차 않고 오로지 자신의 영리만 일삼는 부문을 세밀하게 '진단해야' 할 것이다. 제약회사들은 철저한 내부점검이 절실히 요구된다.

흔하디흔한 전염병

여기서는 제3세계 사망률에 가장 큰 영향을 끼친다고 판단되는 질병들
을 발생빈도가 가장 높은 것에서부터 가장 낮은 것까지 일목요연하게
정리하여 살펴보고자 한다(AIDS도 한 항목으로 분류하고 있다). 최근 들어
서 신문에서 거창하게 대서특필되는 신종 질병이나 새로우면서도 오래
된 질병들은 사실 인명을 가장 많이 앗아가는 질병과는 거리가 멀다. 에
볼라Ebola나 라사Lassa, 마버그Marburg 같은 생소한 바이러스에 감
염된 사례는 비록 그것이 단 한 차례라 할지라도, 할리우드로부터 큰 관
심을 받고 엄청난 공포를 불러일으킬 수 있다. 하지만 PRS의 목적에 부
합하는 진짜 뉴스는 다른 곳에서 터져 나온다.

결핵

실제로 가장 치명적인 질병은 새로우면서도 오래된 대기(待期) 질병들 속
에서 발견된다. 고대부터 알려져 있었던 결핵은 치명적인 다종약물 내
성을 지닌 변종들을 급속도로 발생시키고 있다. 1995년에 총 300만 명
이 넘는 사람들이 결핵으로 목숨을 잃었다. 결핵의 치사율과 우선적인
공격대상을 보면, 이 질병이 미래의 인구감축 수단으로서 탁월한 능력
을 발휘할 것임을 알 수 있다.

　이 질병이 갈수록 만연하고 심각해지면, 사회는 결핵감염자들을 강
제로 격리시켜서 약을 복용하게 한다거나 혹은 뉴욕의 '장티푸스 메리'
처럼 감금까지 하는 결정을 내릴 수 있다. 간균 보균자였던 메리 멜론은
요리사라는 직업 때문에 1907년에 체포되어 거의 평생을 불법구금당해
있었다. 만약 뉴욕의 폐결핵 환자가 계속 늘어난다면(1994년 현재 4천 명
이며 할렘이 가장 높은 비율을 차지한다), 더 강도 높은 사회적 통제를 불러
오리라는 것은 분명하다. 이미 뉴욕에서는 병원 검진약속을 어기거나
약 복용을 거부하는 환자는 체포될 수도 있다.

　전염을 방지하기 위해서, 특히 국경지역들에는 엄격한 검역기간

quarantine 조치가 다시 도입될 수 있다(여기서 '기간'은 '40일'을 의미한다). 공동체의 생존이 우선되어야 하므로 환자에게 적용되는 강제조치는 '개인의 인권'을 당연히 약화시킬 것인바, 바로 이런 사고방식을 우리는 적극 권장해 나가야 할 것이다.

결핵은 인구정리의 수단으로서 여러 가지 장점을 지니고 있는데, 그 가운데 몇 가지를 언급하면 다음과 같다.

- 우선 충격 면에서, 신종 저항성을 지닌 결핵이라 해도 지난날의 위력을 발휘하지 못하는 것으로 보인다. 과거에는 유럽에서 일곱 명 중 한 명의 생명을 앗아갔던 결핵이지만, 지금은 사람들의 머릿속에서 다락에 먼지가 쌓인 채 내동댕이쳐 있는 19세기 오페라의 영웅들과 주로 결부되어서 떠오른다.

- 보건전문가들은 지구상의 결핵을 효과적으로 박멸하기 위해서는 연간 1억 달러가 필요할 것이라고 추산하고 있다. 하지만 현재 이 질병의 퇴치 및 치료에 사용되는 국제기금은 1600만 달러에 불과하다.

- 지금도 여전히 북반구 전체 아동의 2/3가 BCG 백신을 의무적으로 접종하고 있지만, 아프리카 임상실험에서는 백신이 이 지역에서 예방효과가 전혀 없는 것으로 이미 밝혀졌다. 아마 임상실험 대상자들에게 북반구에서 출현하지 않은 다른 박테리아가 잠복해 있기 때문인 것으로 보인다. 이로써 남반구는 현재 개발되어 있는 백신이 전혀 듣지 않는 질병에 노출되어 있는 셈이다.

- 결핵이 과거의 병으로 간주되면서부터 지난 70년대에 북반구에서는 요양소와 병원 네트워크가 상당수 해체되었다. 또 남반구에서는 결핵 치료약을 복용하는 환자들이 병세가 호전되면 곧바로 약복용을 중단함에 따라, 그 결과 다른 사람들에게 전염시키는 것은 물론이고 결핵균의 내성을 계속 키워주게 된다.

- 진단이 나오기까지의 과정이 상당히 길다. 즉 실험실 테스트에서 표준적인 결핵증상을 확인하는 데는 한 달 이상 걸리며, 이보다 규명하기 어려운 약물 내성을 가진 형태들을 밝혀내는 데는 적어도 두 달이 소요된다. 그때는 보균자가 이미 다른 사람들을 감염시킨 후이다.

- 이 질병은, 특히 전염성이 강한 형태일수록 혐오스러운 인구집단에 강한 친화력을 가진다. 이를테면 HIV 보균자는 결핵에 극도로 취약할 뿐 아니라, 현재 결핵은 AIDS 환자들에게 치명적인 질병이 되고 있다. 구소련의 경우 수감자들 사이에 결핵이 만연해 있으며, 교도소 복역중에 감염된 사람만도 수천 명에 이른다. 뉴욕과 런던의 저소득층에서도 결핵 발병률이 크게 높아지고 있다. 난민들은 여기저기 떠돌아다니기 때문에 위험률이 매우 높지만, 제대로 진단이 내려졌을 때조차도 완벽하게 치료되는 경우가 극히 드물다.

- 치료비용이 많이 든다. WHO에 따르면, 미국에서 결핵환자 한 명을 치료하는 데 드는 비용이 약 2천 달러이며 다종약물 내성을 가진 변종에 대한 최첨단기술을 결집한 치료의 비용은 25만 달러라는 천문학적 액수에 이를 수 있다. 그리고 환자의 사회적 신분(에이즈 환자, 수감자, 도시 빈민지역 거주자) 자체가 상당히 오랜 기간 동안 그만한 돈을 투자할 수 있도록 사회를 설득해 내지 못하는 것 같다.

역설적으로 적어도 제3세계의 경우에는 결핵환자 한 명당 13달러 정도의 약으로 치료할 수 있다고 WHO는 단언한다. 그렇지만 이들 나라에서 흔히 결핵이 주요한 사망원인이 되고 있음에도 불구하고, 결핵에 할당되는 예산이 총 보건예산의 0.2%도 채 안 된다. 제3세계 보건을 위한 해외원조 중 결핵에 사용되는 비용은 불과 0.4%로 미미하기 짝이 없다.

또한 WHO는 수십 개의 가난한 나라들에서 "항抗결핵성 약품의 공급 체계가 붕괴되어 버렸다. 이 같은 와해는 다종약물 내성을 가진 결핵 변종들의 확산을 촉진시키는 지름길이다"라고 주장한다.

이 모든 요소가 갈수록 광포해지는 전염력에 유리하게 작용할 것이라는 전제 아래, 특별연구팀은 결핵을 일체의 PRS의 귀중한 부속품이라고 본다. 결핵 연구기금이나 퇴치활동 자금은 비참할 정도로 빈약할 뿐 아니라, 이 전염병이 방치되어 있는 기간이 길면 길수록 마침내 사회가 그 심각성을 인식했을 때 대처하기가 그만큼 더 어렵고 비용도 많이 들 것이다. 1994~95년에만도 전세계적으로 결핵으로 인한 사망자가 13%가 넘었다. 그리고 HIV와 결핵의 복합감염과 앞에서 언급한 그 시너지 효과에 의해 사망률은 계속 상승할 것으로 보인다.

말라리아

현재 2차대전 당시의 사망률 수준을 기록하고 있는 질병은 AIDS와, 과거에 결핵과 함께 또 하나의 천형으로 간주되었던 말라리아이다. 결핵과 마찬가지로, 말라리아는 특히 악성의 약물내성 변종들을 발생시켜 왔다. DDT를 비롯한 각종 강력 살충제의 대량살포는 슈퍼 저항성을 지닌 말라리아모기의 자연선택으로 귀결되었다. 이 말라리아모기에 물린 부위를 통해서 네 종류의 기생 말라리아병원충들이 전이되는데, 이들 기생 병원충은 연간 3억~5억 명에게 말라리아를 전염시키며 거의 300만 명을 죽음으로 몰아넣는다. 그리고 역시 결핵과 마찬가지로 70년대에 처음으로 발병률이 크게 낮아짐으로 해서 말라리아는 안심해도 된다는 허위의식이 생겨났다. 전세계적으로 말라리아병원충 보균자의 수는 400만~500만으로 줄어들었고, 이로 인한 자족감은 이 기생 병원충들에게 다시 한번 우위를 획득할 기회를 제공하였다.

90년대 초에 처음으로, 인도차이나의 보건관계자들은 이미 알려져 있는 모든 치료법에 내성을 가진 말라리아 변종들을 맞닥뜨렸다. 지금은 가봉과 케냐의 지방들에서도 똑같은 현상이 벌어지고 있다. 이와 같은 내성은 아프리카의 다른 지역들과 인도, 라틴아메리카 등지로 세력 범위를 넓혀나가고 있으며, 지구온난화로 인해 말라리아 발생지대가 확대되고 있다. 현재 세계인구의 40%가 고위험 지역에 살고 있다.

살포방식은 더 이상 적절한 퇴치법이 되지 못하며, 이제는 WHO가 국제 조정자로 나서고 풍족한 재정이 뒷받침된 유의미한 통제 프로그램과 '최고의 진료'행위가 범지구적 차원에서 전개돼야 할 것이다. 특별연구팀이 결핵에서 주목한 많은 요소들은 말라리아 역시 유용한 인구 억제수단으로 활용할 수 있게 해줄 뿐 아니라, 특히 말라리아의 경우에는 열대지방 주민들에 비해 서구사람들이 걸릴 확률이 매우 낮다는 부수적인 이점이 있다. 그렇지만 우리의 목적에 비추어볼 때, 현실적으로 필요한 것은 재정을 삭감하거나 삭제하는 것이다. 이미 상당수의 치료방법이 거의 먹혀들지 않기 때문에 이렇게만 해도 모든 것이 다 해결된다.

제약회사들은 가난에 찌든 지역들을 위한 치료약 연구에 투자할 의사가 없는 것으로 악명이 높다. 아무튼 신종 항抗말라리아 치료제들은 급속도로 효능이 떨어지는 경향이 있는데, 가장 호평을 받은 치료약조차 그 효능이 대략 3년에 불과하다. 치료와 예방을 겸하는 항말라리아 약품은 수많은 환자들의 몸을 쇠약하게 하고 치명적인 부작용을 낳는데다, 얼마간 시간이 흐르면 이런 신종 약품에 대한 내성 또한 키워질 것이다. 현재 관심은 항말라리아제와 항생제의 혼합물이나 산화질소에 모아지고 있다.

약쑥으로 만든 중국의 약초 배합물이나 인도의 님나무에도 상당히 유망한 항말라리아 성분이 함유되어 있는 것 같지만, 약초 치료제는 특허가 인정이 되지 않는데다 수익성이 없기 때문에 개발연구에 재정지원이 거의 되지 않는다. 콜롬비아의 한 의사는, 그의 주장에 따르면 36~55%의 효능이 있는 백신을 개발하였지만 이 제조법과 법적 권리를 기업에 팔지 않고 WHO에 기부하였다. 이 때문에 공적 자금이 지원되지 않는 한 이 백신의 개발은 요원할 것이다.

반영구적인 유일한 치료법은 다양한 형태의 환경통제(예를 들어 모기와 그 유충을 먹이로 하는 물고기나 그 밖의 자연 천적들을 도입하는 것)에서 찾을 수 있을 것으로 보이지만, 이 분야의 연구는 거의 착수도 되지 않고 있다. 현재로서는 말라리아를 근절하기는커녕 발병률을 줄일 전망도 불투명한 실정인 것 같다.

실상이 이러하기 때문에, 특별연구팀은 자연적으로 되어가는 대로 내버려두라고 권고하고 싶다. 다만 여행의 위험성에 대해서는 강조해 두고자 한다. 태국 북부지방, 캄보디아와 태국—버마[26]의 국경지대는 항말라리아의 진원지이어서 서구인들에게 '출입금지' 구역으로 되어 있다. 이미 태국 북부지방을 비롯하여 캄보디아와 버마의 대부분 지역으로 퍼져나간 항말라리아가 보다 더 급속도로 확산되도록 하기 위해서는, 이 지역에 있는 난민캠프들을 철거시켜 말라리아병원충이 거리를 떠돌아 다닐 수 있게 해야 한다. 모기 자체가 이동할 필요는 없다. 전파경로는 이미 감염된 항抗말라리아병원충 보균자가 다시 모기에 물리는 방식을 통해서 이루어지기 때문이다.

단 미군들은 말라리아 위험지대에 노출되지 않도록 주의해야 한다. 병사들이 이 병에 걸릴 때마다 미군당국은 말라리아 연구에 대한 투자 규모를 늘린다. 이와 같은 미국의 투자가 없다면 연구자금은 지금보다 훨씬 줄어들 것이며, 그에 따라 새로운 치료제의 개발과정은 더욱더 지체될 것이다.

희귀병

'희귀병'의 전망은 어떠한가? 최근 몇 년 사이에 '에볼라' 같은 과거에는 정체불명이었던 질병들이 상호연관성 없이 여기저기서 끔찍한 증상을 드러내며 발생하고 또 저명한 작가들이 이것들을 다룸으로써, 흔한 질병의 이름처럼 여겨지게 되었다. 그러나 특별연구팀은 필로바이러스(매개체는 밝혀지지 않았으나 박쥐 혹은 원숭이일 가능성이 있음. 에볼라 · 마버그 · 레스턴 등의 질병을 유발)나 아레나바이러스(설치류를 통해 퍼지며 마추포, 융모막 염증, 출혈성 열, 라사열Lassa fever 등을 유발), 부냐바이러스(진드기를 통해 퍼지며 크리미아 콩고와 출혈성 열 증후군을 유발) 같은 '열대지역'에 서식하는 바이러스들을 PRS의 수단으로서 거의 생각지 않고 있다. 무엇보다도 이 바이러스들이 가공할 만한 파괴력을 지녔다는 바로 그 점 때문에, 발병경로가 치밀하게 추적되고 있으며 적어도 지금까지는 발병지역이 신속하게 차단되고 있다.

이런 질병이 퍼져 나가는 것은 서구에 존재하지 않는 문화적 관행들 때문이다. 아프리카의 대부분 사회들에서는 주검과 신체접촉을 하고 또 시체를 씻기고 대소변을 배출시키는 정화의식을 치르는 것이 관습화되어 있다. 그러다 보니 이 과정에서 가족과 조문객들에게 바이러스가 옮겨가게 되는 것이다. 물론 치명적인 바이러스의 보균자가 뉴욕이나 파리행 비행기를 탈 가능성을 도외시하는 것은 아니지만, 이 질병들이 대량사망을 야기할 것이라고는 보지 않는다. 예를 들어 공포의 에볼라는 자외선에 극도로 예민하다. 당연히 이 외래 바이러스들이 급속도로 돌연변이를 일으킬 정도로 확산된다면, 그 결과는 전혀 예측할 수 없다.

그러나 때에 따라서는 끔찍하면서도 예외적인 질병이 출현함으로써 그 바이러스의 물리적 파괴역량을 능가하는 사망률을 야기할 수도 있다. 서구사람들은 의사와 간호사의 높은 직업의식과 자기헌신성에 익숙해져 있기 때문에, 이런 오랜 경험과 몇 가지 타당한 이유로 해서 어디서나 의료진들에게 그와 같은 이타적 행동을 자동적으로 요구하는 경향이 있다. 이것은 다시 생각해 보아야 할 것이다.

1994년 인도 서부지방의 수라트에 페스트yersinia pestis가 덮쳤을 때, 민간인 의사의 3/4이 도시를 빠져나가 버렸고, 소수의 병원직원들만이 자신들의 의무를 충실히 수행했다. 페스트에 걸린 100여 명의 환자들이 병원에 갔지만 치료라든가 의료적인 도움을 전혀 받을 수 없어

서 자신들이 알아서 치료하는 것이 더 낫다고 생각하고 집으로 돌아가
는 바람에 병은 더욱더 퍼져나갔다. 병이 전염되는 것을 막기 위해, 군
대가 동원되어 아직 남아 있던 환자들을 병원에 그대로 있게 해야 했다.
이처럼 몇 가지 사례에서 볼 수 있듯이, 사실 전문 의료인들의 행동이
질병의 확산에 도움이 될 수 있다.

오래된 대기질병들

유아사망률과 아동사망률은 인공수유에 의해서 높아질 수 있다. 제3세
계에서는 모유 대체물들이 다음과 같은 점을 보장해 준다. 즉 적정량의
수유가 이루어지지 않는 신생아의 비율이 매우 높을 뿐 아니라(분유 등
모유 대체물이 너무 비싸기 때문이다), 그나마도 불결한 물로 탄 분유를 소
독이 전혀 되지 않은 젖병과 젖꼭지로 먹는다.

　약물 저항성을 지닌 폐렴 같은 공기로 전파되는 호흡기 질환이 다시
발현하고 있으며, 홍역(연간 100만 명이 사망)이나 백일해(연간 30만 명 사
망) 등의 질병들도 마찬가지이다. 우리 주위 곳곳에서 바이러스들이 빠
른 속도로 돌연변이를 일으킴에 따라, '스페인'독감(이름과 달리 실제로는
아시아에서 맨 처음 나타났다)이 발병할 가능성 또한 간과할 수 없다.
1917~18년에 스페인독감으로 2500만 명이 목숨을 잃었는데, 이는 1
차대전의 대량살상에서 사망한 숫자의 3배이다.

　수인성 水因性 질병 중에서는 설사병이 가장 기본적이고 신뢰할 만하
다. 구강보습이 되지 않으면 어린아이들은 불과 몇 시간 내에 목숨을 잃
을 수 있으며, 일반적으로 연간 250만 명의 어린아이와 성인 50만 명이
설사병으로 죽는다. 그리고 약 8천만 명이 현재 유행성콜레라에 노출되
어 있다.

　몇몇 질환은 빠른 속도로 약화되고 있는데, 그 가운데는 나병과 기
니충이 있다. 또 WHO는 전쟁이나 품질이 떨어지는 백신, 백신 보관용
냉장고의 부족 등이 목표달성을 어렵게 할 가능성을 배제할 수 없지만,

2005년까지 소아마비가 근절될 것으로 보고 있다. 그러나 지금도 여전히 1년에 10만 명이 소아마비에 걸린다.

하지만 이런 사소하고 부분적인 성공도 분쟁의 격화와 인구집중으로 쉽게 무산될 수 있다. 일체의 지역분쟁은 PRS에 플러스 요소라 할 수 있는데, 분쟁이 발생하게 되면 공중보건기관의 일상 운영이 복잡해짐으로 해서 그만큼 질병에 대한 개입이 어려워지고 위험해지기 때문이다. 지구상의 상당 부분을 위험지대로 만드는 조치는 필연적으로 사망률을 급등시키게 되어 있다.

알제리에서는 폭동으로 병원들이 문을 닫고 예방접종 같은 공중보건 업무에 차질이 빚어졌다. 그 결과 그간 감소추세에 있던 아동사망률이 20년 만에 처음으로 증가하였다. 르완다 대학살을 피해 탈출한 사람들과 난민들이 넘쳐나는 아프리카 대호수Great Lakes 지역의 생지옥은 말라리아에서부터 홍역에 이르기까지 질병의 최고 매개체로서, 폭력과 혼란의 사례연구 대상이다. 키부 호수에 내다버린 시체는 그 수를 헤아릴 수 없을 정도이고, 이런 물을 사람들은 식수로 사용한다. 그 결과, 콜레라에 희생된 숫자가 5만 명에 이르렀다.

이에 대해 의문을 제기하는 사람이 있을지 모르므로, UN의 '거주환경' 연구결과를 밝혀둔다. '집중적인 노출'—어린아이가 돼지 등의 가축들과 함께 자거나 기거하는 상태—은 불량한 위생상태 하나에서만 예상될 수 있는 수준보다 훨씬 더 높은 발병률을 야기한다는 것이 과학적으로 입증되었다. 이런 강도 높은 요소는 결핵이나 홍역, 백일해, 설사 등의 병인病因이 되는데, 이 질병들 모두가 인구밀집 지역이나 식구가 많은 가정에서는 특히 더 빠른 속도로 전염되고 치사율을 높인다.

에이즈

결핵이나 말라리아, 희귀병 혹은 늘 오래된 대기질병들이 갖가지 가능성을 가지고 있는 것은 분명하지만, 인류의 행보를 바꾸어놓는 데 있어서 에이즈만큼 위력을 발휘하지는 못할 것이다. 에이즈가 아직 이 행성의 제1사망요인은 아니지만, 특히 남반구의 사망률에서는 이례적인 기여를 하고 있다. 사실 북반구에서는 후천성 면역결핍증의 발병빈도가 점점 줄어들고 있다. 새로운 증세의 90% 이상이 제3세계에서 발생하고 있으며, 그중 3/4이 아프리카에서 나타났다.

에이즈 환자는 몇 명이나 될까? 1997년 중반에 WHO의 공식발표에 따르면, 어처구니없게도 165만 명에 불과하다. UN의 HIV/AIDS 프로그램은 1966년 현재 에이즈 바이러스 보균자는 3060만 명이고 매일 1만 6천 명 혹은 연간 580만 명의 에이즈 감염자가 발생하는 것으로 추산하고 있다. 바로 여기에 일찍이 찾아볼 수 없었던 PRS의 동맹군이 있다. 이 동맹군은 연간 증가율이 19%나 되고, 그중 2/3 이상이 아프리카 사하라사막 이남지역에서 생겨나고 22%가 아시아에서 발생한다. 게다가 새로운 감염자는 15~24세의 젊은 층에 집중되어 있으며, 감염자의 10%가 아동이다.

에이즈로 사망한 사람이 이미 1200만 명에 육박하였는데, 그 4/5가 아프리카 사람이다. 더 중요한 것은 사망자 숫자가 엄청나게 큰 폭으로 늘어나고 있다는 사실이다. 1997년에 에이즈로 인한 사망자는, 이 전염성 질환이 발생한 뒤로 생겨난 총 에이즈 사망자의 1/5에 해당하며 또 1996년 총 사망자의 반에 해당한다. 실로 에이즈가 들불처럼 번져나갔다는 것을 잘 보여주는 수치이다.

수치는 이와 같았고, 또 에이즈 사회학 역시 PRS에 우호적으로 작동하고 있다. 그리고 공공기관이나 종교의 성에 대한 태도도 에이즈의 확산을 계속 촉진시키고 있다. 고상한 체하는 공공 행정기관들은 자기네 사회에 동성애나 혼외 성관계, 매매춘, 문란한 성행위, 마약중독이 광범위하게 존재할 수 있다는 것을 인정하려 들지 않는다.

이슬람국가들을 비롯하여 중국, 일본, 러시아, 인도, 아프리카에서 흔히 나타나는 이와 같은 집단적 부정과 "우리나라에서는 결코 있을 수 없는 일이다"라는 맹신은 결국 다음과 같은 부작용을 낳을 것으로 예측된다. 즉 대중교육과 예방조치의 실시를 지체시킬 것이며, 그런 만큼 에이즈는 뿌리 깊게 파고들 시간을 벌게 되는 것이다.

이슬람교 성직자들은 이슬람의 가치관이 사람들을 보호해 줄 것이며, 이런 병을 얻은 사람은 응당 받아야 할 벌을 정확히 받은 것이라고 말한다. 이 병에 걸린 사람들은 멀리 격리시켜야 한다고 주장하는 성직자들도 있다. 두바이에 사는 한 이슬람교 신자는 예언자 마호메트가 전염병에 대해 충고한 말을 인용한다. "사자를 만나 도망칠 때처럼 전염병자들로부터 달아나라." 그러면서 이렇게 자기 의견을 덧붙인다. "이 바이러스에 감염된 자들은 (자신은 잘못한 것도 없이 감염된 사람들은 제외하고) 신과 예언자 마호메트와 전쟁을 하는 것이고, 자신들이 저지른 죄에 대한 벌을 받고 있는 것이다. 그렇기 때문에 어떤 희생을 치르더라도 반드시 격리시켜야 한다."

가톨릭 사제들과 마찬가지로, 이슬람교 성직자들은 콘돔의 사용을 장려할 수 없다. 무엇보다도 콘돔은 사람들을 '방만한 성관계'에 빠지도록 부추긴다고 믿고 있기 때문이다. 또 어떤 이슬람 학자는 이렇게 말한다. "에이즈 환자는 치료가 불가능하거니와 이 끔찍한 질병을 퍼뜨리는 것 외에 사회에 아무런 쓸모가 없는 존재이다. 나병환자 마을처럼 격리된 장소에 수용해야 한다."[27]

'집단적 부정 신드롬' 때문이든 아니면 무거운 외채에 짓눌려 허덕이는 정부가 계몽캠페인을 펼칠 돈이 없어서이든, 아무튼 예방활동이 매우 소홀하다. 아프리카에서 환자 한 명을 치료하는 데 드는 비용은 초등학생 열 명의 1년 교육비와 맞먹는다. 일주일에 900명이 에이즈 때문에 죽어가는 것으로 알려져 있는 짐바브웨에서는 정부가 나서서 신장투석요법 같은 비용이 많이 드는 치료를 중단시켰는데, 그렇지 않아도 없는 돈을 죽어가는 사람들에게 쓸 여력이 없기 때문이다.

개인의 문화, 특히 남성다움을 과시하는 태도 역시 바이러스 확산에 유리하게 작용한다. 아프리카에서는 남자들이 흔히 "비옷 걸치고 샤워하지는 않는다"는 속담을 들먹이며 콘돔을 조롱한다. 프랑스어권의 아프리카에서는 SIDA(AIDS가 프랑스어로는 SIDA이다)가 '백인들'이 아프리카 사람들의 성생활을 막기 위해 발명해 낸 증상이라는 뜻을 담고 있는 'Syndrome Imaginaire pour Décourager les Amoureux'의 머리글자를 지칭하는 것으로 통용되고 있다.

그 밖의 지역, 특히 농촌지방에서는 이 질병의 바이러스성 원인이나 심지어 신체적 원인조차도 제대로 인식하지 못하고 있어서, 흔히 사람들은 '야행성 사람'이나 '마녀'에 의해서 이 병이 옮겨지고 처방으로 나온 예식과 규범을 지키면 병에 안 걸릴 수 있다고 생각한다. 에이즈를 예방하는 유일한 방법은 성생활 방식을 바꾸는 것이라는 관념이 아프리카나 그외 제3세계 국가들에서는 전혀 통하지 않는다.

많은 사회에서 여성은 대개 자신의 생존을 남성에게 의존하고 있으며, 남편은 물론이고 심지어 혼외 매매춘으로 만난 상대방이 무방비의 성행위를 요구해도 이것을 통제할 힘이 없다. 아랍사회의 에이즈에 걸린 여성들 대부분이 남편에게서 감염이 되었다. 더 극단적인 사례는 여성들이 생계 때문에 매춘에 나설 수밖에 없는 경우이다. 일반적으로 여성 성노동자는 안전한 성행위를 요구할 수 있는 위치에 있지 않기 때문에 당연히 위험도가 가장 높다. 이미 80년대 중반부터 아프리카에서 트럭이 다니는 길은 에이즈 번식지대로 유명하다.

90년대 초 인도에서 에이즈 바이러스가 처음 발견된 지 불과 3년 만에 이 나라는 타의추종을 불허할 정도로 많은 에이즈 환자(300만 명이 넘는다)를 보유하게 됐다. 총인구 9억 5천만 명 중 300만 명은 그리 유의미한 숫자가 아닌 것처럼 보일 수 있으나, 전문가들은 다음 세기로 접어들 때쯤이면 에이즈 바이러스 보균자가 최소한 1천만, 어쩌면 2천만~5천만 명으로 늘어나 인도가 에이즈 강국이 될 것으로 내다보고 있다.

그 수훈의 일부는 500만 명의 트럭운전사(이들은 1년에 평균 150~

200차례 성관계를 가지는데, 그때마다 다른 상대이고 나이 어린 소녀까지 포함되어 있다)와 1천만 명의 매춘여성에게 돌아가야 할 것이다. 이 매춘여성 가운데 10만 명이 봄베이의 악명 높은 포클랜드 거리의 홍등가에서 일명 '닭장 소녀'로 몸을 팔고 있으며, 절반 이상이 이미 에이즈 바이러스 보균자이다. 여기에서도 역시 전염병은 가정으로 뻗어 들어가, 남편 이외에는 아무하고도 성관계를 가진 적이 없다고 주장하는 여성들까지 공격하기 시작했다.

이 전염병은 어디서 어떻게 시작되었든, 머지않아 어느 나라에서나 결국에는 그 사회에서 가장 소외당하고 멸시받는 집단을 집어삼키게 되어 있다. 브라질에서는 코카인을 흡입하며 성적 대상을 서로 바꿔치기하는 제트족(jet-setter, 제트기로 유람 다니는 부유층을 지칭)들 사이에서 출현하기 시작한 전염병이 지금은 빈민가에서 창궐하고 있다. 아프리카에서도 엘리트층에서 최초의 감염자가 나왔던 이 질병이 저소득층으로 옮겨가고 있다. 에이즈 희생자를 이제 더 이상 미국의 부유한 동성애자들 속에서는 찾아볼 수 없지만, 도심의 빈민굴에서는 속출하고 있다.

따라서 다음과 같이 전개될 것으로 사료된다. 에이즈는 '죄인들'에 대한 응보의 욕구를 충족시켜 주는 한편 사회의 불순물을 소각해 준다는 점에서, 이상적인 PRS이다. 인도의 어떤 지식인은 봄베이에서 에이즈에 관한 취재를 하는 서구의 한 기자에게 말하기를, 에이즈는 자기 나라에 이익을 가져다주는데 그 이유는 "방대한 하층계급의 숫자를 줄여주기"때문이라는 것이다. 우리의 목적에 이보다 더 부합할 수 없는 그같은 사고방식은 인도처럼 카스트제도를 중심으로 작동하는 사회가 아닌 곳에서도 충분히 호응을 받을 수 있다. 어느 사회에서나 이 질병의 희생자들은 "그들 스스로 병을 자초한 것"으로 인식되고 있을 뿐 아니라, 궁극적으로 이런 희생자는 최하위 사회계층에서 집중적으로 나올 것이다.

치명적인 질병들 중에서도 에이즈의 연구에는 상당히 많은 자금이 투입되었는데, 대체로 그 이유는 에이즈의 발생 초기에 미국의 환자들이 상당히 조직적으로 연방정부에 압력을 가하여 예산을 책정하도록 했기 때문이다. 미국의 경우, 1982년에는 전혀 책정이 되지 않았던 에이즈 연구의 예산이 1996년에 14억 달러나 배정되었다. 현재 수천 명의 과학자들이 에이즈 바이러스(HIV)나 그와 결부된 증세들을 연구하고 있는데, 많은 과학자들이 완전한 치료의 가능성을 시사하는가 하면, 적어도 환자가 처방을 엄격하게 지키기만 하면 몇 년 동안 이 바이러스를 통제할 수 있는 수단이 있다고 말한다.

그런데 그 비용이 얼마쯤 될까? 미국에서 1년에 3회 치료받는 데 드는 비용이 현 시세로 최소한 1만~1만 5천 달러이다. 따라서 의료보험이 없는, HIV 양성반응 판정을 받은 사람들 상당수가 감히 꿈도 꿀 수 없는 치료요법이다. 에이즈 치료제를 제조하는 제약회사들(머크 Merck, 에보트 Abbott, 로셰 Roche, 글락소 웰컴 Glaxo Welcome)은 에이즈로 죽어가는 환자를 돌보는 데 드는 비용보다 약물요법의 비용이 훨씬 저렴하다고 지적한다. 이것은 사실이다. 미국의 연간 병원입원료가 최소한 6만 달러는 될 것이기 때문이다.

현실적으로 제3세계 환자들 가운데 이런 에이즈 치료비를 부담할 수 있는 사람은 전무할 것이다. 인도의 에이즈 관련 국가예산은 고작 2천만 달러, 1인당 약 2센트이다. 무방비 상태의 성관계와 관련해서도, 비용이 결정적인 걸림돌로 작용할 것이다. WHO는 1995~2005년 10년 동안 제3세계의 단체들이 콘돔을 구입하는 데 드는 비용이 13억 달러를 넘을 것으로 추산하고 있다. 이들이 그 돈을 구할 수 있는 길은 아마 거의 없을 것이다.

이런 한편으로 도덕적 결벽주의자들은 일부 환자들이 위약偽藥[28]을 받게 될 것이라고 주장하면서, 가난한 국가들에서 실시되고 있는 대규모 임상 백신·약물 실험을 반대한다. 확실히 아프리카 사하라사막 이남지역에 에이즈의 감염이 밀집되어 있기 때문에, 연구자들은 충분한 숫자의 피실험자들을 대상으로 해서 지금까지 선진국들에서 걸렸던 시간보다 훨씬 짧은 시간에 중요한 연구결과를 얻을 수 있다. 또한 연구자들은 치료를 전혀 받아본 적이 없고 약물에 대한 내성이 발달하지 않은 '미경험' 환자들을 대상으로 다양한 치료요법의 효과를 테스트해 보기를 원한다.

또 도덕주의자들은 가난한 사람들이 자신들의 건강을 해치는 위험을 감수하면서까지 실험대상이 되었던 그 약들로부터 아무런 혜택을 받지 못할 것이라고 주장한다. 실험이 종료되면 곧바로 이들 실험대상자들이 시장가격을 지불할 수 없으면 약품공급을 중단할 것이고, 그렇기 때문에 이 사람들을 대상으로 한 실험은 일절 실시되어서는 안 된다는 것이다. 요컨대 서구인들에게 적절치 못한 임상실험 계획이라면, 당연히 제3세계 사람들에게도 적용돼서는 안 된다는 것이 이들의 주장이다.

특별연구팀은 우리의 목적에 충실히 한다는 취지에서, 도덕주의자들을 지지한다. 실험에 더 많은 돈이 들고 진행속도가 더뎌지면, 그만큼 에이즈가 확산되는 시간을 벌게 될 것이다. 위약을 복용한 실험대상자들뿐 아니라 제대로 실험이 진척되었더라면 효과적인 치료를 받을 수도 있었을 사람들 사이에서도 에이즈 바이러스는 기승을 부릴 것이다. 신종 에이즈 치료제가 연구에 들어가 시장에 판매되기까지 드는 비용은 평균 5억 달러가 넘는다.

부자나라들에서 부적절한 인구집단의 오염과 관련해서는, 감염된 주사바늘이 가장 짧은 시간에 가장 효과적인 경로일 것으로 사료된다. 미국에는 정맥주사를 이용하는 마약중독자가 여전히 100만~200만에 이를 것으로 추산되며, 이 가운데 소독이 된 바늘을 입수할 수 있는 사람은 극소수에 불과하다. 1995년 현재 뉴욕 한 지역에만 20만 명의 마약중독자가 살고 있으며, 그중 50%가 HIV양성 판정을 받았다. 우크라이나의 한 도시를 대상으로 실시한 연구에서는 마약주사를 맞는 중독자의 에이즈 감염률이 불과 1년 사이에 5%에서 60%로 급증한 것으로 밝혀졌다.

　정치가들은 주사바늘 교환 프로그램에 지원하는 것을 극도로 꺼리는데, 그것은 헤로인 중독자의 모습이 화면을 채우면서 "X씨는 당신이 낸 세금을 이렇게 탕진하고 있습니다"라는 멘트가 나오는 TV의 캠페인 광고를 탐탁지 않게 여기기 때문이다. 주사바늘 교환 프로그램에 재정 지원을 하고 있는 영국이나 네덜란드, 심지어 카트만두에서도 마약중독자들의 HIV 감염률이 수그러들었다.

　특별연구팀은 에이즈가 PRS의 결정적 요소가 될 것이며, 나아가 '생체정치'의 위상을 일정 인구의 (통계학적) 복지 문제에서 유해한 하층계급의 정리 문제로 실질적으로 이동시키는 데 결정적인 역할을 할 것이라고 믿어 마지않는다. 이 계급에 속한 사람들의 성행위가 그들에게 가장 비용 효율적인 방식으로 죽음을 선고할 것이기 때문에, '통치자'는 이들 개개인의 신체에 전혀 신경 쓸 필요가 없다.

　에이즈 질병이 가차 없이 사회의 규모를 축소시켜 나가게 되면, '생체정치가'는 휴머니즘 같은 쓰레기나부랭이나 들먹이는 프로그램들에 대한 기부행위가 득표로 이어지기란 거의 어렵다는 사실을 깨닫게 될 것이다. 마더 테레사가 몸으로 보여주었던 인간쓰레기들에 대한 연민이 미덕인지는 모르겠으나, 지금도 여전히 영웅적인 행동으로 남아 있다. 이와 같은 영웅적인 정치가가 극히 드물다는 것은 실로 다행이 아닐 수 없다.

4. 예방

정복과 전쟁, 기근, 전염병은 인간의 시간을 솎아내는 데 일익을 담당해 왔으며, 우리의 시대에도 이러한 상관관계는 여전히 유효하다. 지금까지 특별연구팀은 이 요소들을 어떻게 현대적 상황에 적용할 수 있는지 그 방법론을 제시하였다.

이하에서는 성 요한과 맬서스가 결코 착안해 낼 수 없었던 인구감축 전략(PRS)을 살펴볼 것이다. 첨언하자면, 성 요한과 맬서스에게서 지금과 같은 PRS를 기대할 수 없었던 것은 그 자체가 예방적이고 또 20세기 말의 정치와 테크놀로지―이 두 측면은 동전의 양면처럼 상호 분리될 수 없는 하나의 통일체이다―를 기반으로 하고 있기 때문이다. 맬서스는 '도덕적 억제'를 대신할 대안은 없다고 보았지만, 오늘날의 예방적 PRS는 앞에서 이미 밝힌 바 있는 처방 차원의 전략만큼이나, 아니 어쩌면 훨씬 더 (총인구 감축의) 잠재력을 지니고 있다. 이 장에서는 재생산 과정의 억제/억제요소가 어떤 가능성들을 제공하는지 설명한다.

출산과 불임

한 가지 우화로 이야기의 실마리를 풀어나가기로 하겠다. 여기 출산국가와 불임국가, 두 나라가 있다. 1950년대 후반에 독립을 획득하였을 당시 두 나라는 비슷한 식민지 역사와 비등비등한 인구를 가지고 있었으며 출산율 또한 똑같았다. 뿐만 아니라 의료지식과 기초 위생시설의 보급에 힘입어 두 나라 모두 사망률이 크게 낮아졌다.[1]

식민지 이후에 해외 지향적 상인·무역 계층이 정권을 잡은 불임국가는 즉각 가족계획 프로그램을 최우선 과제로 설정하고서, 이 프로그램에 충분한 제도적 지원을 하고 또 사람들이 적극 참여할 수 있게 물질적인 장려책도 고안하였다. 원하는 사람은 누구나 안전하게 임신중절 수술이나 불임수술을 받을 수 있으며, 전략적 위치로 격상된 보건소들에서는 피임도구를 배포하였다. 또한 신생아들은 축복받고 소중하게 키워졌다.

한편 출산국가는 표면적으로는 대지주들이 국가운영을 담당하고 있지만, 실질적인 권력은 그 배후에 있는 전통주의적 성직자들이 장악하고 있었다. 그런데 이 성직자들은 만물은 자연적으로 움직이는 대로 흘러가야 한다는 시각의 소유자들이었다. 이로써 예상할 수 있듯이, 식민지에서 독립한 지 40년이 지나자, 출산국가의 노동가능 연령의 인구는 4배로 늘어났다. 양육해야 할 아이들만 놓고 보더라도 어떤 조건에서든 현 상황을 개선하기가 너무나 어렵다는 것은 명약관화하지만, 단순히 이전의 생활수준을 유지하는 데만도 출산국가에서는 불임국가보다 훨씬 많은 저축이 요구된다.

만약 인구가 연간 2% 증가하고 사람들 역시 계속 살아 있다면, 해마다 2%씩 학교와 병원이 증설되고 교사와 의사가 늘어나야 하고 각 공장마다 설비와 각 직장마다 일자리가 생겨나야 한다. 이런 유의 일은 결코 일어나지 않는다. 특히 농지가 1년에 2%씩 확대된다는 것은 절대적으로 불가능하며, 그 결과 농촌에서는 만성적인 실업과 범죄소굴인 도시로의 대규모 이농이 발생할 것이다. 사람들은 소득이 거의 없어 당장의 삶을 이어나가기도 힘들 것이다. 저축이 줄고 정부의 조세수입도 얼마 되지 않아, 자연히 사회간접시설에 투자할 수 있는 여력이 없어질 것이다. 학교는 기본적인 읽고 쓰는 능력을 보급하는 노력조차 포기한 지 이미 오래되었을 터이고, 여자아이가 교육을 받는 경우는 극히 드물 것이다. 출산국가는 국민 전체를 먹여 살릴 수 있을 정도의 농작물을 더 이상 생산하지 못할 것이며, 해마다 식량수입 규모가 늘어날 수밖에 없을 것이다. 결국 무거운 외채부담을 떠안아야 하고, 국민들의 생활은 엉망이 된다.

불임국가는 학령기 인구를 안정적으로 유지하고 있으며, 식민지 상태를 벗어난 이래 교육제도는 괄목할 만한 수준으로 향상되었다. 국민들은 읽고 쓸 줄 알고 유능하기 때문에, 상당히 복잡한 직업군을 능히 소화해 낼 수 있다. 이 점은 여성들에게도 똑같이 적용되는데, 여성들 역시 충분한 학교교육을 받고 원하는 수 이상의 자녀를 낳지 않기 때문이다. 저축과 투자로 근대화와 적절한 건강관리, 사회간접시설의 개선을 이룩할 수 있다. 농촌지역의 주민들은 임금수준이 꽤 괜찮은 농업관련 직업에 종사하거나 자신의 농장을 소유하고 있다. 식량생산은 전혀 문제가 없다. 농촌에서 도시로의 이주는 적당한 수준을 유지하며, 도시의 관리 또한 충분히 가능하다. 낙원생활이라고까지 할 수는 없겠지만, 출산국가보다 나은 삶을 영위하는 것은 분명하다.

도덕우화의 이야기는 이쯤해서 끝마치겠다. 만약 계속한다면, 출산국가에는 질병이 만연하다고 또 자세히 얘기하게 될 테니까 말이다. 수입식량의 가격은 비싸고, 그에 따라 가난한 사람들은 걸핏하면 굶게 되어 영양실조에 걸린다. 급기야는 아마 가까운 장래에 출산국가는 불임국가를 침략해서 재산을 약탈하고 불임국가 사람들을 노예로 삼거나 학살할 수도 있다. 왜냐하면 출산주의 국가가 유일하게 투자한 곳이 군대이기 때문이다. 대량의 실업자들과 불만이 팽배한 젊은이들은 징집되어 군대에 가면 기꺼이 상관의 명령에 복종할 것이다. 적어도 군대에서는 배를 곯지는 않을 것이기 때문이다.

잘 알고 있겠지만, 여기서 말한 불임국가를 제3세계권에서 찾아보기란 극히 어렵다. 특별연구팀으로서 우리의 목적—그리고 이것은 위임위원회의 목적이기도 하다—은 전세계의 삶의 질을 향상시키는 것이며, 나아가 모든 국가를 최대한 불임국가에 근접할 수 있도록 지원함으로써, 그렇지 않을 경우 확산일로에 있는 출산주의 집단들에 의해 침몰당하게 될 자유 시장주의를 보호하는 것이다.

삶의 질이 향상되기 위해서는, 특별연구팀이 제시한 처방 차원의 인구감축 전략―네 명의 기수―만으로는 불충분하다. 재생산과정도 적절히 관리되어야 할 것이며, 문명화된 존재로 진화시키는 패턴들을 강제적으로 받아들이도록 해야 할 것이다.

숫자로 본 재생산과정

먼저, 이 문제의 통계적 상황을 살펴보도록 하자. 30년 전에는 제3세계의 기혼부부 가운데 피임을 하는 부부는 10%에 불과했다.[2] 현재는 이 수치가 60%에 육박한다고 하지만, 이미 앞에서 설명하였듯이 인구는 여전히 재앙에 가까운 증가추세를 보이고 있다.

이런 비극적인 사태가 일어나고 있는 데는 경제적·정치적·사회적·문화적 이유가 있다. 다시 말해 복합적인 요인이 작용한다. 그렇지만 재생산 억제지역에 단호한 조치를 취하는 것은 전적으로 가능하다. 왜냐하면 오늘날 제3세계의 상황이 다음과 같기 때문이다.

- 자녀를 터울을 두고 낳거나 그만 낳고 싶다고 밝힌 1억 2천만 쌍이 출산억제 수단을 전혀 사용하지 않고 있다.
- 그외 3억 쌍이 출산억제 수단을 사용하고 있지만, 그것에 대해 만족하지 못하거나 신뢰를 하지 못한다. 그 결과 연간 3천만 건의 원치 않는 임신이 발생하는 것으로 추산된다.
- 연평균 4천만~4500만 건의 임신중절 수술이 이루어지고 있다.
- 이상의 작용의 결과는 다음과 같다.

    (연간 1억 7500만 건의 임신) −(4200만 건 내외의 중절수술)

    = 1억 3300만 명 출생(1995~2000년 UN 추정치)
- 이 출생 중 1300만 건(9.8%)이 선진세계에서 일어나며, 나머지 1억 2천만 건(90.2%)은 저개발국들에서 일어난다.

WHO를 비롯한 관계기관들에 따르면, 1억 7500만 건의 임신 가운데 상당 비율이 임신한 여성(혹은 그 상대방)이 원치 않은 것이라고 한다. 이와 같은 불상사 중 3천만 건이 일정 형태의 (신뢰할 수 없는) 출산억제 수단을 사용하고 있는 3억 쌍 속에서 발생한다. 가임연령에 속하는 1억 2천만 쌍이 현재 출산억제 수단을 전혀 사용하지 않고 있지만 가능하다면 쓰기를 원하는데, 적어도 이중 1/3, 약 4천만 쌍은 임신을 할 것으로 추산된다. 따라서 이 두 집단을 합하면 연간 7천만 건 혹은 총 임신건수의 40%가 원치 않는 임신이라는 계산이 나온다.

이와 같은 최소한의 추정치를 근거로 하고 또 현재 이루어지고 있는 모든 중절시술이 오롯이 이 두 집단을 위한 것이라고 가정할 때조차도, 7천만 쌍의 출산억제 요구를 충족시키게 되면 임신건수는 현재의 1억 7500만에서 1억 500만으로 줄어들게 될 것이다. 그리고 이 모든 신생아가 살았다고 할지라도, 그 숫자는 현재의 연간 1억 3300만 명보다 2800만 명이 더 적다. 이것이 현실에 끼치는 영향은 훨씬 더 클 것이다. 이 계산은 단지 두 집단—출산에 터울을 두거나 그만 낳기를 원하지만 출산억제 수단을 사용하지 않고 있거나 신뢰성이 떨어지는 수단을 사용하고 있는 집단들—에만 해당한다. 그런데 이들 4억 2천만 명은 약 12억 명을 헤아리는 제3세계의 15~49세 여성의 일부(약 35%)에 불과하다. 따라서 나머지 7억 8천만 명의 여성들이 가임연령기 동안 출산억제 기술을 쓸 수 있게 된다면 어떻게 될까?

만약 제3세계 여성의 출산율이 선진국 여성과 같은 수준이 된다면, 이들은 연간 1억 2천만 명이 아니라 5300만 명의 아기를 출산할 것이고, 세계 총 신생아 수는 연간 1억 3300만 명에서 6650만 명으로 줄어들 것이다! 이렇게 되면 연간 사망자 수가 불과 1/3만 늘어나도, 인구는 즉각 줄어들기 시작할 것이다.

우리는 결코 기적을 기대하지는 않지만, 그래도 눈부신 진전까지는 아니더라도 상당 수준의 실현을 원한다. 출산억제에 있어서 그와 같은 향상은 어떻게 달성할 수 있을까?

수단과 방법

출산억제의 기술들은 널리 알려져 있다. 그 한 가지 길이 임신중절이며, 남녀의 불임시술 및 피임이 또 한 가지 길이다.

낙태

연 평균 4500만 건의 낙태수술이 이루어지고 있다는 UN의 주장에 대해, 이미 특별연구팀은 설령 우리가 추산한 통계수치를 좀더 높게 잡는다 할지라도, 신뢰할 수 있는 수치가 아니라고 밝혔다. 이 가운데 약 2400만 건의 낙태는 합법적으로 시술된다. 그리고 WHO는 나머지에 대해서 '안전하지 않다'고 평가하는데, 현실적으로 '합법적인' 것이 곧 '안전한' 것을 뜻하지는 않는다. '안전하지 않은' 낙태시술의 90%가 제3세계에서 일어나며, 그 결과 아시아에서 4만 명, 아프리카에서 2만 3천 명 등 최소한 7만 명의 여성이 안전하지 않은 낙태시술로 목숨을 잃는다. 여성들은 이와 같은 위험성을 충분히 알고 있는데, 예를 들어 볼리비아의 경우 낙태수술 후유증으로 입원한 여성들 가운데 불과 7%만이 피임을 한 적이 있으며 77%는 피임을 하기를 원한다고 말했다.[3]

　많은 지역들, 그중에서도 특히 동유럽의 구 공산권 국가들에서는 출산 1건당 낙태 1건일 정도로 낙태수술은 피임방법의 하나로서 일상적으로 이루어지고 있다. 라틴아메리카의 경우에는 이 비율이 조금 낮아서, 출산 2~3건당 낙태시술 1건이라고 한다. 인도의 공식발표는 1990년의 낙태시술이 430만 건인 데 비해, 중국에서는 1건도 없는 것으로 보고되고 있다… 이처럼 정확한 통계를 산출하는 데는 여러 가지 애로점이 있다는 것을 특별연구팀은 인지하고 있다. 그럼에도 불구하고 UN의 세계 통계수치는 지나치게 높거나(총 중절시술 건수) 지나치게 낮다(총 사망자 수)는 것을 확인할 수 있다.

　아무튼 수치가 정확하다고 가정할 때, 이 통계들은 낙태시술이 인구 감축 전략이나 출산억제 방안으로서 전적으로 낭비라는 사실을 뒷받침해 주고 있다. 물론 낙태시술로써 연간 4500만 건의 출생을 막을 수 있는 것으로 추산되지만, 그 안전성 여부와 관계없이 낙태시술은 우리의 목적에 비추어볼 때 유의미한 여성 사망률의 원인이 되지 않는다. 뿐만 아니라 재정적인 면이나 시간손실 면, 나아가 의료합병증 측면에서도 여성 자신은 물론이고 가족과 국가에 너무 많은 비용을 초래한다.

4500만 건―높게 잡았을 때―의 낙태시술에 투입되는 비용으로, 오히려 어마어마한 숫자의 남녀에게 진정한 출산억제 방안인 피임 및 불임 서비스를 제공할 수 있다. 낙태시술은 경제적으로도 낭비일 뿐 아니라, 다시 생리가 시작되면 곧바로 또 다른 임신을 유발할 수 있다는 점에서 신체적으로도 효율성이 없다. 낙태시술은 하나의 선택사안이 되어야 하고 또 불법적으로 이루어지고 있는 시술을 합법화해야겠지만, 확실히 전략적 방안으로서의 선택순위는 낮아질 수밖에 없으며 명실상부한 인구감축 전략으로 결코 채택될 수 없다.

불임

특별연구팀은 불굴의 투지를 발휘하고 있는 미국의 낙태반대 세력에 대한 재정지원과, 가능하다면 제3세계의 불임 캠페인에의 참여까지 적극 협력할 것을 권고하는 바이다. 특히 불임시술은 낙태반대를 절대적으로 보증해 주거니와 전세계적으로 이루어지고 있는 합법·불법 낙태시술을 크게 줄일 수 있다는 점에서, 낙태반대 세력이 공공연히 주장하는 목표들을 충족시켜 줄 것이다. 현재 불임시술의 기술은 멕시코 같은 다른 나라들에서 주목을 받고 있지만, 불임시술의 건수 면에서는 중국과 인도가 세계적으로 가장 앞서고 있다.

페루의 프로그램이 하나의 모델이 될 수 있다. 페루에서는 마을의 장날이 되면 이동보건반이 장터에 진료소를 차려놓고 깃발과 악대로 여성들을 끌어들여서 무료로 불임시술을 해준다. 약 10분 만에 나팔관을 묶는 이 시술은 아무런 고통이 없을 뿐 아니라 수술을 받은 여성들에게는 옷가지며 신발, 음식 등을 나눠준다. 이와 같은 시술이 현재 연간 10만 건이 이루어지고 있으며, 그 밖에 정관수술도 연간 1만 건에 이른다. 페루의 일부 국회의원과 여성단체들은 이렇게 불임시술을 받는 여성들 상당수가 문맹이어서 자신들이 어떤 내용에 서명하는지 전혀 이해하지 못하는 가난한 인디언 여성들이라고 항의하고 있지만, 보건당국은 이런 불임시술에 덧붙여 수백만 개의 피임약과 콘돔이 무료로 배포되어 90만 쌍이 원치 않는 임신을 피할 수 있게 되었다며 가족계획의 획기적인 성공을 보고하고 있다. 진료소 및 보건관계자들의 임무수행에 출산억제 목표들의 달성 여부가 좌우될 수 있기 때문에 이들에게는 각종 인센티브가 제공되는데, 가령 할당된 불임시술 건수를 초과하면 보너스가 지급된다.

한편 이웃하고 있는 브라질의 경우에는 정반대의 정책을 실시하고 있다. '다른 수술을 받는 중에' 불임시술이 필요한 증상이 발견되는 경우가 아닌 한, 여성의 불임시술은 일절 허용되지 않는다. 그 결과, 수천 명의 신생아가 불필요한 제왕절개 수술로 태어난다. 브라질 전체 분만의 1/3이 제왕절개에 의한 것인데, 이는 일반적으로 산과의사의 편의가 먼저 고려되는 미국보다도 훨씬 높은 비율이다. 브라질에서는 제왕절개 수술이야말로 여성들이 출산 후 합법적으로 불임시술을 받을 수 있는 유일한 방법이기 때문이다.

과거 스웨덴에서는 (우생학적) 불임 프로그램이 실시되어서, 1934년부터 74년까지 40년 동안 6만 2천 건의 수술이 시행되었다. 1997년에 한 유력 일간지가 스웨덴의 불임 프로그램에 대한 조사결과를 보도하자 항의의 목소리가 빗발쳤지만, 이 프로그램은 지난 40년 동안 완전히 공개적으로 시행되었을 뿐 아니라 진보적이라는 것이 일반적인 시각이었다. 신체의 퇴화나 반사회적인 행동으로 인해 고액의 사회보장금을 지급받는 사람들을 주로 대상으로 불임시술이 이루어짐으로 해서, 사회복지 지출을 줄일 수 있었다. 규모는 이보다 작지만 유사한 우생학적 프로그램이 다른 스칸디나비아국가들과 스위스, 미국에서도 실시되었다.

물론 이 가운데 일부 시술들에서는 남용사실이 역력히 드러나기도 한다. 스웨덴의 한 소녀는 지능지수가 절망적일 정도로 낮다고 판단되어 불임수술을 받았지만, 사실은 눈이 너무 나빠 학교의 칠판을 볼 수 없었던 것이며 이 소녀에게 필요한 것은 나팔관을 묶는 것이 아니라 안경이었다. 그렇지만 통계를 보면, 이 프로그램들은 신체적·정신적 부적격자들을 타깃으로 했다는 것을 확인할 수 있다. 특별연구팀이 거듭 강조해 왔듯이, 인구감축 전략의 목표를 위해서는 개개인의 상황을 항상 고려하기란 불가능하다. 따라서 통계적으로 유의미한 방법론에 만족하는 수밖에 없다. 어찌 되었든 스웨덴 같은 나라는 이제 더 이상 이런 종류의 프로그램이 필요치 않거니와, 설사 필요하다 하더라도 극소수에게나 가능할 뿐이다.

해마다 60만 명에 가까운 여성들이 낙태수술이나 임신합병증, 출산으로 목숨을 잃는다는 점에서, 특별연구팀은 불임시술의 인도주의적 효과를 강조하지 않을 수 없다. 사실 이 숫자는 매일 점보비행기 4대가 추락하여 승객 전원이 몰살하는 것과 맞먹는다. 뿐만 아니라 여성들의 이런 죽음은 경제적·심리적 비능률이라는 또 다른 결과를 가져온다(고아가 생겨나고, 병원은 과부하에 걸리고, 상처한 남편은 계속해서 다른 여자를 임신시킬 것이고 등등). 이런 불행한 여성들은 차라리 불임수술을 받는 것이 죽는 것보다 훨씬 나았을 것이다.

WHO는 불임시술은 영구적이기 때문에 '일체의 유도'가 개입됨 없이 충분히 숙지된 후 동의를 얻어내도록 해야 한다고 주장한다. 그러나 특별연구팀이 볼 때는, 여러 가지 유인책을 써서 가난한 여성과 다산 여성들을 끌어들여 오히려 이 관행이 일반화되도록 하는 것이 바람직하다.

또한 여성들이 남편의 동의 유무에 관계없이 불임수술을 받을 수 있도록, 페루처럼 일괄서비스one-stop services 시스템이 필요하다는 것도 강조해 둔다. 여기서 핵심 사항은 비밀유지이다. 몇몇 연구에 따르면,

전체 출산의 절반 이상이 (여성이) 원치 않는데도 흔히 남성들이 자신의 힘('진정한 남자가 되는 것')을 자식, 그중에서도 아들의 숫자와 동일시한 결과인 것으로 나타났다. 남성은 여러 차례의 임신이나 안전치 못한 출산으로 생명이 위태로워지는 일이 전혀 없기 때문에, 아무런 구애를 받지 않고 남성다움을 드러낼 수 있다. 게다가 수백만 명의 불행한 여성들의 시어머니들 역시 자식을 낳으라고 엄청나게 압력을 가하는 또 하나의 원천이다.

피임

이와 같은 사회적 압력과 인구과잉 국가의 가난한 여성들의 요구는, 피임과 현재 제공되고 있는 피임수단을 평가하는 데 있어서 지침이 되어야 할 것이다. 수백만 명의 특히 가난한 여성들은 자신의 삶과 자신의 신체에 대한 통제력이 거의 없다는 것이 엄연한 현실이다. 더욱이 위험한 환경에 놓여 있는 이 여성들 대부분에게 불임 그 자체는 궁극적으로 재앙이 될 것이다.

　아이를 낳지 못하게 되면 이들은 (아마 매춘 이외에는) 살아갈 방도나 가망이 전혀 없이 남편으로부터 버림받을 수 있다. 그렇다고 친정식구들이 이들을 다시 데려가지도 않을 것이다. 아들을 낳지 못한 것 역시 흔히 여성들이 소박을 맞는 구실이 되고 있다. 그럼 이하에서는 인구과잉의 가난한 국가에서 여성들이 맞닥뜨리게 되는 문제들을 유형별로 나누어서 구체적으로 살펴보기로 하겠다.

- 25세의 찬드라는 인도인이며, 꽤 부유한 남자의 두번째 아내이다. 그녀 남편은 첫 아내를 두고도 찬드라와 결혼을 하였다. 찬드라는 연거푸 딸만 셋을 낳았는데, 세번째 딸을 출산했을 때 첫 부인이 아들도 낳지 못하는 주제에 하면서 비웃자, 찬드라는 셋째 딸을 낳고 얼마 안 되어 또 임신을 하였다. 그녀는 심한 출혈을 동반한

난산 끝에 마침내 아들을 낳았다. 이제 찬드라는 불임수술을 받기를 원했지만, 공교롭게도 그녀가 병원에 있는 동안 막내딸이 말라리아에 걸렸다. 그녀는 의사의 만류에도 불구하고 퇴원을 하여 막내딸을 간호하였으나, 그 보람도 없이 딸은 죽었다. 찬드라는 여전히 불임수술을 받고 싶어하지만, 행여 단 하나 있는 아들이 죽기라도 하면 어떻게 되겠는가? 그녀는 또 임신을 할까 봐, 또 아이를 낳다가 죽게 될까 봐 두려워하고 있다. 그녀의 남편은 "매우 자주 요구한다"고 그녀는 말한다.

- 방글라데시의 시골에 사는 사디아는 현재 13세이며, 한번도 만나 본 적도 없는 남자와 약혼한 상태이다. 그녀는 이제 갓 생리를 시작하였으며, 생리기간 동안 과다한 출혈과 생리통을 방지하기 위해서 준수해야 할 몇 가지 금기사항을 이미 배웠다. 그녀는 학교도 그만두었으며, 곧 결혼하게 될 것이다. 여느 시골여성들과 마찬가지로, 사디아 역시 갇혀 살다시피 하지만 전혀 개의치 않는다. 왜냐하면 대담하게 혼자 바깥세계로 나간 여성들이 단속과 괴롭힘과 폭력의 대상이 되기 십상인데다 결국에는 어느 누구의 보호도 받지 못한 채 매춘부로 전락해 버릴 수 있기 때문이다.

- 필리핀의 티나는 20세이며, 사랑하는 남자친구가 있지만 두 사람은 너무 가난해서 결혼을 못하고 있다. 사실 필리핀의 여느 사람들과 마찬가지로 티나는 가톨릭신자이면서도, 100만여 쌍의 미혼 젊은이들처럼 가톨릭신자라고 해서 남자친구와 혼전 성관계를 가지는 데 구애를 받지는 않는다. 티나에게는 불행하게도, 교회와 정부가 체결한 1989년 협정은 가족계획 서비스의 대상을 기혼커플에게만 국한시키고 있다. 그녀 역시 필리핀 여성의 13~37%와 똑같은 길을 걸어, 불법 낙태수술을 받았다. 그녀는 그후 합병증이 생기지 않은 데 대해 감사해하며, 강간을 당해서 낙태수술을 받아야 했던 가장 친한 친구에 비한다면 자신은 다행이라고 생각

한다. 지난 10년 사이에 수도 마닐라 시의 강간사건은 18%가 증가했다.[4]

제3세계 여성들이 피임을 하거나 불임수술을 받기 위해서는 지식과 수단, 힘 세 가지가 필요한데, 현재 이 세 가지는 극도의 공급부족 사태를 빚고 있다. 위임위원회가 이 세 가지를 제3세계의 모든 여성들에게 공급해 줄 수 없는 것은 분명하다. 그렇지만 현재 시행되고 있는 출산억제 프로그램의 상당수가 이 세 가지 필요조건 중 최소한 하나 혹은 (절반 이상이) 세 가지 모두를 결여하고 있다는 사실을 인지할 수 있으며 또 인식해야 한다.

수백만 명의 여성들이 자신들의 출산과정은 물론이거니와 자신들의 출산을 통제할 수 있는 선택사항들에 대한 지식이 거의 없다. 설사 원론적으로 이 여성들이 가족계획 수단들에 접근할 수 있다 하더라도, 그 서비스가 일관성이 없거나 공급이 불규칙할 수 있다. 힘의 문제를 살펴보면, 특별히 용감한 여성이 아니고서야 공공연히 남편(혹은 시어머니)의 권위에 도전하지 못할 게 틀림없다. 출산억제 방법을 시행하기 위해서는 이처럼 만만치 않은 일련의 난관들이 극복되어야 한다.

그렇지만 앞에서 언급한 문제들을 해결하는 데는 더 많은 시간과 노력과 돈과 압력이 투입되어야 한다는 것을 전제할 때, 출산을 원치 않거나 혹은 그만 낳고 싶어하거나 혹은 결코 낳아서는 안 되는 수백만 여성들에게 가장 이상적인 피임방법은 과연 무엇이겠는가? 여기서 무엇보다도 명심해야 할 것은 기적과 같은 출산억제 기술은 존재하지 않는다는 사실이다.

수천 명의 제3세계 여성을 대상으로 한 심층적인 비교문화 연구조사에 따르면, 가장 이상적인 피임방법은 다음 조건들을 충족시킬 수 있어야 한다. 첫째 장기간(5∼7년) 효력을 발휘하면서도 원래상태로 돌아갈 수 있어야 하며, 둘째 여성 자신이나 상대방이 자각할 수 있는 부작용

증세가 나타나지 않아야 하며, 셋째 복용이나 주사·삽입·이식의 은밀성이 보장되어야 하며, 넷째 가격이 적당하고 신뢰할 수 있어야 한다.

- 장기간 효력을 발휘하면서도 원상회복이 되는 것: 자궁 내 기구(IUDs)와 노플란트Norplant가 이 조건에 가장 적합하다. IUD는 10년 혹은 그 이상 효력을 발휘하며, 노플란트(겨드랑이에 밑에 이식하는 가느다란 대롱으로, 이를 통해서 호르몬이 천천히 방출된다)의 효력은 5년이다. 그렇지만 두 가지 다 몇 가지 부작용을 낳을 수 있다.

- 부작용이 없는 것: 가족계획 서비스는 자신들이 제기하는 부작용 문제를 무시해 버리기 일쑤이며 이런 부작용들을 억지로 웃으며 참아야 하는 것처럼 대한다는 불만을 여성들은 토로한다. 어떤 방법이 선택되든 그에 대해 불만을 가지는 고객 한 명이 자신의 무서운 경험을 근거로 해서 주변의 수많은 친구들을 피임을 포기하도록 유도할 수 있다는 것을 지적해 둔다. 이와 반대로 자신이 사용한 피임기구에 만족한 여성이라면 누구나 친구들에게 한번 사용해 보라고 권하게 될 것이다. 바로 이 영역이 유일하게 통계적 방법으로 산출해 낼 수 없는 영역이다. 장기적으로 볼 때 개인의 만족도는 반드시 고려되어야 한다.

  데포-프로베라Depo-Provera 같은 주사 방식의 피임약은 효력이 한 달에 불과하며 흔히 심한 출혈을 동반한다. 뿐만 아니라 주사바늘을 제때 교환하지 않거나 소독하지 않는 등의 부주의로 인해 HIV에 감염될 수도 있다. 차단장치 방법(질좌약, 여성콘돔)은 부작용이 가장 적은데다 특히 여성 콘돔은 에이즈로부터 보호해 준다는 장점까지 있지만, 특별히 은밀하지 않거니와 여성들의 문화에서는 질에 이물질을 삽입한다는 것을 꺼려할 수 있다.

- 은밀성: 호르몬 피임제(알약)는 은밀성이 상당히 보장되지만, 여러

연구에 따르면 매일 항상적인 관심을 요구하는 일체의 피임방법은 최소 필요치의 효과도 발휘하지 못한다.

면역피임 방법은 은밀성 면에서 이상적이고 또 6~12개월 동안 효력을 발휘하겠지만, 이 피임방법의 개발에 대한 재정지원이 형편없을 뿐 아니라 상품으로서 일반화되어 폭넓게 선택되기까지는 아마 5~7년은 더 걸릴 것이다.

- 가격이 적당하고 신뢰할 수 있는 것: 가장 저렴하고 확실한 출산억제 기술은 역시 가장 오랜 역사를 가진 방법 —성교를 하지 않는 것— 이지만, 누구에게나 결코 바람직한 방법은 아닐 것이다. 그 밖의 피임방법들 대부분이 92~98%의 확실성을 보장한다. 피임방법의 입수가능성은 결정적으로 해당국가의 정부에 달려 있다. 정부가 선택하기만 하면, 무료로 피임기구와 불임시술을 제공할 수 있다. 제약회사들 역시 일정한 역할을 할 수 있다. 특별연구팀은 위임위원회가 정부와 제약회사들에게 이와 같은 사항들을 촉구할 것을 제안한다.

권고사항

몇 년 전에 기발한 시나리오 몇 가지가 사람들 입에 오르내렸는데, 그중에는 호르몬에다 물이나 밀가루를 섞어서 만든 피임약을 대량으로 공급한다는 내용도 있다. 이 구상들은 말 그대로 공상과학이다. 이곳저곳 샘들을 가득 채우는 데 필요한 양의 출산억제 호르몬을 제조할 설비를 갖춘 대규모 공장을 지을 가능성은 극히 희박하다. 또 활성물질은 음식 속에서 부패할 것이다 등등. 외적인 강제가 가해진다 해도 대량의 출산억제는 현실적으로 불가능하기 때문에, 여성 스스로 원하는 것이 무엇인가라는 물음에서부터 출발하는 것이 무엇보다도 중요하다. 그 다음의 문제는 여성들이 원하는 이것을 그들이 사용할 수 있는 형태로 공급하는 것이 된다. 그렇다고 해서 모든 것을 개인의 의지에 맡겨버리고 통계적으로 유효한 출산억제 방안의 필요성을 무시해서는 안 된다. 이를테면 노플란트는 책임감이 결여되어 있는 집단이나 사회적 부적응집단의 출산을 통제하는 데 효과적인 도구가 될 수 있다.

이미 미국의 일부 주들에서는 약물남용의 전력이 있는 여자들에게 이식 방식의 피임을 적극 권장하고 있다. 10대 흑인들이나 생활보호대상의 여성들에게는 이 방식을 사용하면 보상금을 지급한다. 캔자스에서 제안되었듯이, 주 재무담당자의 입장에서는 노플란트를 사용하는 여성에게 500달러를 지급하는 것이 그 자녀를 양육하기 위해 20만 5천 달러의 주 예산을 지출하는 것보다 훨씬 바람직하다. 제3세계에서는 인도네시아의 군인들이 동티모르 여자들을 한 장소에 강제로 몰아넣고서 피임기구 이식시술을 받게 했다.

효력의 장기성 면에서는 다소 떨어지지만 역시 믿을 만한 방법으로는 '항임신 백신'으로도 알려져 있는 면역피임법을 들 수 있다. 현재 면역피임법은 연구가 진행중이지만, 몇몇 사례에서 이미 임상실험을 한 상태이다. '항임신 백신'이라는 용어는 임신을 전염성 질환으로 취급하는 것처럼 비쳐서 많은 여성들에게 혐오감을 자아낼 수 있으므로, 이보다는 '면역피임법'이라고 부르는 것이 나을 것이다. 물론 이 용어 역시 임신능력이 영구적으로 상실되는 것으로 오해받을 수 있으며, PRS를 반대하는 활동가들의 프로파간다 용도로 악용될 수 있다. 어떤 명칭을 붙이든, 그 과학적 원리는 동일하다. 즉 여성의 면역체계가 임신에 대해 거부반응을 일으켜 수정란이 착상하지 못하게 하는 것이다. 면역반응은 정자에 대해 거부로 나타날 수도 있고 난자에 대한 거부반응으로 나타날 수도 있다.

당연히, 개인주의적 접근방법론을 취하는 '인권'부대들은 또다시 지구의 장기적인 안녕과 제3세계 여성들의 건강—이들 대부분은 자신의 출산을 보다 효과적으로 통제할 수 있는 수단을 절실히 원하고 있다—에 도전하게 될 것이다.

비판자들은 이렇게 주장한다. 개인의 생존과 인류의 생존의 혁명적인 도구로 받아들여져야 마땅할 이 혁신적인 방법이 사용자 개개인에게 '유례없이 남용될' 잠재력을 가지고 있다는 것이다. 무엇보다도 그 이유는 면역피임법은 "그 전달체계가 주사, 알약, 액체음료일 것이므로 사용자의 인지 혹은 동의 없이 다량으로" 공급될 수 있기 때문이라는 것이다.[5]

현재 이 면역피임법의 효력기간은 6개월 혹은 길어도 1년을 넘지 않는다. 물론 연구자들은 유효기간을 궁극적으로 12~18개월로 늘리기를 희망하고 있다. 여성해방론자들은 여성의 '선택능력'이 하루 단위로 실현되어야 하고, 보다 장기간의 임신예방책은 무조건 여성의 자유의지를 훼손한다고 믿는 것 같다.

특별연구팀은 이처럼 교조적이고 소동을 부추기는 반응은 특히 여성 **스스로** 표현한 이 엄청난 불만을 잘못 받아들인 것이라고 본다. 여성들이 노플란트나 IUD, 불임시술 같은 유효기간이 긴 해결방안들에 대해 보여준 따뜻한 환영은, '선택'이란 융통성 있는 개념이라는 것을 잘 증명해 준다. 선택은 일상적으로 이루어져야 한다는 여성해방론자들의 전제는 다음과 같은 사실로써 반박될 수 있다. 이처럼 장기성을 지닌 해결책들이 결코 여성의 가치를 폄훼할 수 없으며 오히려 이 방안들은 여성의 학대가 가정 밖이 아니라 가정 내에서 일어나고 있는 상황에서 적어도 여성들로 하여금 자신의 출산을 통제할 수 있는 힘을 가지게 한다는 것이다. 여성들이 활용할 수 있는 출산억제 방법이 많아질수록 그만큼 여성의 처지는 개선되는 것이다.

처방전 없이 직접 판매·배포되는 값싼 구강 피임약은 미국의 도시 빈민굴이나 제3세계에서 피임제 사용을 일반화시키는 데 큰 역할을 할 수 있다는 것이 여러 연구를 통해서 밝혀졌다. 이 지역들은 처방전을 작성해 줄 의사가 거의 없는가 하면 현재 3800만 명의 여성들만이 피임약을 복용하고 있는 실정이다. 문화적으로 어떤 방식들이 확실한 복용을

223 예방

보장해 주는지, 또한 연구되어야 할 것이다. 예를 들어 인도의 한 대규모 실험에서는, 여성들에게 매일 밤 우유 한잔과 함께 알약을 복용하라고 일러주었다. 그러자 이들은 정기적으로 와서 '우유- 알약'을 받아갔으며, 다른 피임법으로 바꾸기를 거부했다. 그 이유는 "그렇게 되면 지금은 시어머니가 매일 자신들에게 주기로 되어 있는 단 한 잔의 우유를 더 이상 마시지 못하기" 때문이다.[6]

무엇보다도 최고의 '피임'방법은 여성들을 대상으로 한 대중교육이겠지만, 현 상황에서 실현 가능한 선택사안이 아님을 특별연구팀은 잘 알고 있다. 출산감소가 학령기 여자아이들을 더 오랫동안 학교에 다닐 수 있게 하고, 여성의 교육을 지속시키는 데 가장 긍정적인 역할을 한다는 것을 보여주는 증거는 거듭거듭 나오고 있다. 세계은행은 끊임없이 이 주문을 되뇌고 있지만, 세계은행의 구조조정 프로그램들은 이에 부정적인 영향을 끼치고 있다. 가령 어떤 가족이 자녀들을 다 교육시킬 여력이 없을 때는 아들들 먼저 학교에 보낸다. 따라서 정확한 정보제공에 의한 선택과 자신의 출산을 스스로 통제하는 것이 사치로 여겨지는 오늘의 세계에서, 싫든 좋든 지금 당장은 페루 식의 인센티브제나 노플란트 모델이 가장 실행 가능성 높은 선택일 수밖에 없다.

그러면 남성들은?

남성들은 자신의 성행위와 관련해서는 그 일체에 대해 과민하게 반응하는 것으로 악명이 높으며, 정관수술이 정력을 약화시킬 것이라는 비합리적인 공포심을 가지고 있다. 그나마 남성들이 피임의 책임감을 느꼈을 때 기꺼이 선택할 수 있는 유일한 방법이 콘돔 아니면 질외사정이지만, 아무튼 대부분의 남성들은 출산억제의 부담을 전적으로 여성들의 어깨에 내려놓는다(아니, 더 정확하게 표현한다면 생식기에 떠넘겨버린다). "그것은 그 여자가 감수해야 할 위험이고 그 여자가 결정해야 할 일이다." 바로 이것이 대부분의 남성들을 지배하고 있는 사고이다. 또 한 가지 사고방식은 터키의 의사들이 들려준 말인데, 그들이 가가호호 방문해서 그 집 부부와 함께 가족계획을 의논하려 들면 남편은 자기 아내에게 말을 시키지 못하게 막으면서 이렇게 말한다는 것이다. "저 여자는 무시해라. 여자는 의자와 같은 것이다. 우리가 어떤 가족계획을 할지는 내가 결정한다."

현재 WHO도 정자수를 발견할 수 없는 수준으로 낮추는 남성용 호르몬 피임법을 개발하고 있다. 9개국의 401쌍을 대상으로 실시된 제한 실험에서 신뢰할 만하고 안전한 방법임이 확인되었다. 이 처방을 중단하고 임신을 한 부부의 경우 모두 건강하고 정상적인 아이를 낳았다.

이 방법의 심각한 결점은 일주일에 한 번씩 주사를 맞아야 한다는 것이다. WHO는 유효기간이 좀더 긴 배합제와 수치가 낮은 호르몬제를 찾고 있지만, 대부분의 출산억제 방안의 연구들과 마찬가지로 재정지원이 거의 되지 않고 있다. 게다가 남성용 알약이 개발된다 해도, 과연 여성들은 남성들이 그 약을 복용할 것이라고 믿겠는가? 여론조사에서, 아마 여성들은 믿지 않을 것이라는 결과가 나왔다.

특별연구팀은 출산억제에 관한 의학적·사회과학적 연구를 비롯하여 현재의 공급 프로그램에 대해 훨씬 더 많은 재정지원을 할 것을 권고하는 바이다. 출산억제 프로그램을 수행할 의료보조원을 대규모로 육성할 필요가 있으며, 할당량을 달성했거나 초과달성한 의료보조원에게는 각종 보상이 주어져야 한다. 이 권고사항은 제3세계 지역뿐 아니라 북반구의 도시빈민가에도 적용된다.

즉각 실용화될 수 있는 당근과 채찍의 접근방법론은 무궁무진하다. 국가 차원의 출산억제 프로그램은, 만약 이것이 구조조정 프로그램의 일환이라는 조건만 붙는다면 그 위력은 실로 엄청날 수 있다. IMF의 '구제기금'을 빌려 쓰고 있는 국가들은 인구증가율 감축능력을 가지고 평가되어야 하며, 설정한 목표를 달성하지 못할 시에는 대출규모를 삭감해야 할 것이다. 난민 프로그램의 기부자들은 즉석에서 불임수술을 받는 난민촌 여성에게는 적절한 보상혜택을 줄 것을 요구해야 할 것이다.

보다 일반적인 차원에서 정책은 무자녀 혹은 한 자녀 부부나 여성에게는 각종 혜택(예를 들어 고용과 승진, 자녀의 학교배정, 주택분양에 있어서의 우선권을 비롯하여 교통수단 이용료 할인, 그 밖에 필수적인 사항들)을 제공하고 다자녀인 경우에는 불이익을 받도록 하는 방향으로 나아가야 할 것이다. 지금 이 순간 중국은 채찍을 휘두르고 있지만, 당근은 전혀 없다. 따라서 모든 나라에 적용될 수 있는 보다 합리적인 접근방법론을 통해서, 자녀의 경제적 가치를 축소시키고 가족수를 줄인 가족에게는 구체적이고도 적절한 보상을 주어야 할 것이다.

5. 수수께끼

지구무대의 몇몇 영역은 반드시 언급되어야 함에도 불구하고, 하나의 범주에 딱 들어맞지 않는다거나 여러 범주가 중첩되는 문제를 안고 있다. 더구나 이런 영역들은 PRS의 시나리오에서 애매모호한 모습을 드러내거나 특수한 문제들을 표출시키고 있다. 아래에서는 이런 영역들 가운데 세 가지를 간략하게 살펴보기로 하겠다.

중국 수수께끼

인구감축이라는 절체절명의 과제에서 가장 큰 장애물 하나는 무엇일까? 이 수수께끼의 답은 한 단어로 요약할 수 있다. 다름아니라 중국이다. 지구상에 살고 있는 5명 가운데 1명이 중국인이다. 중국에서 일어나고 있는 모든 일은 지구상의 나머지 사람들에게 실로 큰 관심사가 아닐 수 없다. 만약 2020년까지 세계인구 총 40억이라는 목표를 설정하고 비율제로 각국의 인구를 줄인다면, 중국은 12억의 인구를 8억으로 줄여야 할 것이다. 실로 현기증이 날 정도로 엄청난 과제가 아닐 수 없다. 그렇지만 중국은 어떤 식으로든 PRS를 수행해야 한다.

중국은 러시아와 캐나다 다음으로 국토가 가장 넓으며, 3500년이나 거슬러 올라가는 전통을 가진 고도로 조직화된 국가이다. '대약진운동' 과 같은 정치적 실패들을 반복했음에도 불구하고, 20세기 말의 중국은 대부분의 개발도상국과 달리 전통적인 대재앙(정복, 전쟁, 기근, 전염병) 의 영향을 별로 받지 않는다.

중국은 300만 명이 넘는 막강한 정규군을 보유하고 있음에도 전쟁의 유혹에 쉽게 넘어가지 않는 것으로 보인다. 홍콩은 단 한 발의 총성도 울리지 않고 본토에 귀속되었는가 하면, 마카오 또한 머지않아 홍콩의

전철을 밟게 될 것이다. 그리고 티베트의 점령을 '과거 자국영토의 회복'
으로 받아들이고 있다. 물론 몇 가지 분쟁의 불씨는 잠복되어 있다. 중
국은 여전히 자국의 한 지방으로 간주하고 있는 대만이 그러하고, 남중
국해에 흩어져 있는 무인도들을 둘러싸고 필리핀이나 베트남과 분쟁을
일으킬 가능성도 존재한다. 중국은 이 무인도들을 자국의 '신성불가침
한 영토'의 일부라고 주장하지만, 더 중요한 것은 이 섬들의 근해에서
유전이 발견되었다는 사실이다. 중국 본토에는 선명하게 가시화된 내전
이나 인종분쟁은 존재하지 않는다. 그러나 대만이 중국의 통제권에서
벗어날 경우에는 문제가 달라진다. 중국은 대만의 이탈이 이슬람교와
불교 지방들의 독립운동의 도화선이 될 수 있음을 우려하고 있기 때문
이다.

소요사태나 폭동의 가능성을 전혀 배제할 수는 없겠지만, 어떤 형태
의 전쟁이든 평균적인 중국인들에게는 별로 현재적인 관심사가 아니다.
그러나 중국당국은 분쟁으로 비화할 소지가 있거나 분쟁을 조장하는 선
동과 자극에 대해 각별한 주의를 기울여 통제할 필요가 있을 것이다. 그
것은 특히 이런 선동이 일본에 미치는 잠재적인 영향력 때문이다. 일본
은 자국의 군사적 잠재력을 완전히 개발할 수 있도록 해야 할 것이다.
일본은 아시아 지역의 세력균형 유지에 있어서 반드시 필요한 존재일
뿐 아니라, 만약 지속성장에 필요한 식량과 에너지 공급을 둘러싸고 경
쟁이 점점 더 치열해지면 무력사용이 필요해질 수 있다.[1]

현재 중국은 세계 최대 곡물생산국이기 때문에, 60년대 초에 3천만
~4천만 명의 목숨을 앗아간 그런 종류의 대기근이 닥쳐도 그리 큰 위협
을 받지는 않을 것이다. 그럼에도 불구하고 여전히 중국은 서구 국가들
에게 식량을 더 많이 수출하라고 요청해야 할 형편이며, 서구로서는 이
같은 상황이 유리한 협상카드로 작용할 수 있다.

이번에는 전염병 이야기를 해보자. 현재 세계 결핵발병의 1/4이 중
국에서 발생하고 있다. 그래서 결핵퇴치를 위해 금전적 보상제를 실시

하고 있는데, '적각의생'barefoot doctor[2]에게는 확인한 발병 1건당 1달러를 지급하고 결핵을 성공적으로 완치한 환자에게는 1인당 5달러를 지급한다. 그렇지만 아직도 에이즈의 존재에 대해 거의 인정하지 않고 있는데다 정부가 이 심각한 문제를 받아들이기 전까지는 계속 확산될 것이라는 점 때문에, 높은 결핵감염률은 날개를 단 격이 될 것이다. 현재까지 중국의 에이즈 환자에 관한 정확한 통계를 입수하지 못하고 있지만, 아무리 낮게 잡아도 수만 명에 이를 것으로 추산된다.

WHO 관계자들은 2000년이 되면 에이즈 바이러스/결핵으로 인한 사망자 수는 아시아가 아프리카를 능가할 것이라고 전망한다. 한 관리는 이렇게 말한다. "현재 아시아에 결핵감염자는 수백만 명을 헤아리는데 이들은 에이즈 바이러스가 번식하고 활성화하기를 기다리고 있는 것과 다름없다. 언제 일어날지 모르는 재앙이다." 중국의 에이즈 바이러스/결핵 발병률이 궁극적으로 어느 정도 규모일지에 대해서는 단언할 수 없지만, 중국당국의 일관된 부인태도가 더 큰 화를 자초하리라는 것은 분명하다.

중국인의 가장 큰 사망요인은 전통적인 재앙, 즉 네 명의 기수 중 하나가 아니라 오히려 환경파괴가 될 것이라고 특별연구팀은 예측하고 있다. 인구의 조절기제로서의 생태적 위협은 양날의 칼과 같은 것이다. 일부 오염원은 중국 국경 내로 제한될 수 있지만, 또 일부 오염원은 지구 전체에 갈수록 심각한 위협을 가하고 있다. 심각한 토질오염과 공기오염, 수질오염이 건강에 끼치는 치명적인 영향을 조사한 보고서들이 중국 밖으로 드문드문 흘러나오고 있다. 그 가운데 최근에 미국인 저널리스트가 직접 목격한 것을 쓴 탁월한 보고서에서는 급속한 산업화의 대가가 바로 황폐해진 생태계라고 표현하고 있다.[3]

자동차 교통수단의 선택, 산성비, 가연加鉛 휘발유, 저급 석탄, 토양침식, 벌채, 유독성 폐기물, 하천오염 등 열거하자면 끝이 없다. 하지만 이 폐해의 정도가 말 그대로 위기수준에 이르기 전까지는, 중국정부는 적극적인 조치를 취할 의지가 없다. 환경개선책을 도입하게 되면, 즉각적으로 일자리 손실을 감수해야 할 것이고 이어서 사회적 갈등이 야기되리라는 것을 잘 알고 있기 때문이다.

화이 강물을 식수로 사용하던 수천 명 주민들이 질병에 걸리자 그제야 정부는 그동안 미처리 산업폐기물을 화이 강에 방출한 제지 업소와 공장들을 폐쇄조치하기로 최종결정을 내렸다. 그러나 단순히 위기의 낌새만 내비치는 상황에 대한 정부의 태도는 늘 이런 식이다. "심각한 환경오염으로 혹시 여러분이 죽음에 이를 수 있기까지는 수백일이 걸리지만 땔감이 없고 먹을 것이 바닥나면 사흘도 채 못 가 죽어버린다."

이 보고서에 따르면, 보통의 중국인들뿐 아니라 고등교육을 받은 사람들조차도 인간은 오염된 공기에 대한 '참을성'이랄까 저항성을 키울 수 있다고 실제로 믿고 있으며 자신들의 금전적인 부를 보장해 주는 산업발전을 위해서는 생태적 대가를 치를 만반의 준비가 되어 있다. 이미 중국인의 사망원인에서 호흡기질환이 차지하는 비중이 1/4이나 된다. 이와 같은 심각한 오염으로 인한 피해는 흡연습관으로 더욱 악화되고 있다.

정부가 엄청난 에너지 수요를 유황성분이 섞인 저급 석탄으로 해결하려는 것만으로도 환경악화는 확대될 수 있다. 또 중국은 발전용량을 1991년 150기가와트에서 2010년 430기가와트로 거의 3배나 늘리고, 향후 수년 내에 자동차 소유대수를 2배로 늘릴 계획을 세워놓고 있다. 이로 인한 이산화탄소의 증가와 기후변화는 중국 이외 지역의 사람들에게도 큰 영향을 끼칠 것이다.

중국의 인구는 얼마나 될까? 공식발표에 따르면 12억 명이지만, 사실 아무도 모른다. 1979년에 중국은 이른바 '한 자녀 정책'을 수립하고 외부세계를 향해서는 이 정책이 실제로 잘 추진되고 있는 것처럼 줄곧 홍보해 왔다. 그러나 현실은 이와 거리가 멀거니와, 특히 농촌지역은 더 그러하다. 행정관리들은 쉽게 처벌을 받을 수 있다는 점 때문에 이 정책을 따를지 모르겠으나, 농촌의 수천만 가구는 정부의 정책에 크게 신경을 쓰지 않는다. "산은 높고 황제는 멀리 떨어져 있다"는 식이다. 당 간부들 역시 출세를 위해서 자기 관할지역의 출산율을 어떻게든 낮추어서 보고하려는 경향이 있다…

경악할 수준의 환경오염과 통제 불가능한 인구증가가 결합되면, 역설적으로 이 결합이 중국의 수수께끼를 푸는 열쇠가 될 수 있다. 중국으로서는 최선의 이해관계가 실현될 수 있는 인구감축 프로그램이 적절하게 제시된다면, 중국이 적극적으로 협력할 것이라는 시나리오를 상정해볼 수 있다. 다만 여기서 문제는 이러한 프로그램이 중국을 약화시키기 위한 서방세계의 음모로 비칠 위험이 있다는 점이다. 따라서 어떤 대가를 치르더라도 이와 같은 인식은 불식시켜야 한다.

중국의 관료들은 거대한 잉여노동력이 야기할 위험성을 이미 인식하고 있다. 정부자료에 따르면, 90년대 중반에 1억 5천만 명이던 농촌지역의 실업인구가 2000년에는 3억 7천만 명, 2010년이 되면 4억 5천만 명으로 늘어날 것으로 추산한다. 더욱이 이들의 유입물결은 엄청난 위력으로 도시를 덮칠 수 있다. 1988~94년에 농촌지역의 공업이 흡수한 노동력은 530만 명에 불과한데, 이로써는 곧 닥치게 될 도시로의 유입물결을 막을 수도 없거니와 정부가 비효율적으로 비대해진 국영공장들에 대해 '적자생존'의 정책을 실시할 것이라고 천명하고부터 특히 더그러하다.

중국은 현재 13만 개에 달하는 공기업을 512개의 대규모 전략적 복합기업으로 줄이는 것을 목표로 하고 있으며, 이 복합기업들은 외국자본에게 개방될 것이다. 외국인 투자규모는 이미 640억 달러에 이른다. 중국정부는 현재 국영기업의 최소한 1/3이 적자상태라고 말하는데, 이런 계획경제를 유지한다는 것은 중국인들이 곧잘 쓰는 표현대로 "손가락 열 개로 수백 마리의 벼룩을 잡는 것만큼이나 불가능하다."

세계화가 확고하게 뿌리를 내리고 다른 지역들과 마찬가지로 중국에서도 자유경쟁과 적자생존의 원칙이 적용되면, 중국의 수백만 '벼룩'들은 일자리를 잃게 될 것이다. 중국정부는 1996년에 전체 피고용인 수가 6억 8800만 명이라고 발표하였지만, 이 수치에서는 최근 10년 동안의 정규직 하락과 계약직·임시직의 가파른 증가 추세는 나타나지 않는다. 섬유·철도·중공업 분야에서는 수백만 건의 일시해고 사례가 발생하고 있다. 일찍이 산업의 심장부였던 베이징 북동부의 하빈 지역은, 미국과 영국의 산업단지들과 유사한 전철을 밟아 급속도로 사양화되고 있다. 일자리를 잃은 노동자들 상당수가 실업보험조차 받지 못하고 있다.

외국계 기업은 현지인을 직접 고용하는 경우가 극히 드물며, 도급계약을 선호하는 편이다. 예를 들어 나이키는 자사의 노동정책 때문에 상당히 비난을 받고 있지만, 정작 중국에는 현지공장을 하나도 가지고 있지 않다. 결국 중국인들은 일자리 감소와 갈수록 혹독해지는 노동조건 때문에 정부를 비난하게 될 것이다.[4]

중국인들은 수백만 명의 실업자들이 어떤 식으로든 '서비스 산업'에서 살길을 찾을 것이라는 헛된 희망을 가지고 있다. 일부는 그럴 수 있겠지만, 대부분의 실업자들은 일정한 직업이 없는 불안정한 상태에서 벗어나지 못할 것이다. 서구와 협력할 영역으로 정의할 수 있는 부분이 바로 이 흡수 불가능한 잉여인구이다. 부자국가들은 상호 이해관계가 걸려 있는 문제들, 그중에서도 특히 중국의 거대한 인구를 축소하는 문제를 해결하는 데 전문기술과 자금을 제공할 수 있다. 그렇지 않을 경우 서구의 우리는 그 대가를 치러야 할 것이며, 세계기후 역시 그러할 것이다.

만약 중국이 협력을 거부한다면 어떻게 될까? 그럴 경우 중국의 공식적인 인구는 2010년 14억, 2025년에는 17억으로 가파르게 증가할 것이다. 더욱이 이 추정치는 최소 규모이다. 왜냐하면 현재의 인구 12억을 기초로 해서 산출하였는데, 이 12억 명 자체가 실제보다 매우 낮게 잡혔을 게 틀림없기 때문이다. 실제 중국의 인구가 얼마이든, 인구문제는 현재 중국이 풀어야 할 당면문제들을 더욱더 압박할 것이다. 환경문제에 신경을 쓸 여력은 거의 없을 것이며, 이것은 특히 물 부족사태로 인해 종국적으로 국가 전체까지는 아니라 할지라도 지방이 붕괴되는 사태가 초래될 수 있음을 의미한다. 2010년이 되면 중국정부는 향상된 식생활에 익숙해진 국민들에게 부응하기 위해서는 5억 톤이 넘는 식량과 사료용 곡물을 제공해야 할 것이다.

중국으로서는 생태계의 균형을 회복하고 국민의 적정한 영양상태를 유지할 역량이 여러모로 불확실하기 때문에, 붕괴 직전에 인구감축 전략에 참여하거나 혹은 새로운 생활권을 찾아나설 수 있다. 서구의 군사 전문가들은 중국이 인구과잉, 자원부족, 환경파괴 등으로 팽창주의 정책을 전개할 위험성에 대해 충분히 인지하고 있을 것으로 본다.

따라서 특별연구팀은 이런 후자의 선택이 얼마나 어리석으며 궁극적으로 군사적 충돌로 귀결될 수 있음을 중국 지도자들 역시 숙지하도록 해줄 것을 촉구하는 바이다. 이보다는 차라리 인구감축 전략에 협력하는 것이 국가의 생존은 물론이고 모든 면에서 유리할 것이다. 중국이 이 같은 현실을 이해할 수 있도록 유도하고 지원하는 것이 중국과의 외교에서 최우선 과제가 되어야 할 것이다.

물 수수께끼

한편 중국은 전세계에서 자원의 대외의존도가 가장 낮은 나라이며, 이에 대해 상당한 자부심을 가지고 있는 것으로 조사되고 있다. 앞에서 식량공급과 전염병 문제를 다루면서 물과 관련한 몇 가지 문제점들을 살펴보았지만, 물이 가지는 전략적 중요성에 비추어볼 때 충분히 다루어졌다고 할 수 없다. 흔히 '푸른 황금'이라 불리는 데서도 알 수 있듯이 물은 결코 공짜가 아니다. 앞으로는 많은 나라들에서 물은 가장 값나가는 상품군에 속하게 될 것이다. 한 순간이라도 없으면 안 되고 대체제가 전혀 없으며 점점 줄어들고 있는 자원을 한번 생각해 보라. 이것은 엄청난 수익성을 보장하는 시나리오이기도 하지만 그와 동시에 분쟁의 시나리오가 될 수도 있다.

물의 분배는 국가들간에도, 한 국가 내에서도 불균등하게 이루어지고 있으며, 이미 많은 지역들이 극심한 식수부족 사태를 겪고 있다. 세계은행에 따르면, 세계인구의 40%가 살고 있는 80개국이 물 부족으로 고통을 겪고 있는 데 반해 불과 9개국이 총 담수자원의 60%를 보유하고 있다.

아프리카에서는 농촌여성들만이 몇 킬로나 되는지도 모를 먼 길을 걸어가서 물을 길어 와야 하는 것은 아니다. 도시여성들도 식수로 부적합하기 일쑤인 물을 얻기 위해 길게 줄을 서야 한다. 이렇게 하지 않으려면, 수원지에서 물을 훔쳐오든지 물탱크의 물을 사서 먹어야 한다. 식량에 대한 접근에 덧붙여 물에의 접근까지, 극도로 제한된 인간생존의 요소가 되고 있다. 그럼에도 유엔기구들 가운데 '물 안보'의 개념을 정의한 기구가 아직 없다.

이 점과 관련해서는 중국의 도시거주자들이 적절한 사례가 될 것이다. 베이징에서 멀리 떨어진 외곽지대의 밀과 수수 재배지에서 물을 과도하게 뽑아간 탓에, 이미 베이징의 우물 1/3이 말라버렸다. 지하수면이 해수면의 50미터 이하로 내려감에 따라, 심각한 지반 침강이 야기되고 있다. 현재 베이징의 지하수면이 1년에 1∼2미터씩 계속 낮아지고 있으며, 이로 인해 중국은 수도를 다른 곳으로 옮겨야 할지도 모른다. 중국의 수자원관리국은 공식적으로 600개의 대도시와 중규모 도시의 절반이 물 부족사태에 직면해 있으며 이 가운데 100여 개 도시는 심각한 기근지역으로 분류되고 있다고 밝혔다.

사람들이 농업용수와 식수로 사용하는 하천에 유독성 화학물질을 방류하고 있는 수천 개의 공장들을 규제하지 않는 한, 이러한 상황은 결코 개선되지 않을 것이다. 중국인의 식수로 공급되는 물의 2/3가 WHO의 최소 기준에도 못 미치고 있다.

물의 사용실태를 들여다보면, 여기서도 식량에 적용되는 맬서스주의의 요소 몇 가지가 똑같이 나타나는 것을 확인할 수 있다. 1940년 이후 인구는 약 3배 늘어났으나 물 소비량은 4배나 증가하였다. 핵융합이나 그 밖의 저렴한 에너지 기술을 이용해서 바닷물을 담수로 전환시키면 심각한 부족사태를 방지할 수 있겠지만, 가까운 미래에 현실화되기는 어려울 것이다. 새로운 물자원을 확보하는 유일한 방법은 물의 낭비를 막는 것인데, 이는 가급적 민간기업이 수자원을 전문적으로 관리하고 수질 관리 및 공급의 실질비용에 기초해서 비용책정이 되어야 한다는 것을 의미한다.

다국적기업들이 부에노스아이레스나 카사블랑카 같은 도시에 뛰어들면, 서비스의 질이 향상되고 낭비는 사라질 것이다. 당연히 각종 서비스에 대해서는 비용이 부과되어야 한다. 수도관을 설치할 여력이 없거나 물 사용료를 부담할 능력이 없는 슬럼지역의 경우에는 공급에서 제외시켜야 할 것이다. 이미 세계인구의 50%가 도시에 거주함으로 해서, 담수 수요를 100% 충족시킬 수 없다는 것은 명약관화하다. 따라서 합리적이면서도 실행 가능한 유일한 방안은 가격을 책정하는 것이다. 그렇게 되면 일부 사람들은 현재 14억 명이 사용하고 있는 것으로 알려진, 정수처리가 되지 않은 물을 식수로 써야 할 것이다. 예를 들어 라틴아메리카에 콜레라가 재발하는 것은 도시팽창과 담수 공급의 부족이 그 직접적인 원인이다.

이용 가능한 공급량에 대한 전략적 분석의 결과, 앞으로는 물을 둘러싼 전쟁이 빈발할 것으로 예측된다. 세계 200대 하천 가운데 150개가 두 나라에 걸쳐 흐르며, 나머지 50개는 적게는 3개국, 많게는 10개국에 걸쳐서 흐르고 있다. 가령 나일강의 경우, 상류지역에 위치한 8개국은 강물이 이집트에 닿기 전에 퍼다 쓸 수 있는데도, 여전히 이집트는 전체 물 공급의 거의 대부분을 나일강에 의존하고 있는 실정이다. 이와 비슷한 상황이 곳곳에 존재하기 때문에, 분쟁으로 비화할 잠재력을 능히 짐작할 수 있다.

특별연구팀은 우리의 연구범위를 넘어서는 것임을 잘 알면서도, 물리적 · 정치적 · 전략적 자료가 포괄된 '물 분쟁 발화지역'을 지도로 작성할 것을 권고하는 바이다. 이와 같은 지도를 작성하면 전쟁이나 기근, 전염병의 발생 가능성이 높은 지역들이 집중적으로 부각될 것이다.

마약 수수께끼

마약에 관한 특별연구팀의 합의사항은 다음과 같다. '습관성'이든 '비중독성'이든 일체의 마약은 합법화되어야 한다는 것이다. 대부분의 서구 국가에서 이와 같은 취지의 캠페인을 전개하기가 얼마나 어렵고, 또 마약 합법화 이슈가 정치가들의 관심을 끌거나 그들에게 호의적으로 받아들여지지 않는다는 것을 잘 알고 있다. 뿐만 아니라 서구의 정권들이 자국과 해외에서 선택적으로 PRS를 집행하는 방향으로 나아가야 할 시점에 바로 그 에너지와 시간을 마약 합법화를 둘러싼 전쟁에 탕진할 가능성도 매우 높다. 따라서 위임위원회가 이 같은 주장을 옹호할 것이라고 장담할 수는 없다.

그럼에도 특별연구팀은 몇 가지 탄복할 만한 이유 때문에 마약 합법화를 적극 찬성한다. 마약관련 경제활동의 규모는 아무리 신중하게 평가한다 해도 최소한 세계 총생산의 2%에 상당하며, 일부 원료는 거래과정에서 그 가치가 2~3배로 올라간다. 심지어 규모의 최저점을 더 낮출 때조차도 마약은 가장 수익성 높은 상품이라고 말할 수 있다. 불법마약의 총 거래규모는 세계무역 규모의 10~13%나 되는데, 이는 석유화학 제품의 총 거래보다 더 큰 규모이다. 마약사업을 국가경제와 비교해 본다면, 세계 10위 경제권 혹은 그보다 더 큰 규모, 예를 들어 캐나다 국가경제 수준에 필적할 것이다.

이와 같은 수입이 계속 국제범죄조직과 서구사회의 가장 추악한 요소들을 살찌우는 데 사용돼야 할 이유는 전혀 없다고 본다. 여타 산업부문과 마찬가지로 마약거래를 양성화해서 합법적인 회계감사를 받게 하는 것이 훨씬 바람직할 것이다. 합법화된 마약의 생산 및 판매 주체로는 제약회사나 농업관련 기업 혹은 연예-언론 기업이 적임이라고 판단하며, 이렇게 되면 상품의 순도 및 품질은 충분히 보장될 수 있을 것이다.

현재의 공급자들과 관련해서 볼 때, 마약의 합법화는 훨씬 더 중요한 의미를 가진다. 마약은 금지된 것이기 때문에, 품질이 보장되지도 않을뿐더러 가격 또한 지나치게 비싸다. 마약판매 수입은 기업화된 범죄조직들에 흘러 들어가며 또 합법적인 금융흐름을 악용하는 돈세탁업자들의 배를 불려준다. 정부 각 부문의 마약과 연루된 뇌물 스캔들과 부패 또한 빼놓을 수 없는데, 몇 년 사이에 적어도 12개국에서 추문이 터져나올 정도이니 이에 관해 더 많은 자료를 제시할 필요도 없다.

마약의 해금解禁을 주장하는 쪽에서는 당연히 미국의 금주법을 비교사례로서 제시해야 할 것이다. 미국에서 금주법이 폐지된 뒤로 알코올 중독자가 두드러지게 늘어난 것은 아니었다. 또한 설령 알코올 중독자가 급증했다 하더라도, 성인이라면 누구나 자유롭게 판단할 권리가 있다고 본다. 술을 마실 것인지 마약을 복용할 것인지 담배를 피울 것인지 혹은 자살을 할 것인지는 스스로 결정할 문제인 것이다.

특히 미국의 경우 불법 마약거래가 교도소와 법원을 마비시키다시피 하고 있다. 흑인 성인남성 인구의 3%가 주로 마약관련 범죄로 철창에 갇혀 있으며, (전체 유색인종 가운데) 180만 명이 현재 마약범으로 수감중이며 이보다 더 많은 230만 명이 전과기록을 가지고 있거나 집행유예 혹은 가석방 상태이다. 미국 연방마약단속국의 대략적인 통계만 보더라도 미국경제는 마약으로 인해 최소한 연간 1460억 달러의 손실을 입고 있으며, 이 가운데 마약관련 범죄의 사회적 비용이 670억 달러를 차지한다.

레이건 행정부가 출범하면서부터 미국은 '마약과의 전쟁'을 선포했다. 이 프로그램은 정치적으로 대중 유화용일 수 있지만, 실제 전쟁을 방불케 했으며 결과는 베트남전보다 더 처참한 패배로 나타났다. 이것

은 결코 노력부족의 문제가 아니다.[5]

'마약과의 전쟁'에 대한 국제사회(유엔, G-7, 유럽의회, 유럽공동체 등)의 참여 역시 똑같은 실망스러운 결과를 보여주고 있다. 인터폴은 예산의 절반을 마약거래를 차단하는 데 쏟아 부었다. 이 모든 활동에도 불구하고, 마약당국이 압수한 마약은 전세계에서 생산되는 마약의 약 10%에 불과한 것으로 추정된다. 많은 사람들이 자진해서 무시무시한 위험을 무릅쓰고 마약을 운반·판매하는 것은 그런 만큼 성공했을 때 돌아오는 대가가 크기 때문이다.

유럽 역시 마약의 합법화에 찬성하지 않고 있으며, 이로 인해 각종 마피아조직과 외국 군부세력들이 득세하고 있다. 원료공급 국가들은 마약이 간접적인 거대 수입원이기 때문에, 북반구의 국가들이 강경한 태세를 취하거나 협박할 때만 마지못해 협력하는데, 앞으로도 이들 국가의 태도가 바뀔 이유는 전혀 없어 보인다. 마약이 합법화되면 원료공급 국가들은 재배와 공정처리 과정, 수출을 허용함으로써 이런 경제활동에 대해 합법적으로 세금을 거둬들일 수 있다. 이렇게 되면 소규모 마약 재배자나 그 밖에 자원의 물리적 파괴는 더 이상 확산되지 않을 것이다.

해를 거듭할수록 경찰과 군대가 마약공급을 근절시킬 수 없다는 것은 명확해지고 있다. 상황이 이러한데도 1998년에 미국정부는 마약과의 전쟁에 160억 달러를 추가 배정하여, 그 대부분은 국경지역의 마약단속과 원료공급처를 뿌리 뽑는 데 투입하며 얼마 안 되는 나머지는 국내의 '마약예방 교육'에 사용할 계획이다. 지금까지와 마찬가지로 아마 이 가운데 상당 금액은 라틴아메리카 군부세력의 뇌물로 흘러 들어갈 것이고, 군부세력은 이 돈을 마약 중추세력을 격퇴시키는 데 쓰기보다는 오히려 정적들을 제압할 게릴라진압 장비 구입하는 데 부어넣을 것이다. 이들의 우선적인 관심사가 미국의 마약퇴치 전사들의 그것과 일치하는 부분은 극히 드물다. 따라서 이 어마어마한 돈을 예방 및 처방 차원의 PRS에 사용하는 것이 훨씬 더 효율적일 것이다.

미국군대 역시 마약재벌들의 호적수가 되지 못한다. 한 미군장교는 이렇게 쓰고 있다. "베트남전 때와 마찬가지로 미국은 기술과 정보력·군사력 면에서 압도적인 우위를 차지하고 있지만, 마약과의 전쟁에 영향을 끼치는 정치적·경제적·사회적 요소들을 극복하기에는 역부족이다. [하지만] 정치적 입장에서 볼 때는 이 전쟁을 진지하게 재검토하는 것보다 계속 돌진해 나가는 것이 더 쉬울 것이다."[6]

특별연구팀은 다음과 같이 권고하는 바이다. 지체 없이 지금 당장 마약과의 전쟁에 대해 면밀하게 재검토해야 할 것이며, 마약의 합법화가 세계경제에 가져다주는 긍정적인 효과를 계산해야 할 것이다. 현재 마약은 경제·사회·군사·정치적 측면에서 엄청나게 많은 비용을 초래하고 있기 때문에, 마약을 합법화하게 되면 이런 비용을 희소자원들을 위해서 보다 긍정적으로 사용할 수 있을 것이다.

합법적인 기업들이 합법적으로 마약을 판매한다면 기업으로서는 개인의 약물남용에 대해 전혀 책임을 질 필요가 없겠지만, 다만 담배회사와 마찬가지로 경고문은 의무적으로 부착해야 할 것이다―'중독' 가능성 혹은 '건강에 해롭다'는 내용의 경고문을 잘 보이게 표시하는 것 정도는 요구될 것이다. 미성년자들에 대해서는 술의 판매와 마찬가지로 법적으로 연령제한을 하고 또 마약복용 상태에서의 운전 경우에도 음주운전과 동일한 처벌이 적용될 수 있을 것이다. 만약 판매가격이 불법 마약경제에서와 마찬가지로 암시장과 범죄 발생을 조장하는 경향이 있을 경우에는, 정부가 나서서 가격을 통제하거나 일부 사용자들에 한해서는 지정된 판매처에서 구입하도록 해야 할 것이다.

물론 마약이 미화되어서는 안 되겠지만, 마약과용으로 자기 목숨을 끊고자 하는 사람은 그렇게 하도록 내버려두어야 할 것이다. 지금까지 이런 일을 저지른 사람들의 유형을 조사해 보면, 이들은 사회에 일종의 신호를 보내고 있는 것이다. 그러나 PRS의 관점에서 볼 때, 마약으로 인한 사망자의 비율은 통계적으로 유의미하지 않은데다 답보상태이거나 조금씩 하락하는 추세이다. 미국에서 마약과 관련한 사망자는 연간 2만 명인 것으로 추정되고 있다(1986~96년). 다른 나라들에 대한 통계는 나와 있지도 않거나 그나마 나와 있는 통계조차도 신뢰성이 떨어진다. 가령 WHO는 전세계적으로 연간 1만 1천 명이 사망하는 것으로 보고하고 있는데, 실제보다 훨씬 낮다는 것은 이론의 여지가 없다. 마약문제는 앞으로 더 많은 연구가 필요한 '수수께끼' 영역이지만, 경제적 측면에서는 그 잠재력이 큰 데 비해 PRS 면에서는 보잘것없다는 것을 명심해야 할 것이다.

마치며

『루가노 리포트』는 위임위원회에 다음과 같은 정보를 제공하기 위해 작성되었다. 『리포트』는 크게 2부로 나누어서 제1부에서는 21세기에 전지구적 자본주의와 시장경제가 직면하게 될 상황을 명료하고도 정확하게 평가하고 있으며, 제2부에서는 잠재적인 재앙과 사회적 마비를 피하기 위한 이론적 · 실천적 수단들을 제시하고 있다.

『리포트』가 시의적절하다는 평가를 받으면 물론 보람을 느끼겠지만, 특별연구팀은 우리 자신을 새천년을 눈앞에 두고 의례적인 의견을 내놓는 논평자 부류로 생각지 않거니와 우리의 『리포트』가 전환기에 홍수처럼 터져 나오는 그렇고 그런 글들의 하나라고 간주하지도 않는다. 특별연구팀은 5~10년 전이었어도 그리고 지금부터 5~10년 후라 해도 본질적으로 동일한 내용의 『리포트』를 작성했을 것이다. 일부 몇 가지 통계수치나 참조사항은 바뀌었을 테지만, 전하고자 하는 메시지에는 변함이 없었을 것이다.

특별연구팀 전원은 『리포트』를 공동으로 작성하는 과정에서, 다름 아닌 우리 자신이 변화하는 소중한 경험을 하였다. 즉 연구자 각자의 의견이 상호 합일되어 나가는 속에서 우리의 인식수준은 한층 더 높아졌다. 특별연구팀이 현재의 최우선 의제로 설정한 것은 긴급성이다. 그렇지만 우리가 『리포트』 작성시 의식적으로 배제하였던 감정적인 언어에 기대지 않고는 이런 상황의 긴급성을 환기시키기란 매우 어렵다.

무엇보다도 우리는 『리포트』에서 구사하고 있는 사실에 근거한 방법론과 객관적인 분석 때문에 정치적 의지와 즉각적인 행동의 필요성이 희석되지 않기를 바란다. 아마 이 두 가지 요소만이 이성과 감정, 그중에서도 특히 두려움에 대한 호소를 이끌어낼 수 있을 것이기 때문이다.

위임위원회는 이와 같은 『리포트』를 특별연구팀에게 의뢰할 만큼 고매한

경지에 올라 있다고 생각된다. 무엇보다도 현실을 직시하는 것을 전혀 두려워하지 않는다는 점이 그러하고, "필요는 규칙에 구애받지 않는다"는 로마의 격언을 잘 이해하고 있다는 점이 또 그러하다.

『루가노 리포트』를 작성하는 특권을 누린 특별연구팀은 위임위원회가 리포트를 촉탁한 통찰력에 상응하는 행동력을 발휘할 것이라고 믿어 마지않는다.

부록

수전 조지

『루가노 리포트』를 대하는 태도는 크게 세 가지로 나눌 수 있을 것이다.

먼저 거부반응이다. "'루가노 특별연구팀의 궁극적인 해결방안'은 검토할 가치조차 없을 정도로 형편없기 때문에, 나는 들여다보지 않을 것이다." 이렇게 반응하는 사람들은 아마 같은 부류의 현실도피적인 사람들과 현실도피적인 논리의 지엽적인 측면들을 놓고 논쟁하기를 일삼을 것이다. 이런 부류를 위해 더 할 수 있는 일은 없다. 따라서 이런 사람들은 그대로 내버려두는 게 상책이라고 본다.

두번째 반응은 루가노 특별연구팀의 선택이 지나치게 섬뜩하지 않느냐고 묻기보다는—나에게는 매우 충격적인 반응임에 틀림없다—논리적으로 이와 같은 선택이 필요한가 여부를 묻는 것이다. 일단 특별연구팀의 가설들을 받아들인다면, 그들이 내린 결론은 어떻게 달라질 수 있을까?

세번째 반응은 실제로 이 가설들로부터 도출해 낸 결론들을 인식하고 이어서 이 가설들에 대해 급진적인 문제제기를 하는 것이다. 이 마지막 반응에 속하는 사람들은 다시 몇 종류로 나누어진다.

가설

『루가노 리포트』에서 설정하고 있는 경제적 가설은 명확하다. 자본주의의 최우선 가치는 성장과 효율성이며, 그 밖의 가치들은 성장과 효율성을 위해 희생되어야 한다는 것이다. (직업, 시장점유율, 그중에서도 특히 이윤을 둘러싸고) 시장에서의 경쟁은 결과적으로 최적의 효율성을 가져다주는바, 그 이유는 시장은 자연자원, 생산자원, 금융자원, 인적 자원 등 모든 자원의 최고 분배자이기 때문이라는 것이다. 나아가 시장은 자기조절을 할 수 있으므로 일체의 간섭이 개입되어서는 안 된다는 것이다.

경제활동의 목적은 이윤획득과 이윤축적이며, 바로 이 두 가지가 효율성을 나타내는 척도이자 표시이다. 획득된 이윤은 금융시장을 통해서 투자로 전환됨으로써 전체 사이클은 다시 시작한다. 시장 자체의 목적과 대립되는 개념으로서의 고용과 인간욕구의 충족은 이 시스템에서 우연적인 요소들이다. 왜냐하면 이 시스템은 결핍과 충족의 논리가 아니라 수요공급의 논리에 기초해서 작동하기 때문이다.

전세계 여러 지역들의 사람들 혹은 한 나라의 시민들 사이의 다소 공평한 자산분배가 정부나 자선단체들에게는 주요한 관심사일 수 있다. 그렇지만 시장의 관심사가 아닌 것은 분명하다. 그럼에도 자기조절 기능을 가진 시장은 일정한 도덕적인 기준을 가지고 있는데, 근면한 사람이나 성실한 사람, 보상받을 자격이 있는 사람에게 그에 합당한 보상을 한다는 것이다. 시장옹호론자들은 이런 주장을 한다. 시장제도는 급진적이면서 위험을 감수하는 개인주의를 최고의 덕목으로 여긴다. 따라서 이와 같은 세계에서 당신이 의지할 곳은 당신 자신밖에 없다는 것이다.

이 경제철학을 특히 옹호하는 쪽은 초거대 다국적기업이나 제조·서비스·금융 분야의 다국적기업들이지만, 오히려 이들은 경쟁의 압력을 완화시키기 위해 공동전선을 펴서 '동맹 자본주의'를 실행한다. 일반적으로 중소 규모의 기업가들이나 자영업자, 전문가·예술가 집단, 소상인 들은 이와 똑같은 비인간적이고 냉혹한 규칙에 따라 움직이지 않는다. 『루가노 리포트』가 세계화된 시장경제를 논의의 중심에 놓고 있다는 점에서, 『리포트』의 실질적인 핵심은 다국적기업의 자유와 번영이다.

다국적기업을 지배하고 있는 경제적 원리로부터 파생되는 사회적 결과는 명백하다. 저 유명한 규모축소 옹호자인 앨버트 던롭Albert Dunlop('체인톱 앨'이라는 별명으로 더 잘 알려진 구조조정 전문가이다)이 자화자찬을 끝없이 늘어놓은 『날씬한 기업: 나는 어떻게 불량기업을 최우량기업으로 만들었는가』[1]에서 더할 나위 없이 명쾌하게 정리하고 있듯이, 기업이란 오로지 그 기업에 투자한 사람들, 다시 말해 주주들의 것이다.

따라서 역으로 기업은 그 기업의 피고용인이나 원료공급자, 그 기업이 위치해 있는 공동체에 속하는 것이 아니다. 이로써 다음과 같은 논리가 도출된다. 즉 기업의 최고경영자(CEO)는 필요하다고 판단되는 모든 수단을 최대한 동원하여 주주들(과 자신)을 위하여 최고의 수익을 올려야 한다. 축소경영에 의해 해고된 사람이나 그 가족들, 그들이 살고 있는 공동체에서 벌어질 일은 그가 관심 가질 일도 아니거니와 그가 책임질 일도 아니다. 바로 이것이 이야기의 전말이다.

던롭[2] 같은 규모축소론자들은 뉴욕의 월가와 런던시티에서 추앙받는 존재이며, 천문학적인 액수의 보수를 받는다. 물론 한번은 『뉴스위크』지가 붉은 글씨로 '기업 살인자들'이라는 헤드라인을 달고 특히 잔혹하게 기업규모 단축을 감행한 최고경영자들 몇 명의 사진을 실음으로써 전통을 쇼킹하게 깬 적이 있지만, 아무튼 이들은 잡지의 표지모델로서도 심심찮게 등장한다. 이처럼 『뉴스위크』지는 수사적인 어휘를 사용하였지만, 『루가노 리포트』의 특별연구팀은 자구에 충실하고 사실적인 언어를 구사한다.

미국의 대기업 최고경영자들의 평균연봉은 그 기업 말단직원 연봉의 200~300배에 이른다. 이에 반해 영국과 미국 노동자들의 실질임금은 1987년보다 낮아졌다. 15여 년 동안 이룩한 생산성 증가의 열매는 노동자들에게 돌아가지 않은 것이다. 만국의 노동자들의 생산성은 나날이 높아지고 있지만, 그들 대부분에게 돌아오는 대가는 고통이다. 왜냐하면 세계화는, 홉스의 말을 빌리면 "만인이 만인의 적이 되고 있는" 국제경쟁의 전쟁터로 노동자들을 몰아넣어 서로 경쟁하게 하기 때문이다. 그 열매는 자연히 최고경영진과 주주들, 다시 말해 지식과 자본을 소유한 사람들의 차지가 된다.

다국적기업은 한곳에 정착해 있기보다 유동적이며, 누구보다도 먼저 노조 설립이 금지되어 있거나 그 세력이 약한 지역 혹은 최소 임금으로 최대의 생산성을 실현할 수 있는 신천지를 찾아나선다. 이와 같은 추세가 부자나라들에 국한되어 나타나는 것은 아니다. 프랑스의 다국적기업 톰슨 사는 최근에 2600명의 노동자를 남겨둔 채 말레이시아를 떠나 베트남으로 갔다. 더 유리한 계약이 최대 관심사인 나이키 사는 하청(아웃소싱)업체를 미국에서 한국으로, 그 다음에는 인도네시아로, 또다시 베트남으로 옮겼다.

일부 학자들은 규모축소와 '공장이전'은 어마어마하게 많은 미국의 빈곤노동자층과 유럽의 경제적 불안정 및 대량실업의 근본원인이 아니라 그 원인의 사소한 일부에 불과하다는 것을 증명하기 위해 장황한 설명을 늘어놓는다. 어쨌든 이들 전문가들은 핍박받는 이 사람들에게 갑자기 사려 깊은 관심을 보이면서 이렇게 말한다. 아시아인이나 멕시코인 혹은 폴란드인 모두 우리와 똑같이 직업을 가질 권리를 가지고 있다고. 또 때로는 암시적으로 때로는 노골적으로, 적당한 임금수준의 적당한 직업을 찾고자 하는 미국인이나 유럽인들은 제3세계의 가난한 사람들에 대해서 너무 이기적으로 행동하는 것이라고 말한다.

오히려 여기서 핵심은, 다국적기업은 어느 누구의 실업문제도 결코 해결해 주지 못한다는 것이다. 다국적기업은 그 규모와 매출에 비해 극히 적은 일자리만 제공한다. 유엔의 발표에 따르면 현재 세계에는 약 4만 개의 다국적기업이 있지만, 이 가운데 상위 100개 기업이 다국적기업 전체 자산의 1/5을 장악하고 있다. 1996년에 이들 상위 100대 기업은 재화 및 서비스의 매출규모가 4조 1천억 달러 상당했지만, 전세계적으로 고용한 직원은 1980년보다 낮은 1200만 명도 채 안 되었다! 1993~96년에 매출액은 24%나 증가하였지만, 고용 노동력은 오히려 줄어들었던 것이다. 회장에서부터 수위에 이르기까지 이들 상위 다국적기업들의 피고용인 1인당 매출액은 평균 35만 달러에 상당한다. 자, 바로 이것이 다국적기업 생산성의 현주소이다.

『루가노 리포트』의 정치적 가설은 경제적 가설들로부터 파생된다. 시장의 작동, 대대적인 민영화, 국영기업 감축 그리고 그 밖의 신자유주의 정책들을 통해서 도달한 사회·정치 제도는 지금까지 고안되었거나 앞으로 고안될 수 있는 것들 가운데 최고의 수준이라는 것이다. 특별연구팀이 설명하고 있듯이, "가장 광범위하고 가장 포괄적인 시장은 우리 인간이 신의 지혜에 도달할 수 있는 첩경이다." 비록 시장이 일부 사람들에게 고통을 안겨주고 겉으로 보기에 잔인한 것 같아도, 오직 시장만이 명백한 악으로부터 선을 이끌어낼 수 있다는 것이다.

다음은 우리에게 익숙한 주제이다. 즉 자본주의는 결코 개선될 수 있는 것이 아니며, 인간의 본질적인 조건이라는 것이다. 자유시장은 민주주의의 전제조건이며, 민주주의는 평화와 안정의 전제조건이며, 또 평화와 안정은 비즈니스의 항구성을 담보해 주는 전제조건이다. 어찌 되었든 정보기술 혁명과 자본의 이동 덕분에, 세계화와 시장통합은 필연적이며 불가항력적인 것이 되었다. 이는 마치 강간을 놓고 시시덕거리는 진저리쳐지는 낡은 조크와 같다—가만히 누워서 즐기는 것밖에 할 일이 없잖아.

이에 따라 당연히 세계화된 시장은 개인과 사회의 거의 모든 관계를 결정짓게 될 것이다. 국가는 사회에 큰 도움이 될 수 없거니와 설령 될 수 있다 해도 그렇게 해서는 안 되기 때문에, 민주주의는 과거와 같은 중요성을 가지지 않게 된다. 민주주의가 장식용 외양을 제공할 수는 있겠지만, 그럼에도 민주주의는 계속 통제(퇴출)되어야 한다. 왜냐하면 민주주의가 요구하는 선거와 대중적 참여는 당연히 실패자라고 정의할 수 있는 대중들에게 유리한 것이기 때문이다. 요컨대 큰 목소리로 자기의사를 표현하는 사람들은 대부분 무책임한 경향이 있으며, 방해만 된다는 것이다.

무역부문의 가설과 관련해서는, 특별연구팀은 세계무역기구(WTO)와 마찬가지로 무역과 투자의 무제한적 자유를 지지하며 이를 보장해 줄 강력한 '규칙을 기반으로 한' 국제 차원의 법적 틀을 갖출 것을 주장한다. 다국적기업의 시각에서 볼 때 충분히 수긍이 가는 논리이다. 왜냐하면 세계무역의 질서 그 자체가 다국적기업의 주문에 따른 맞춤형이기 때문이다. 이들 다국적기업의 프로파간다 위력이 얼마나 대단한지, '자유무역'에 반대하고 나서는 것은 곧 모성을 거스르는 것과 진배없는 것처럼 여겨질 정도이다. 이 의미 이면에 가로놓여 있는 것은 과연 무엇일까?

현재 세계무역의 1/3은 기업의 내부거래로 이루어진다. 다시 말해 셸 사는 셸 사와 거래를 하고, IBM은 IBM과, 유니레버는 유니레버와 거래하는 식이다. 그리고 또 1/3은 기업 내부거래가 아닌 기업간 거래나 다국적기업들간의 거래가 차지하는데, 이를테면 제너럴 일렉트릭과 제너럴 모터스 간의 거래 등이다. 세계시장에서 교역의 나머지 1/3만이 정상적인 의미에서의 '국가'무역이라고 할 수 있으나, 그 비율은 점차 줄어들고 있다.

가톨릭신자에게 원죄와 삼위일체는 절대적이듯이, 신자유주의자에게 자유무역의 우수성은 절대적인 신념이다. 자유무역의 기본적인 원리는 '비교우위'를 그 바탕으로 하고 있다. 19세기에 데이비드 리카도가 정립한 이 유명한 원리에 따르면, 한 국가의 교역조건은 상대적으로 저렴한 비용을 들여 생산한 것을 판매하고 상대적으로 고가의 비용으로 생산한 것을 구입해야 한다. 여기까지는 문제가 없다.

그런데 이 이론은 리카도 시대와 마찬가지로 자본은 일국 내에 머물러 있고 운송비는 비싸다는 것을 전제로 하고 있지만, 오늘날의 자본은 더 이상 일국 내에 머물러 있지 않으며 운송비 또한 비싸지 않다. 게다가 이 이론은 국가와 국가 간의 상거래만을 전제함으로써, 다국적기업은 어디든 투자하고 생산할 수 있다는 현실을 완전히 배제한다. 따라서 여기서는 재화 및 서비스의 다국적기업들 사이의 거래와 내부거래가 이미 세계무역의 2/3를 차지한다는 현실이 고려되지 않고 있다.

좀더 기술적인 전문가용 단어로 표현한다면, 200년이 지난 지금까지도 힘을 발휘하고 있는 이 이론은 '양국간 무역의 일반적 균형원리'를 요구한다. 그렇기 때문에 이 이론은 탈국가화된 다국적기업들의 다자간무역의 장점과 단점을 제대로 판단하기보다는 오히려 왜곡시킬 수 있다.[3]

그러나 현재의 경험적인 현실에 부적절하게 대응하거나 대응의 갈피를 잡지 못하고 있는 것은 비단 경제이론만이 아니다. 리카도의 예시를 원용한다면, 비교우위는 항상 A나라나 B나라에서 포도주와 의복을 생산하는 데 드는 경제적 비용과 관련된다. 하지만 현재 우리는 다양한 나라의 정치·사회 체제의 기준과 규칙들이 직접적인 경쟁상태에 놓여 있는 세계에 살고 있다.

당신은 당신이 살고 있는 나라에서 아동노동과 하루 12시간이라는 장시간 노동, 비참할 정도로 낮은 임금, 위험한 작업환경, 노동조합 금지가 일반화되어 있다면, 이를 받아들이겠는가? 아마 그렇지 않을 것이다. 그렇지만 당신 나라의 시민들이 이 모든 관행이 '합법화'되어 있는 나라의 불행하고 억압받는 사람들과 경쟁하지 않으면 안 되는 이유를 이해하지 못한다면, 당신에게는 '자유무역 반대론자' '보호주의자'라는 저주의 꼬리표가 붙게 될 것이다.

WTO는 죄수 노동력으로 생산한 상품에 대해서는 일체의 규제를 적용하지 않을 뿐 아니라, 노조설립의 권리나 근로조건, 아동노동에 관해서도 아무런 언급을 하지 않는다. 국제섬유·의류·피혁노동자연맹은 세계적으로 2억 5천만 명의 아동이 매우 열악한 환경에서 노동하고 있으며 그중 절반이 14세 미만인 것으로 추산하고 있다. 이 끔찍한 현실은 문화나 전통 혹은 '아시아적 가치'와 아무런 관계가 없으며, 오로지 성인 한 명의 임금으로 시키는 대로 고분고분 일하고 방어력이 전혀 없는 아동 세 명을 부려먹을 수 있다는 사실과 연관된다.

이 연맹의 주장에 따르면, 전세계 군비지출의 2%에 해당하는 60억 달러로 이들 아동노동자 전원을 학교에 보낼 수 있다는 것이다. 하지만 다음과 같이 아동노동을 지지하는 주장은 100여 년 전부터 영국과 유럽을 필두로 해서 지금은 파키스탄이나 온두라스에서 상당히 많은 사람들 속에서 제기되고 있다. 아동노동의 사용이 그 나라의 산업 경쟁력을 유지할 수 있는 유일한 길이다. 아이들이 노동을 하지 않을 경우, 상황은 훨씬 더 나빠져서 굶어죽거나 매춘부로 전락해버릴 것이다. 그 아이들의 가족은 그들에게 의지하고 있다 등등. 최근 들어서는 아동의 '노동할 권리'를 포함하여, 학교교육을 의무적으로 받을 필요가 없는 '아동의 권리'를 요구하는 추세로까지 나아가고 있다.

사실 아동노동은 성인노동을 대체하고 임금을 저하시킨다. 인도의 경우 노동하는 아동의 숫자와 성인 실업자 수가 거의 비슷하다. 이와 같은 관행 속에서는 빈곤이 대물림된다. 오늘의 아동노동자는, 만약 일찍 죽지 않는다면 내일의 성인 실업자가 되어서, 자기 자식들을 똑같이 지저분한 작업장에 일하러 내보낼 것이다. 대부분의 다국적기업들이 아동노동을 사용하는 기업과 '아웃소싱' 계약을 맺고 있다.[4]

물론 북반구에도 아동노동이 존재하지만, 그 규모가 훨씬 작을 뿐 아니라 적어도 선진국의 법률에서는 계약 당사자들 서로가 반드시 동등한 협상능력을 가지고 있는 것은 아니며 따라서 약자는 법적 보호를 받아야 한다는 것을 명시하고 있다. 아동과 마찬가지로, 노동자는 일반적인 '권리들'을 항상 자유롭게 행사할 수 있는 것은 아니며 이와 같은 법적 보호가 없으면 '노동할 권리'는 곧 목숨을 연명하기 위해 비인간적인 조건들을 받아들이는 것을 의미할 수 있다.

그러므로 여성의 최저임금제를 지지한 미국 최고법원의 저 유명한 판결문에서는 상대적으로 약한 여성의 협상능력을 언급하면서, 이런 낮은 협상능력으로 인해 여성들은 "여성의 절박한 상황을 악용하려 드는 사람들에게 쉽게 희생"될 수 있다고 말한다.[5] 최고법원으로서는 경악할 일일지 모르겠지만, 세계화와 자유무역은 이와 같은 결정을 무효로 만들고 있다. 바로 이것 때문에 비판가들은 국가의 기준이 상호경쟁 상태에 놓일 때 이른바 '바닥경쟁'을 하게 된다고 말하는 것이다. 즉 최저의 공통 기준이 표준이 되어가는 경향을 보이며, 개인에게 있어서 이것은 제3세계의 노동조건과 완전실업 중에서 양자택일을 해야 하는 상태로 추락하는 것을 의미한다.

이와 똑같은 논리가 환경기준에도 적용될 수 있다. 다만 자연은 협상능력이 전혀 없기 때문에 인간들의 공격을 더 이상 버텨낼 수 없을 때 원래의 모습을 잃어버린다는 점만 다를 뿐이다. 국제무역의 통치하에서는 만약 어떤 국가가 더 저렴한 가격으로 상품을 제공할 수만 있다면, 설령 그것이 정치적으로 억압하고 사회적 압제에 눈감아 버리고 환경을 유린한 결과 가능하였다 해도, 이 문제는 신자유주의 경제학자가 책임질 일도 아니거니와 WTO가 관여할 일도 아니다.

이런 고충처리는 국제노동기구(ILO)에서 담당해야 할 사안이라고 WTO는 주장한다. 주류 경제학자들은 이렇게 말한다. "무역을 이용해서 인도주의적 문제들을 해결하려고 해서는 안 된다. 사회적 실패자들은 다른 곳으로 이민가게 하거나 아니면 그들에게 기술적·재정적으로 막대한 지원을 하라." 실로 현실성이 거의 없는 말이다. 하나의 생산물이 시장에 나오는 바로 그 순간 그 생산물에 투입되었던 인간의 남용이나 자연의 남용에 대한 기억은 완전히 사라져

버리는 것이 현실세계이다.[6]

『루가노 리포트』가 제시하고 있는 금융 가설은 간단하다. 자본은 이동한다는 것이다(그에 반해 노동은 그렇지 않다). 이론적으로 금융시장은 자금을 가진 사람들이 주식이나 채권, 옵션 등에 투자할 수 있는 환경을 조성함으로써 투자자본이 생산으로 회귀하여 만인의 복지를 창출해 낸다. 그러나 현실에서 '실물' 경제에 투자되는 규모는 금융시장에 유입되는 어마어마한 현금의 극히 일부에 지나지 않는다.[7]

금융시장에 유입되는 막대한 규모의 유동자금은 또한 최하위계층에서 최상위계층으로의 부의 이동을 반영하고 있다. 생활이 그리 풍족하지 않은 사람들은 수중에 얼마간의 돈이 들어오면 필요한 물품이나 서비스를 구매하게 되며, 이로써 실물경제가 그런 대로 돌아가게 된다. 그러나 필요로 하거나 원하는 것 대부분을 이미 소유한 사람들에게 들어간 돈은 대체로 비생산적인 지폐가 되기 십상이다. 특별연구팀은 다음과 같은 가능성을 거의 고려하지 않고 있다. 즉 금융자본은 설령 한번에 날아가거나 파산해 버릴 우려가 있다 할지라도, 재화와 서비스의 실질적 생산 및 분배와 전혀 무관하게 움직일 수 있다는 사실이다.

전세계를 돌아다니는 현금의 대부분은 연기금이나 보험회사, 금융업체(중개소나 헤지펀드, 그외 유사업체)가 장악하고 있는데, 이들이 보유한 자산 총액은 무려 21조 달러나 되며 그중 절반의 자금제공처가 미국에 속해 있다. 중앙은행들의 중앙은행인 국제결제은행(BIS)의 1998년 보고서에 제시된 이 수치가 얼마나 큰 것인지 보통사람들이 가늠하기란 불가능하다. 이를 파악하기 쉽게 표현한다면, 모든 선진국의 1년 GNP를 다 합한 것보다 많으며, 현재 지구상에 살고 있는 모든 남녀와 심지어 어린이들에게까지 3500달러씩 나누어줄 수 있는 금액이다.

이렇게 엄청난 규모의 돈을 관리하는 사람들은 시장의 변화를 끊임없이 체크하며, 이동할 때라고 판단될 때는 신속하게, 그것도 떼거리로 움직인다. 펀드매니저들은 하나같이 가장 성공한 동료들, 즉 역사상 이 시장에서 발군의 실적을 올린 펀드매니저들을 뒤따르고자 하는지라, 국제결제은행은 이런 행태를 두고 주저 없이 '군중'행동이라고 부른다. 펀드매니저들의 포트폴리오에서 단 1%의 변화는 '신흥' 아시아지역의 전체 주식시장 자본평가의 1/4, 라틴아메리카 전체 주식시장의 2/3에 해당한다. 따라서 이들이 떼거리로 시장을 빠져나가면 곧바로 그 시장이 붕괴되는 것은 당연하다.

이들 펀드의 상당수가 스스로 와해됨으로써 궤멸적인 도미노 효과를 불러 일으킬 수 있는데, 그 이유는 펀드 자체가 일반인의 상상을 초월할 정도로 높은 비율의 차입금으로 구성되어 있기 때문이다. 다시 말해 펀드매니저들은 이번의 대출금을 다음 차례 대출금의 담보로 활용하는 식으로, 자신들이 보유한 실제 자본베이스의 수십 배에 이르는 자금을 차입해서 투기를 일삼는다. 게다가 국제적 펀드들은 전혀 규제를 받지 않으며 자신이 원하는 대로 할 수 있다―그리고 사람들은 펀드의 이런 횡포를 보고 나서야 비로소 깜짝 놀란다.

『루가노 리포트』의 생태적 가설 그 자체는 하자가 없다. 환경실태가 신자유주의자들의 경제적 분석에서 고려대상이 되는 경우는 무척 드물다. 특별연구팀이 즉각적인 조치가 필요하다고 진단하는 것―그렇다고 해서 구체적인 행동조치를 제시하고 있지는 않지만―은 정확하다.

그럼에도 불구하고 『리포트』는 중요한 정치ㆍ생태적 측면을 소홀히 다루고 있다. 특별연구팀이 인용하고 있는 30년 전의 저 유명한 글에서 생물학자 개릿 하딘Garrett Hardin은 '공유의 비극'The Tragedy of Commons이라는 가설을 제시하였다.[8] 하딘이 말하는 이 가설에 따르면, '이성적인 목장주인' 각자는 자신이 소유한 가축의 수에 비례하여 목동을 늘림으로써 다른 목장들보다 유리한 위치를 선점하고자 할 것이며, 마침내 모든 목장주인들이 동일한 행동을 하게 됨에 따라 자원기반인 목초지가 파괴되어 버린다는 것이다.

하딘이 유능한 생물학자임에는 의심할 여지가 없지만, 역사와 인류학 혹은 인간행동의 관찰에 관한 지식은 별로 없었던 것으로 보인다. 중세시대의 목초지에서부터 미국 메인 주의 바닷가재 양식장에 이르기까지 수많은 역사적 예와 동시대의 사례들은, 공동소유는 그 구성원들 스스로 누가 자기 공동체의 구성원인지 결정하고 또 자신들이 정한 규칙에 따라 공동의 자원을 관리할 권력을 보유하고 있는 한 과도하게 개발되지 않는다는 것을 잘 보여주고 있다.

하딘은 어느 시대, 어느 사회나 자본주의적 가치와 자기이익을 극대화하는 개인주의적 행위가 지배하고 있다는 것을 전제로 하고 있다. 하지만 칼 폴라니를 비롯하여 수많은 인류학자들이 증명하고 있듯이, 이것은 전적으로 잘못된 가설이다. 현실적인 문제는 인간은 자원과 그 자원을 관리할 힘을 몰수당하고 있다는 사실이다. 또한 특별연구팀으로서는 쉽게 받아들이지 못하는 생각이겠지만, 아무튼 지난 수세기 동안 사람들은 세계은행이나 다국적기업들의 간섭 없이도 자신들의 자원을 그런 대로 유지·보존해 왔다.

인구통계학적 가설에 관해 살펴보면, 『리포트』에서 정립한 '인구'의 개념은 지극히 주관적인 것으로서 인구를 하나의 절대적인 기준으로, 절대적인 과잉상태로 다루고 있다. 그러나 인구의 개념은 특정 경제·정치 체제의 요구에 항상 비례하는 상대적인 것이다. 즉 '과잉인구'의 문제를 논할 때, 반드시 제기되어야 할 물음은 "누구 그리고 무엇과 비교해서 '과잉'인가?" 하는 점이다. 『루가노리포트』는 이와 같은 물음을 던지지 않는다. 왜냐하면 이에 대한 해답은 이미 나와 있다고 보기 때문이다. 『리포트』에서 인구는 오직 신자유주의적 기획이 필요로 하는 것—노동자에 대한 수요의 감소 그리고 어떤 인간적 희생을 치르더라도 신자유주의적 체제의 다른 특성들을 유지시켜야 할 필요성 등—과 관련해서만 고려될 뿐이다.

속도의 카스트제도

일찍이 특정 사회의 사회적 불균형은 상대적인 협상능력에 의해 규정되었으며, 그 협상테이블은 지리적 배경을 토대로 하였다. 사람들은 대부분 동일한 공간에서 더불어 살아가야 했기 때문에 협상이 불가피했다. 그러나 바야흐로 새로운 키워드는 속도와 이동성이다.

전지구적인 피라미드의 맨 꼭대기에는 '빠른 사람들'이 있다. 자본소유주와, 자크 아탈리가 국경을 초월하여 수요가 있고 또 원하는 곳이면 어디든 갈 수 있고 항상 움직이고 있다고 해서 '엘리트 유목민'nomad이라고 지칭한 숙련된 전문가집단이 여기에 속한다. 그 아래에는 정체되어 있는 '느린 사람들'로 이루어진 거대한 층이 있다. 이 '느린 사람들'의 주된 공통점은 북반구-북반구, 북반구-남반구 혹은 남반구-남반구로 유연하게 대체될 수 있는 대체가능성이다.

적어도 특별연구팀은 여느 사람들이 늘 꺼려하고 한번도 공개적으로 언급한 적이 없는 중대한 물음에 대해 솔직하게 답변하고 있다. "우리는 사회적 낙오자들을 위해 무엇을 할 것인가?" 확실히 『루가노 리포트』를 의뢰한 위임위원회는 무엇보다도 위원들 자신이 사회적 낙오자를 엄청나게 많이 양산해 왔다는 점에서, 이 문제를 실질적으로 안고 있는 기업권력의 세계와 무관한 사이가 아니다.

신자유주의 질서를 옹호하는 사람들은 궁극적으로는 실패자보다 승자가 훨씬 더 많아질 것이라고 단언하는데, 그 이유인즉슨 언젠가는 만인에게 충분히 돌아갈 만큼 경제성장이 이루어지고 만인이 그 혜택을 누릴 것이기 때문이라는 것이다. 모두가 다 경제성장의 열매를 가지게 된다는 것이다. 이와 같은 주장은 IMF에서부터 국제상공회의소에 이르기까지의 책자에 항상 실리는 단골메뉴일 뿐 아니라, 언젠가 다가올 찬란한 미래에는 말끔히 사라지게 될 가혹한 정책과 해고와 제반 인간적 고통을 정당화해 주는 구실을 한다.[9]

이 주장은 새빨간 거짓말이다. 2차대전 후의 복지국가 시기에도 그러했던 것처럼, 21세기의 정치에서 파이의 공유 문제라든가 누가 어떤 자원을 언제 어떻게 획득하는가라는 문제가 주요 의제로 대두하지는 않을 것이다. 심지어 누가 누구에게 명령을 내릴 수 있는가 하는 것조차도 정치에서 다루어지지 않을 것이다. 정치는 생존이라는 절체절명의 사안에 따라 결정될 것이다. 바로 이것이 『루가노 리포트』의 결론이다.

만약 지금도 여전히 계급투쟁 같은 것이 존재한다면—그리고 나는 반드시 존재한다고 믿는다. 왜냐하면 이것은 생존을 담보로 한 매우 위험한 모험이기 때문이다—이제는 이 계급투쟁이 빠른 집단과 느린 집단, 이동하는 집단과 정체되어 있는 집단, 정주자와 유목민 사이에서 일어날 것이다. 현시대의 계급투쟁에서 엘리트 노마드는 당연히 승리할 확률이 훨씬 높은 위치에 있다. 다만 이들에게 문제는 어떤 수단을 동원해서 승리하는가이다.

『리포트』가 처방한 공식을 보면, 이 문제와 그에 수반되는 리스크를 충분히 인식하고 있다. 그렇기 때문에 노마드들이 순조롭게 이 오아시스에서 저 오아시스로 끊임없이 옮겨다니면서 아무런 방해도 받지 않고 자신들이 가진 카펫과 대추를 교환하여 기업이라는 낙타무리를 증대시키는 동안 사막의 생태를 그대로 보존하고 아직 남아 있는 전통적인 유목민들의 성가신 소요를 예방할 수 있는, 절대적으로 안전하고 확실한 방법을 모색하고 있는 것이다.

여기서 제시하고 있는 해결방안이 혐오스럽고 불쾌하기 짝이 없음에도 불구하고, 적어도『루가노 리포트』의 집필자들은 IMF를 비롯한 국제기구들과 달리 두 마리 토끼를 한꺼번에 다 잡을 수는 없다는 사실을 인정하는 관대함은 지녔다. 일찍이 그 유사한 예를 찾아볼 수 없을 정도로 극소수의 사람만 부자로 만들어주고 무자비하게 부를 상향 이동시킴으로써 수천만 명의 사회적 낙오자를 양산하는 지구경제의 수립과 낙원과 같은 환경과 깨끗한 양심을 동시에 다 거머쥘 수는 없다는 것이다.

특별연구팀도 명확하게 밝히고 있듯이, 처분해야 할 대상이 사회적 계층사다리의 위쪽으로 확대되고 있다. 브라질의 인디언이나 미국의 빈민층 혹은 오지의 부족들만이 폐기대상이 되는 것은 아니다. 당신과 당신의 가족, 당신의 직업, 당신이 운영하는 중규모 혹은 소규모 공장, 당신이 속해 있는 공동체, 당신을 둘러싸고 있는 자연환경, 이 모든 것이 그 가시권 안에 들어가고 있다. 만약 다국적기업이 자본소유주들 이외에 대해서는 일절 책임을 지지 않는다면, 만약 정부가 추적하기 어려운 유동자금에 대해 과세를 할 수 없고 수백만 명의 정체된 사람들을 생존할 수 있게 도와주지 못한다면, 필시 그때는 이 엄청나게 많은 수의 사람들은 어떤 식으로든 퇴출되어 버리거나 그렇지 않으면….

대안

이 항목은 나 개인의 의견을 피력하는 것으로 시작해야 할 것 같다. 왜냐하면 솔직히 나는 대안을 제시해야 한다는 도덕적 의무감을 가지면서도 또 한편으로,

지금과 같은 권력관계 속에서 대안을 제시한다는 것 자체가 어리석은 일이라고 여겨지기 때문이다. 지금까지 나는 이루 헤아릴 수 없이 많은 행사에 참석하였고 그 대부분은 실천'되어야 할' 혹은 '되지 않으면 안 될' 것들을 소리 높여 선언하는 것으로 끝맺었다. 하지만 그 많은 선의의 노력들이 권력의 핵심적인 차원을 전적으로 무시하기 일쑤인지라, 내가 거기에 현실주의적 요소를 도입할 수 있다고 생각되지 않는 한 그런 행사는 의식적으로 피하고 있다.

그렇지만 또한 우리는 현실주의와 냉소주의를 가르는 좁디좁은 경계선 위를 걸어가야 한다. 헤아릴 수 없이 많은 사람들이 수천수만 가지의 고귀하고 필요한 일을 바로 그 현장에서 묵묵히 실천하고 있음으로 해서 이따금 우리는 부분적인 승리를 쟁취할 수 있으며, 바로 이런 승리 속에서 특별연구팀이나 위임위원회 그리고 그 부류 사람들의 사고방식과 그들이 설정한 가설과 목표가 도전받을 수 있고 궁극적으로 파멸한다는 것을 확인하게 된다. 바로 이것이 나를 계속 이끌어주는 힘이다.

한편 나는 "무엇을 할 것인가"라는 물음을 끊임없이 받고 있으므로, 우선 몇 가지 부정의 제안부터 하겠다. 첫째는, '당위론'과 '명분론'과 '성과론'의 함정에 빠지지 않는 것이다. 변화는 정의와 평등과 평화에 기여하기 때문에 어떤 변화이든 오직 그것을 채택하기 위해서 그에 관해 설명할 필요가 있다고 가정하는 것은 가장 슬프고도 가장 화나게 하는 고지식함이랄까, 순진함이다. 훌륭한 사람들이나 혹은 박식한 사람들 상당수가 이런 믿음을 가지고 있는 것 같다. 즉 막강한 권력을 가진 개인이나 조직은 위기의 심각성과 그 타개책의 긴급한 필요성을 현실적으로 이해하기만 하면, 자기 이마를 탁 치면서 그간의 잘못을 인정하고 전광석화와 같이 순식간에 자신의 행동을 180도 바꿀 것이라고 말이다.

무지와 우매함은 응분의 대가를 치러야 마땅함에도, 대부분의 일들은 권력을 가진 사람들이 원하는 방향으로 이끌려가게 마련이다. 나는 여기서 또 한 가지 사적인 이야기를 하고자 하니, 부디 양해 바란다. 1994년 중반에 이른바 남북문제의 전문가로서, 나는 유네스코의 한 세미나에서 강연을 해달라는 청탁을 받은 적이 있다. '개발사업, 어떻게 되었는가?'를 주제로 한 이 세미나에는 유네

스코 사무총장을 비롯하여, 나처럼 수십 년 동안 개발 관련 토론장을 어슬렁거렸던 여러 나라의 고위관료들과 각계각층의 지도자들이 참석하였다.

상정된 주제에 관한 여러 편의 기고문이 발표된 다음에 나의 차례가 되었다. 발제자 가운데 어느 누구도 그 어느 때보다 많은 낙오자들이 사회적으로 양산되었다는 사실, 전체 인류의 상위 20%가 현재 전세계 부의 84%(30년 전에는 70%)를 지배하고 있는 데 반해 하위 20%가 차지하고 있는 것은 1% 남짓하다는 사실, 영양실조에 걸렸거나 병들었거나 일자리를 잃었거나 절망에 빠진 사람들이 일찍이 유례가 없을 정도로 많아졌다는 사실, 따라서 '개발'은 완전히 실패작이라는 사실을 부정할 수 없었다.

당시 나는 이 세미나장에서 유일하게 나만이 낙관론자인 데 대해 몹시 당황스럽다고 말했던 것으로 기억한다. 나의 시각에서 볼 때, 개발은 엄청난 승리를 구가해 왔다. 다만 나와 견해를 달리하는 사람들은 아마 잘못된 척도와 부정확한 기준을 가지고 성공과 실패를 판단했을 것이다. 이어서 나는 정확한 출처와 근거를 제시하면서 지난 10년 사이에 외채와 외채상환금이 어떻게 해서 2배로 늘어났고, 현재 수십 개국이 어떤 수순을 밟아서 세계은행과 IMF의 관리체제 아래 들어가서 강제적으로 세계경제에 편입되었으며, 다국적기업들이 어떻게 투자와 무역의 새로운 자유를 찾아내었는지, 금융자본이 어떤 방식으로 사상 유례가 없는 이익을 거두어들이는지, 어떻게 국가권력이 대폭 축소되고 민영화가 표준이 되었는지, 일국 내에서 혹은 국가들 사이에 빈곤층에서 부유층으로의 막대한 소득이전이 어떻게 확고하게 뿌리 내리게 되었는지 설명해 나갔다.

그리고 이런 질문을 했다. 만약 상업은행, 채권자, 세계은행, IMF, 다국적기업, 자금관리자 그리고 세계적인 차원의 엘리트 들이 만족했다면, 과연 우리는 누구를 향해 불평할 것인가? 모든 것이 계획대로 정확히 이루어졌는데 어느 누가 개발은 성공하지 못했다고 단언할 수 있단 말인가? 이에 더하여 보다 공평한 소득분배와 기아근절과 환경복구와 보통 교육 및 의료복지를 기대한다면, 그런 사람들이 과도한 욕심을 부리는 것 아닌가?

이에 대한 반론이 전혀 없었다는 것을 알면 독자 여러분은 적잖이 놀랄 테지만, 적어도 나는 어리석은 게임은 하지 않았다. 만약 보다 공평한 소득분배, 기아근절 등등이 실질적인 목표라면, 누구나 무엇이 수행'되어야 하고' 수행'되지 않으면 안 되는지' 너무나 잘 알고 있다. 문제는 이와 같은 과제들의 실현을 방해하는 사람들을 향해 당신네들의 정책이 잘못되었으니 고치라고 설득할 것이 아니라, 힘을 기르는 것이다. 문제는 어떤 것이 실행'되어야 하고' 실행'되지 않으면 안 된다'고 어리석게 되뇔 것이 아니라, 다음 두 가지 간단한 물음에서부터 시작하는 것이다.

현재 위기의 책임은 누구에게 있는가?

우리는 그들을 어떻게 막을 수 있는가?

다국적기업의 폭정

무엇을 하기 위해 힘을 기를 것인가? 이 문제는 생각보다 훨씬 어렵다. 나는 대명사 '우리'가 담고 있는 애매모호함을 별로 좋아하지 않지만, 여기서는 다음과 같은 사람들을 포괄하는 개념으로서 '우리'를 사용하고자 한다. 즉『루가노 리포트』의 철학을 거부하고, 자신이 즉시 사용할 수 있는 수단을 가지고 저항할 준비가 되어 있고, 완벽하지는 않지만 다양한 정치와 다양한 세계를 지향하며 기꺼이 투쟁할 용의가 있는 사람들을 나는 '우리'라고 부른다.

적어도 내가 볼 때 상황은 매우 간단하다. '우리'는 무슨 일이 있어도 멈추지 않을 사람들을 멈추게 할 방법들을 찾아내는 것이다. 초국적 자본주의는 결코 멈출 수 없다. 다국적기업과 고삐 풀린 자본이동에 힘입어 초국적 자본주의는 일종의 악성종양의 단계에 이르렀으며, 심지어 초국적 자본주의가 의존하고 있는 바로 그 토대―지구 자체―까지 잠식하면서 인적 자원과 자연자원을 앞으로도 계속 게걸스럽게 집어삼켜 고갈시켜 나갈 것이다.[10]

행동지침이나 자발적 규제 같은 것은 자연과 인간을 약탈과 파괴로부터 보호하기에는 어처구니없을 정도로(아니 서글프다 못해 눈물이 날 정도로) 부적절하기 짝이 없다. 왜냐하면 이것들은 악성종양이 퍼져나가는 시간을 더 연장시켜주는 역할을 할 따름이기 때문이다. 바로 이것이 위험부담이 계속 높아지는 이유이다. 또한 다국적기업에게 피해를 좀 줄여달라고 요청하는 것은 쓸데없는 짓이라고 보는 이유이기도 하다. 우리는 현재 존재하는 다국적기업 그 자체에 반대해야 한다.

우리의 눈앞에는 막강한 권력을 장악하고 완벽한 면책특권을 누리고 그 실체를 전혀 들여다볼 수 없는 다국적기업과 그 다국적기업의 이익에 봉사하는 전지구적 지배구조가 버티고 서 있다. 이런 현실 속에서 다가오는 세기에 '우리' 가 어깨에 짊어져야 할 책무는 다름아니라 세계 민주주의를 가꾸어내는 일이다. 그렇지 않으면 전체주의와 『루가노 리포트』가 제시하는 해결방안이다. 저들의 규범인가, 우리의 규범인가, 바로 이것이 우리 앞에 놓여 있는 선택의 길이다.

현재 우리는 18세기 중반의 미국인들이나 프랑스인들과 비슷한 상황에 놓여 있다. 당시 미국과 프랑스의 사람들 역시 절대군주제 치하에서 벗어나 민주주의 국가로 나아가는 길, 즉 자신들의 신분을 신민에서 시민으로 변화시키는 확실한 변혁의 길을 찾지 못해 암중모색하고 있었다. 그들은 완벽한 청사진을 가지고 있지 않았으며(지금까지 완벽한 청사진을 가지고 변혁에 나선 사람은 아무도 없다), 마침내 그들은 싸워야 했다.

우리의 세기가 그때보다 더 성숙했는지, 과연 우리가 비폭력 해결방안을 생각해 내어 유혈참사 없이 성공할 수 있는지—나는 이렇게 되기를 너무나 소망한다—, 나는 잘 모르겠다. 하지만 이것만은 알고 있다. 현 단계가 역사의 종말이 아니며 다국적기업의 폭정이 우리를 무너뜨리기에 앞서 우리가 나서서 그들을 무릎 꿇게 해야 한다는 것을. 우리의 선배들이 그러했던 것처럼, 우리는 신민의식에서 시민의식으로, 희생자에서 자신의 운명을 이끌고 가는 주체적 행위자로 거듭나야 한다.

세력균형을 변화시키기 위해서는, 그 세력을 구성하는 사람의 숫자와 물리력 그리고 동맹세력을 끌어들이는 역량을 정확하게 평가해야 한다. 먼저, 숫자는 이미 존재한다—지리적으로 분할되어 있고 정치적으로 분리되어 있지만, 분명 존재한다. 특별연구팀이 분리와 분할을 적극 추진해야 한다고 밝힌 것은, 그들의 입장에서 볼 때 매우 정확한 진단이다. 비록 '우리'가 이런 사실을 그리

마음 편하게 받아들일 수 없다 할지라도, 지리적 분리와 정치적 분할은 아마 극복될 수 있을 것이다. 두번째로 물리력 역시, 엄청나게 많은 사회부문들이 전횡을 휘두르는 기업권력과 다국적기업의 폭정에 의해 파산위기에 놓여 있기 때문에라도, 충분함에 틀림없다. 그러나 동맹은 세대와 분야, 국경 그리고 때로는 정치적 입장을 뛰어넘어서 가장 낯선 사람들을 동지로 만들어야 하는 문제이기 때문에, 보다 세심한 준비가 필요하다.

미국에서는 좌파와 우파의 연합세력이 대통령의 '무수정 일괄승인' 권한(자유무역협정에 서명하여 의회의 수정을 거치지 않고 법률로서 발효시키는 권한)을 무효화시켰다. 언젠가 한 친구는 프랑스의 농민연합단체 두 개가 비교적 사소한 문제를 놓고 티격태격하는 것을 보고 이렇게 말했다. "우파농민인들, 좌파농민인들 그게 무슨 소용이 있어? 우파든 좌파든 농민은 살아남지 못할 텐데!" 그렇다, 이 두 단체는 본질적인 문제들에 대해 힘을 모으는 게 훨씬 바람직했겠지만, 이들 단체나 혹은 역사를 자랑하는 케케묵은 노선들에 따라 사분오열되곤 하는 집단들이 자연스럽게 힘을 규합하기란 결코 쉽지 않다.

이따금 실로 기상천외한 방법으로, 다국적기업들에 대항하는 연합세력이 구축될 수도 있다. 예를 들어 보험업은 지구온난화 현상에 대해 지나치게 우려하고 있는데, 그 이유는 지구온난화로 인해 열대성 폭풍의 발생빈도가 늘어나기 때문이다. 환경 파괴 및 오염의 주요 원인제공자들하고도 손을 잡을 수 있어야 한다는 것은 아니지만, 모든 것에 대해서 상호 동의할 수 있는 집단하고만 특정 사안을 놓고 공동행동을 취할 수 있는 것은 아니다. 다른 분야들에서 그들 스스로 매 벌이를 하여 대중운동을 이용해서도 자신들의 구린 구석을 미처 다 가릴 수 없게 내버려두자.

이런저런 장애에도 불구하고 제1원칙은 모든 사람이 참여할 수 있고 또 참여해야 한다는 것이다. 왜냐하면 우리에게 으뜸 과제는 신자유주의가 갈가리 찢어놓고 있는 사회조직을 다시 기워서 이어놓는 일이기 때문이다. "하지만 내가 무엇을 할 수 있단 말인가? 내가 할 수 있는 일이란 없어. 나 다만…"이라고 말하지 말자. 비어 있는 곳을 찾아 나 스스로 그곳을 채우자. 우리 모두, 한 사람 한 사람이 직물이라는 사회의 씨실과 날실이 될 수 있다. 곳곳에 우리가 건설한 다리, 우리가 파놓은 수로, 우리가 만든 길이 생겨나서 인간적인 풍경을 재창조하는 데 힘이 되어줄 것이다.

일일이 열거할 수 없을 정도로 많은 활동들이 여기저기서 전개되고 있다. 여기서는 사람들이 유독성 폐기물 하치장 문제로 싸우고, 저기서는 전혀 필요치 않은데도 마구잡이로 밀고 들어온 고속도로 때문에 싸우고, 또 저기서는 공장폐쇄에 맞서서 투쟁하고 있다. 이와 같은 주체적인 실천들 가운데 몇몇은, 예를 들어 매우 신뢰할 만한 단체인 '지속가능한 자립 공동체운동'을 통해서 상호 연대할 수도 있다. 다국적기업의 세력범위에 있는 경제활동들을 더 많이 탈환하고 회수할수록 그만큼 좋은 것이다.

여러 규모의 지역사회들 수십 군데가 지역 단위의 공동자본으로 주식회사를 설립하여 지역주민들이 필요로 하는 상품과 서비스를 공급하는 시도를 이미 하고 있다. 또 농민과 소비자를 직접 연결시켜 주는 도·농 식품협동조합이 설립되고 있으며, 지역사회은행들이 생겨나고 지역통화제(LETS)가 활기를 띠면서 수십 가지의 대체통화가 이미 유통되고 있다.[11]

자기 가족과 자기가 몸담고 있는 지역사회의 복지를 위해 투쟁하는 사람들이 반드시 자신을 '운동가' 혹은 '환경보호주의자'라고 생각하는 것은 아니다. 19세기에 우리의 선배들이 탄광에서 중노동에 시달리는 아동들을 위해 투쟁할 때도, 저질 식품과 우유에 대항하여 일어설 때도 혹은 하루 12시간 노동을 종식시키고 일요일에 쉴 권리를 요구할 때도 자신들을 투사라고 생각지 않았다. 그 대상이 로스앤젤레스 중남부 지방의 소각장이든, 전후戰後 런던에서 맹위를 떨쳤던 스모그이든, 브라질 슬럼가의 쥐떼이든, 이와 같은 투쟁들은 모두 온전한 인간신체를 갖고자 하는 열망을 그 바탕에 깔고 있다. 물론 스스로를 환경보호주의자라고 부르는 사람들은 인간신체에 관해 더 많이 생각하고 이를 지켜내기 위해 이슈들을 제기하고 모든 사람들이 이해할 수 있는 용어로 논의의 틀을 만들어나가야 할 것이다.

혹자는 규모의 변화와 '지역 활성화'만으로 충분하다고 주장한다. 나는 이와 같은 자발적인 실천을 적극 지지하고 권장하지만, 아무리 그렇다고 해도 이 주장에 대해서는 동의하지 않는다. 국가가 그 고유의 특권을 행사하고 있다는 것을 우리 스스로 확신할 수 없다면, 과연 누가 그 나라의 사람들과 초국적기업들의 폭정 사이에 끼여들 수 있는지 나로서는 도저히 알 수 없다. 국가―반드시 현재 우리가 경험하고 있는 국가형태이어야 하는 것은 아니다―가 사라지면, 머지않아 세계는 맥도널드-학교, 맥도널드-병원, 맥도널드-교통 등 다국적기업이 지배하게 될 것이다.

지방 민주주의와 국가 민주주의를 강화하고 비판적인 대항경제를 창출하는 일은 무엇보다도 주요한 과제이거니와, 모든 사람이 다 참여할 수 있다. 가장 지난한 과제는 현재의 세계화의 대안형태를 창출해 내는 일일 것이다. 몇몇 조직들은 이를 '협력적 세계화'라고 표현하기 시작하였는데, 그들에게 이 '협력적 세계화'의 개념은 지역 차원으로의 복귀나 도피가 아니라 보다 건강하고 평등한 사회를 바탕으로 해서 아래로부터 세계경제를 다시 건설한다는 의미를 담고 있다.

공공부문과 민간부문 사이의 '사회적 경제' 혹은 '제3섹터'에는 문자 그대로 수천, 수백만의 일자리가 존재함에도 불구하고, 이 일자리들이 주로 부적절하거나 불필요한 형태로 존재함으로 해서 대부분의 정부들이 이 부분들을 잘 보지 못한다. 예를 들어 브라질의 노동자들은 광범위한 소유형태와 경영형태를 가진 협동조합들을 기반으로 한 '사회경제' 혹은 '비국가 공공분야'를 고안해 내고 있는데, 이와 같은 구조에서는 냉혹한 경쟁이 판치는 시장관계를 피하면서 서로 거래하고 협력할 수 있다. 또한 이들은 자신들과 유사한 방식으로 조직된 우루과이와 스페인의 협동조합들과도 이미 연대를 하고 있다.

공정거래 운동 역시 많은 관심과 호응을 얻으면서 그 지지기반과 회원들을 넓혀나가고 있다. 이 운동은 남반구 노동자들의 협동조합들이 자신들이 생산한 차와 커피를 북반구에 직접 공급하는 '대안적인' 직거래 형태로 매우 잘 알려져 있는데, 지금은 이런 첫 단계를 순조롭게 넘어서서 관공서나 대학 같은 집합공동체와 슈퍼마켓까지 공급범위를 넓혀가고 있다. 또 영국의 크리스천에이드

Christian Aid는 소비자들의 압력을 내세워 슈퍼마켓들이 남반구에서 생산된 제품을 매장에 진열하는 환경을 적극적으로 조성해 나가도록 촉구하고 있다. 대학의 교수와 학생들은 교내식당에서 토착생산자들이 재배한 유기농 식품을 사용하고 공정거래 운동의 음료수류를 판매할 것을 요구하고 있다. 이처럼 서로 힘을 합치면, 우리의 소비행위를 통해 공정성을 드높여갈 수 있다.

노동조합들 또한 다국적 차원에서 조직화해 나가기 시작했다. 노동자들이 그 저변에서부터 이 경주에 뛰어들면, 어느 누구도 당해 낼 수 없다. 만약 노동자들이 전지구적으로 범기업 차원의 노동조합을 조직화해 내기만 한다면, 이들은 능히 기업의 권력에 도전할 수 있다. 이때 핵심은 사소한 것을 가지고 서로 싸울 것이 아니라 전세계의 임금과 노동환경의 수준을 일정 수준으로 끌어올리는 것이다. 즉 최고한도를 설정할 것이 아니라 최저한도를 설정하는 것이다.

언젠가 프랑스의 한 유머작가는 이렇게 썼다. "당신이 추구하는 것이 돈이라면, 그 돈이 가장 풍부한, 가난한 사람들 속에서 찾아라." 오늘날 정부들은 그 어느 때보다 훨씬 더 충실하게 이 충고를 따르고 있다. 왜냐하면 가난한 사람들은 '느리고' 이동하지 않고 뿌리박고 있기 때문이다. 그에 비해 거대 자금은 바이트 단위의 속도로 움직이고 옮겨다닌다. (국내 기업가나 전문가집단, 임금노동자, 봉급생활자의) 이동하지 않는 돈은 추적이 가능하다는 단 한 가지 이유만으로도 최대의 과세대상이 될 것이다.

반드시 실행해야 할 일들—기아근절, 환경복구, 보통 교육 및 의료복지 실시 등—의 비용을 마련할 수 있는 길은 딱 하나, 실제로 돈이 돌아다니는 다국적기업과 금융시장의 돈 흐름을 추적하는 것이다. 많은 사람들 사이에서 국제 금융거래에 대해 이른바 토빈세를 부과하자는 제안이 회자되어 왔다. 토빈세는 주식과 채권, 옵션, 그 밖에 파생금융 상품들의 매매에 대해 비록 낮은 비율이지만 세금을 책정하자는 것으로서, 이렇게 거둬들인 세금을 유엔과 그 산하기관들과 연계시키면 아마 이 기구들이 비용으로 쓰는 돈보다 더 빠른 속도로 돈이 들어올 것이다.

그렇지만 이와 같은 자금을 쓸 수 있는 특권을 획득하기 위해서는, 이 기구들이 다국적기업과 자신들을 뽑아준 이사회 국가들 이외의 사람들에 대해 책임을 느끼고 또 책임을 질 수 있어야 한다. 지금도 유엔과 다국적기업은 다각적인 '합의형성' 행사라는 이름으로 제네바 비즈니스대회(국제상공회의소와 유엔의 합작투자)라든가 대서양간 비즈니스대회(다국적기업들의 총수와 국내외 최고위 공직자들의 모임) 같은 안락한 무대들에서 교류를 하고 있다. 국제 차원의 행정실무자들이 편파적이라는 비난을 받지 않으려면, 이들은 다른 집단들의 구성원들 역시 충분히 초청하여 그들의 대안적인 목소리를 들어야 한다고 주장해야 할 것이다.

만약 국제과세가 제도로서 자리 잡게 되면, 시민단체들은 이 돈이 어떻게 쓰이고 또 어떻게 일정 비율로 협동조합과 그 밖의 분권화된 기업들 그리고 빈곤국가의 민주적 정권들에 배분해서 자국 국민들에게 의료와 교육을 제공할 수 있도록 할지 등에 대해 발언해야 할 것이다. 이와 같은 조세가 그저 마술에 의해 이루어질 수 있는 것이 결코 아니다. 충분한 숫자의 시민들이 충분한 숫자의 정부들을 향해 이 세금을 기꺼이 분담하겠다고 큰 목소리로 명확하게 발언할 때 비로소 제도로서 정착될 수 있는 것이다.

케인스 방식의 대규모 국제 환경 전환·정화 프로그램에 재정지원을 하는 것으로 출발할 수도 있을 것이다. 환경과세는 장기적으로 환경파괴에 대한 유일한 해결책이다. 오랜 원칙을 국제적으로도 적용할 수 있는데, 즉 사람들이 상대적으로 원하지 않는 것에 대해서는 세금을 부과하고 상대적으로 많이 원하는 것에 대해서는 과세하지 않는다는 원칙이다. 이를테면 기업을 올바른 환경정책으로 유도하기 위해서 고용과 소득에 대해서는 과세를 하지 않고, 환경오염과 폐기물에 대해서는 세금을 부과하는 식이다.

그렇다면 이 모든 것이 세계인구 문제에 초점을 맞추는 것은 중요하지 않다는 뜻일까? 그건 아니다. 인구문제는 본질적이면서 매우 어려운 문제이다. 그러나 『루가노 리포트』에서 제시하는 해결방식을 받아들일 수 없다고 생각한다면, 『리포트』의 예방 차원에 관한 장에서 언급하고 있는 여러 가지 방법에 대해 진지하게 숙고해 보아야 한다. 가장 효과적인 방법은 여성들에게 교육과 선택의 기회를 제공하는 것이지만, 현재와 같은 가혹한 구조조정 프로그램 아래서는 현실성이 없어 보인다.

어떤 실천방안이든 그것이 채택될 때는 다음과 같은 기본 원칙들이 적용되어야 할 것이다.

첫째, 목표와 이 목표실현의 도정에 가로놓여 있는 장애물들을 구별하는 것이다. 둘째, 목표실현에 이해관계를 가진 사람들을 최대한 많이 조직화해 내는 것이다. 그리고 고대 중국의 전략가 손자의 지혜를 상기하는 것이다. "당신이 가장 하고 싶은 일을 해서는 안 된다. 당신의 적이 가장 하지 않기를 바라는 일을 하라. 언제 어디서나 국가의 범주를 뛰어넘어서 행동하라. 위협은 초국적으로 가해지므로, 그 대응 역시 초국적이어야 한다. 오늘날 인터넷 접속이 매우 간단하게 이루어지기 때문에 우리 역시 '빠른 사람이 될 수 있다'."

다국적 연합의 형태로 조직된 사람들은 미래의 모습을 구체화하는 대장정에 나설 수 있음을 믿어 마지않는다. 하지만 나는 『루가노 리포트』에서 제안된 것과 같은 전략들을 좌절시키고자 하는 사건들이 일어나리라는 것 또한 믿어 의심치 않는다. 우리의 상황은 매우 엄혹하고 긴박하게 돌아가리라는 것을 지적함으로써 서둘러 이 명명백백한 낙관론을 누그러뜨리는 한편으로, 이 같은 상황을 우리가 피해 갈 수 있기를 소망하고 또 소망한다.

이 '부록'은 대안을 주제로 하고 있으므로, 내가 우려하는 바에 관해서는 자세하게 서술하지 않겠다. 그럼에도 나는 특별연구팀이 '지구적 사건' 혹은 거대한 규모의 사회적 대격변이라고 지칭한 일들이나 경제붕괴와 금융붕괴에 관한 일들이 널리 알려지기를 바란다. 실천이 담보되지 않은 탁상공론의 계획은 실패하기 십상이며, 수십 년 전에 칼 폴라니가 목격했듯이 '자동조절' 시장은 사회를 갈가리 찢어놓을 것이다.[12]

마지막으로, 다국적기업의 폭정에 저항하는 데 있어서 보다 강력한 도덕적 시각이 필요하다고 생각되면 존 롤스의 『정의론』 *Theory of Justice*을 보는 것도 도움이 될 것이다.[13] 사회를 지배하게 될 기본 원칙들을 선택하기에 앞서, 그 사회에서 자신의 위치나 자신의 천부적인 능력과 기회를 전혀 인식하지도 의식하지도 못하는 사람들의 입장에서 사회를 바라보도록 하자. 그렇게 되면 당신은 "사회적·경제적 불평등이 해소되고 그리하여 가장 혜택을 누리지 못하는 사람들이 가장 많은 혜택을 받게 되는" 세계를 선택하게 될 것이다. 단연코 우리는 『루가노 리포트』의 논리가 지배하는 세계를 선택하지 않을 것이다.

후기

『루가노 리포트』를 처음부터 끝까지 내가 직접 썼다는 사실은 비밀이 아니다. 그렇지만 내가 이렇게 한 이유를 설명하기 위해서는, 지금까지의 나의 작업에 관해 간단하게나마 설명할 필요가 있을 것이다. 1970년대 중반부터 나는 나의 첫 저서 『나머지 절반이 어떻게 죽어가는가』 *How the Other Half Dies*[1]의 집필을 위해 자료조사를 시작하였을 때, 권력이 행사되는 방식을 파악하고 이를 설명하기 위해 끊임없이 노력하였다. 이와 같은 관점을 중심으로 해서 나는 전세계의 기아와 제3세계의 빈곤, 남반구 국가들의 외채가 끼치는 영향, 남북관계 그리고 다국적기업과 세계은행 같은 국제기구 등의 주제들을 다루었다. 그 결과 많은 사람들이 나를 개발전문가 혹은 경제학자 혹은 이 둘 다라고 생각하게 되었다.

사실 나는 개발전문가도 아니거니와 경제학자도 아니다. 나는 개발도상국가에서 한 번도 살아본 적도, 일해 본 적도 없다. 그리고 오래 전의 101강좌를 들은 것을 제외하고는 정규 코스의 경제학 공부를 한 적도 없다. 나는 10년 간격으로 세 개의 대학학위를 받았다. 첫번째 학위는 미국 스미스 칼리지에서 프랑스문학과 정치학을 '복수전공'해서 받았으며, 두번째 것은 소르본에서 받은 '철학사' 학위이다. 그리고 박사학위는 미국의 식량체계가 세계의 나머지 지역들에 강제 이전되는 과정을 주제로 하였는데, 이는 프랑스의 고등사회과학학교 Ecole des Hauts Etudes en Sciences Sociales와 그 주변에서 개최된 잡다한 세미나들을 총결산한 것이었다. 이 논문이 여러 학문분야를 광범하게 다루고 있는지라, 마침내 논문심사위원회는 나의 논문을 소르본의 '북아메리카학: 선택 정치학'이라는 범주에 집어넣었다.[2]

아마 이 혼합물 mélange을 관통하는 단 하나의 공통된 줄거리는, 일정한 환경 속에서 지배자의 위치에 있는 사람은 누구이며 그들은 그 권력을 어떻게 사용하며 어떤 집단이 그 혜택을 누리고 또 어떤 집단이 그 대가를 치르는지를 집요하게 물고 늘어지는 나의 성향이랄까, 기벽일 것이다. 일단 나 자신이 이와 같은 문제들에 대해 어느 정도 답변했다고 느끼면, 농부들처럼 철마다 똑같은 밭이랑을 또 갈아주기보다는 때로는 올바른 방향으로 또 때로는 잘못된 방향으로 옮겨가는 편이다.

그리하여 파브리치오 사벨리Fabrizio Sabelli와 내가 『믿음과 신용: 세계은행의 세속제국』*Faith and Credit: The World Bank's Secular Empire*[3]을 탈고한 후 1990년대 중반부터 나는 새롭고 신선한 길을 찾아나섰다. 환경문제가 갈수록 나를 사로잡기 시작했는데, 이는 부분적으로 6년 동안 국제그린피스 이사회에 복무한 덕분이었다. 생태적 약탈과 파괴를 상기시키는 사람들의 이메일이 그린피스를 통해서 매일 나의 컴퓨터에 넘쳐흘렀다.

그러던 차에 멕시코의 금융붕괴가 발생한 지 한 달여 후인 1995년 초에, 나는 『완전범죄』*Perfect Crimes*라는 제하의 출판 제안서 겸 서문을 썼다. 이 책에서는 멕시코 이외의 '신흥시장들'에서 다른 위기들, 즉 금융 지뢰들을 매설하지 않았음에도 그 지뢰들이 폭발했을 때 여지없이 직격탄을 맞는 사람들에게 이루 말할 수 없는 인간적 고통을 야기하는 일들이 잇따라 발생하는 이유를 밝혀나갈 계획이었다. 이 가설은 정확했다. 왜냐하면 러시아와 아시아 국가들이 그후 이를 입증해 주었기 때문이다. 하지만 이와 같은 책을 집필하는 데는 엄청난 여행경비가 필요했지만, 나는 그만한 돈을 벌 수가 없었다. 그래서 나는 짧은 글들을 쓰면서 이 지역들에 대해 가해지고 있는 공격과 시장'법칙'을 대신할 사회계약에 관해 계속 관찰해 나갔다. 바로 이와 같은 것들이 나에게는 세계화의 가장 두드러진 양상들로 보였다.

영국에서는 대처주의로, 미국에서는 레이건주의로 그리고 그 밖의 거의 대부분 지역에서는 신자유주의로 알려져 있는 것의 파괴와 약탈 행위와 관련해서, 나는 이런 잔학무도함을 어떻게 격퇴시켜야 할지 몰랐다. 로빈 후드의 방식을 거꾸로 뒤집어놓는 것이, 즉 가난한 사람들의 것을 부자들에게 체계적으로 넘겨주는 것이, 혹은 좀더 이론적인 용어로 표현한다면 자본이 노동에 손상을 가하는 것이 어떻게 가능할까? 헤아릴 수 없이 많은 연구들이 이와 같은 부의 이전이 전지구적 차원에서 엄청난 규모로 일국 내에서 혹은 국가와 국가 사이에서 일어나고 있다는 사실을 수정처럼 투명하게 밝혀주었다.[4]

그리하여 레이건 시기에 미국 전체 가구의 상위 1%의 소득은 2배로 늘어난 데 비해 평균적 가구의 80%는 소득이 줄어들었다. 그리고 그 아래로 내려갈수록 소득하락의 폭은 그만큼 더 커졌다. 영국에서도 이와 거의 유사한 상황이 전개되었다. 국제적인 차원에서 볼 때, 지난 30년 동안 세계인구의 상위 20%와 하위 20%의 소득격차는 배가되었다. 제3세계의 외채는 부를 남반구의 빈곤국가에서 남반구의 엘리트층과 그들을 통해 북반구로 이동시키는 한편으로 세계은행과 IMF의 정치적 · 경제적 권력을 강화시키는 교묘한 메커니즘으로 작용했다. 이에 관한 사례는 무수히 열거할 수 있다.

다국적 연구회원모임Transnational Institute Fellows' Meetings에서 우리는 '지구의 북반구' —이들은 국제적인 엘리트들과 이 엘리트층에 속하기를 점점 더 갈망하는 중산계급으로 구성되어 있다— 와 '지구의 남반구' —이들은 어디에 살든 세계시장이 원치도, 필요로 하지도 않는 사람들이다—에 관해, 그리고 '1/3은 살아남은 자, 2/3는 퇴출당한 자'로 이루어져 있는 지구의 인구구성에 관해 늘 토론한다.[5]

많은 사람들과 마찬가지로 나 역시 경악을 금치 못할 정도로, 세계는 금융 · 사회 · 생태적 측면에서 파괴적 과정에 들어선 것 같았다. 지금도 여전히 나는, 아니 나의 시각은 경제적 세계화의 상호 밀접한 양상들과 이것이 우리가 살고 있는 지구와 우리 인간에게 가져다줄 끔찍한 결과들을 다루는 문제는 그 어떤 해설서나 비판서보다 훨씬 더 강력한 무언가를 요구하는 것 같다는 것이다.

이 '무언가'가 여전히 선명하게 드러나지 않았다. 하지만 나는 이와 똑같은 현상을 책임자 위치에 있는 사람들, 즉 현존하는 제도들로부터 가장 많은 이득을 보는 사람들의 관점에서 바라보는 시도를 해보았다. 어쩌면 그들은 잔인할 수 있으며 또 자신들이 만들어놓은 체제의 '실패자들'에게 일말의 연민도 동정심도 가지지 않을 수 있지만, 결코 우둔할 리는 없다. 그들 역시 경보기가 울리는 소리를 들어야 하며 경고등에 켜진 빨간 불빛을 보아야 하는 것은 분명한 사실이다. 그들도 우려하고 있음에 틀림없었다.

그리고 그런 사람들이 있었다! 앨런 그린스펀이 비합리적인 시장의 탐욕에 대해 우려의 눈길을 보냈고, 조지 소로스가 자본주의의 난폭한 행위에 대해 경고했고, 세계은행의 수석 경제학자가 가난한 국가들에서 추진되고 있는 가혹한 구조조정 프로그램과 그 영향을 문제 삼았는가 하면, 모건 스탠리의 세계경제 파트 총책임자는 앞으로 도래하게 될 '자본과 노동의 노골적인 권력투쟁'에 대해 우려를 금치 못했으며, 수많은 사람들이 사회적 양극화와 환경의 붕괴를 걱정했다. 그렇지만 어느 누구도 이 모든 문제를 총체적으로 제기하고 있지는 않은 것 같았다. 적어도 공개적으로는 그러했다.

나는 이런 생각을 해보았다. 만약 내가 이런 지도자급에 속했다면, 그리고 나의 미래의 권력과 수익률이 오직 이 체제에 달려 있기 때문이라면, 맹세컨대 이 체제를 다시 일으켜 세우겠다고 다짐하였을 것이며 체제의 건강성과 회복력을 전면적으로 평가해 보는 데 상당한 투자를 할 용의가 있었을 것이다. 그리고 그 진단결과가 나를 비롯하여 동질의 사람들에게 심각한 위험이 닥칠 것으로 드러난다면, 그와 같은 추세들에 제동을 걸고 그런 미래를 바꾸어놓을 수 있는 처방 역시 원했을 것이다.

『루가노 리포트』에 관한 구상이 조금씩 모습을 갖추어나갔다. 무엇보다도 이 우주의 지배자들의 전망을 항상적으로 명심해야 할 것이다. 비공식 그룹이지만 이름이 널리 알려진 한두 개의 그룹(나는 법에 저촉되지 않기 위해서 그 이름을 거론하지는 않겠다)이라면 어떤 조치를 취할 수 있을까, 나 자신에게 물어보았다.

아마 그들이라면 연구팀을 가동시킬 것이다. 이 연구팀은 여러 분야에서 뽑되 전적으로 북아메리카와 유럽 출신들로 구성될 것이고 연구에 관한 한 전폭적인 권한이 부여될 것이다. 연구원들은 흔히 미국인들이 '두뇌집단'이라고 부르는, 즉 별로 힘들이지 않고 학계에서 정부 요직으로 자리를 옮겼다가 돌아와서는 명문대학의 총장으로 있으면서 최고위 자문 역할을 하는 그런 부류의 사람들일 것이다. 필시 이들 각자는 자기 전공분야에서 상당한 영향력을 행사하겠지만, 그렇다고 세간에 널리 이름이 알려진 인물은 아닐 것이다. 이들은 연구작업에 대한 기밀 엄수, 미팅장소는 중립 지대, 가능하면 연구원들끼리도 자신의 신원에 대해서는 불문에 부칠 것 등과 같은 규칙 아래서 전용 이메일을 통해서 필명으로 의견교환을 할 것이다. 그리고 물론 이들이 연구에 바친 시간에 대해서는 풍족함 그 이상의 보상이 돌아갈 것이다. 이들이 해야 할 일은 세계체제의 현 상태를 진단하고 나아가 위임위원회의 목표들이 계속 전진할 수 있도록 이 체제가 원활하게 작동되는 최선의 방안을 위임위원회에 제시하는 것이 될 터이다.

아주 잠깐 동안이지만, 사람들이 진짜 이 그룹이 낸 '리포트'로 여기게 만들 수 있는지 확인하고 싶었다(늘 그렇듯이 결국에는 내가 원저자임을 고백하겠지만). 마침내 주저리주저리 설명하기도 뭣한 몇 가지 이유들 때문에, 나는 감쪽같이 속아 넘어가게 할 수 있는 이 짓궂은 장난을 포기하기로 했다. 그런데 이런 결심을 하기 전에 이미 나는 내가 어떻게 『루가노 리포트』를 손에 넣게 되었는지 그 과정을 밝히는 픽션의 서문을 써놓았다. 이 공상의 글에서 나는 나의 주인공들에게 야생식물의 이름을 붙여서 관련분야의 편람을 만들어놓았다. 이를테면 이런 식이었다. 인류학자 수선화, 생물학자 우엉, 인구통계학자 아니스, 경제학자 에델바이스, 철학자 디기탈리스, 역사학자 조팝나물, 정치학자 말냉이, 사회학자 양지꽃, 생태학자 때죽나무. 이렇게 해서 나의 주인공들은 각각의 '전송 편지'에 그대로 남아 있었다. 이름이 용담인, 이 그룹의 열번째 연구원은 위임위원회의 의중을 대변하는 일종의 마름으로서 각종 기획을 주관하고 조직한다. 나의 픽션에서 그는 충직한 마름답게 연구원들 한 사람 한 사람과 개별적으로 접촉하면서 자신들의 후원자들을 옹호한다. 그리고 그 후원자들, 즉 위임위원회의 멤버들은 개별적으로든 집단적으로든 신분노출을 극력 꺼리지만 한마디로 VIP들임을 이 마름은 암암리에 시사한다.

따라서 특별연구팀은 자신들이 정확하게 누구를 위해서 일하고 있는지는 전혀 알지 못한다. 그러나 자신들에게 제공되는 물질적 보상은 쓸데없는 호기

심이나 오해를 불식시키고도 남음이 있다. 이들은 '중립지대'에 있고 아름답고 멋지면서도 사람들 눈에 잘 띄지 않는, 이를테면 스위스 어느 한적한 마을의 호화저택에서 미팅을 가진다. 그 순간 루가노가 번쩍 머리에 떠올랐다.

『루가노 리포트』의 탄생내력과 전체 구성에 관한 이야기는 이 정도로 끝내자. 나는 이보다 더 내가 반드시 말해야 한다고 생각하는 것들을 말할 수 있게 해주고 또 서로 확연히 다른 요소들을 하나의 일관된 형태로 엮을 수 있는 것을 생각해 낼 수 없었다. 연구팀의 가설과 메모는 그 고유의 논리적 결론을 향해 맹진해 나가야 했다.

내가 알고 있는 한도 내에서는, 경험적 글이나 이론적 글은 결코 이와 같은 결론들을 도출해 내지 못한다. 설령 나에게는 그 결론들이 바로 눈앞에서 우리를 노려보고 있는 것 같아 보여도 말이다. 우리의 현 체제는 무엇을 해야 할지 감도 잡지 못하는 무능력한 '실패자'들을 양산하고 환경을 파괴하는 범주주적 기계이다.

나는 독자들이 『루가노 리포트』를 읽고 전율하기를 바라지만, 그렇다고 해서 센세이션을 일으키고자 하는 책이 아님을 강조해 두고 싶다. 물론 일종의 새 천년맞이 주례사가 되어버린 '풍자'도 아니다. 이 내용은 이를테면 나의 다른 책들과 마찬가지로 두툼한 사실자료들을 전적으로 바탕으로 하고 있다. 다만 다른 책들에 비해서 주석이 그리 많지 않은 편인데, 그 이유는 특별연구팀은 자신들의 권위에 대해서는 추호의 의심이 없겠지만 늘 무슨 말을 하든 확실한 증거를 가지고 발언하리라고 생각되었기 때문이다. 만약 독자 여러분이 이 점에 대해 의혹을 가진다면, 지체 없이 이의를 제기해 주기 바란다. 그러면 나는 지금 내 옆에 널려 있는 관련자료 박스들을 뒤져서 필요한 참고자료(들)를 찾아줄 것이다.

다시 말해 『루가노 리포트』는, 무릇 진솔한 연구가 그러하듯이 정확하고 냉철하며 편향되지 않은 평가에 근거해 있다. 이 책은 공상과학소설이나 여타 픽션 작품이 아니다. 기본적인 발상을 제외하고는 픽션적인 요소는 하나도 없거니와, 나는 이와 유사한 책이 가공이 아닌 실재의 특별연구팀에 의해 실제로 나

왔다는 것을 알게 되더라도 조금도 놀라지 않을 것이다.

한두 친구가 나에게 이 책의 어떤 장들은 실질적으로 나 자신의 사고를 반영하고 있으며 또 어떤 장들은 그렇지 않음이 선명하게 드러나도록 해야 한다고 조언해 주었다. 친구들은 이렇게 완곡하게 표현하지만, 그 말인즉슨 내가 후방을 충분히 마크하지 못했다는 뜻이다.

내가 본문과 '부록'에서 충분히 다루었다고 여기는 사건들이 현실에서 지루하게 되풀이될 위험을 무릅쓰고, 나는 특별연구팀이 설정한 가설들과 그들이 원하는 세계경제의 모습으로부터 『루가노 리포트』의 결론을 도출해 내는 데 최선을 다했음을 강조해 두고자 한다. 그렇다고 해서 내가 이 가설들을 받아들인다(생태적 가설들은 예외이다)는 뜻은 아니다. 하물며 그들이 원하는 모습과 그 방법론 또한 마찬가지이다. 또한 나는 지금 당장 일국 내에서 나아가 국가들 사이에서 급진적인 질서재편이 이루어지지 않으면 세계는 그들이 원하는 방향으로 나아갈 것이라고 본다. 안타깝게도 이 책은 고통받는 사람들에게 크나큰 위안을 주기보다는 안락을 누리는 사람들을 심기 불편하게 만들고 괴롭히는 것을 의도하고 있다. 하지만 전혀 통쾌한 방식이 아니거니와 그만큼 큰 모험이다.

다음 몇 가지가 그 전형적인 예이다.

- 아마 나는 '정체성 정치'(2부 2장 '네 개의 기둥' 참조)를 옹호하는 사람들과 흥미로운 논쟁을 펼쳐나가겠지만, 이들이 탁월한 능력을 발휘하여 각종 분할지배 정책을 다채롭게 실시하기 때문에 나는 거의 참아내지 못할 것이다.

- 나의 관점에서 볼 때 좌파 경향의 재단들은 진보적인 사고를 옹호하지 않음으로써—다시 말해 재정적 지원을 하지 않음으로써—가히 범죄적 수준의 우매함을 보여주었다. 특별연구팀은 이데올로기 창출과 활용의 중요성을 충분히 이해하고 있다.[6]

- 그 정확한 숫자도 밝혀지지 않은 수많은 유전자 조작 유기체들을 환경에 방출하는 것이 나에게는 자살행위인 것 같지만, 그런 까닭

에 『루가노 리포트』가 남반구에서 실현하고자 하는 목표에 꼭 들
어맞는 것 같다.

그리고 또 이런 점들이 있다. 나는 때로는 우파의 잔혹함을 집중 조명하며, 또 때로는 좌파의 맹목성 혹은 의례적인 구호라고 간주되는 것들을 비판하고 있다. 하지만 모든 사람들이 더욱더 이를 배척해야 할 것이다. 그렇지 않으면, 내가 듣기로는 독자의 지적 능력을 모욕하는 이와 같은 위임 형태의 문장들은 소기의 목적을 달성할 것이다.

마지막으로, 이 책을 만드는 데 열과 성을 다해 준 플루토Pluto의 로저 반 즈반넨베르크Roger van Zwanenberg와 로버트 웹Robert Webb에게 감사의 말을 전한다. 나는 이들에게 많은 빚을 졌다. 내가 쉽게 가기 힘든 지역들에 대한 정보를 얻기 위해 어디를 가야 할지 대체로 알아가기 전에도, 나는 『루가노 리포트』에서 다루고 있는 상당 부분의 지역들에 익숙해 있었다. 많은 사람들이 나에게 도움을 준 덕분이지만, 이들의 이름을 밝히는 것이 늘 그들에게 이로운 것만은 아닐 수 있다. 그럼에도 이 가운데 세 사람에게, 이 자리를 빌려 고마움을 전하고 싶다. 몇 나라 언어를 자유롭게 구사하는 알렉스 브레너는 늘 쾌활하고 성실하게 연구보조를 해주었으며, 파브리치오 사벨리는 지적 왕성함으로 우정과 애정 어린 비판을 항상 해주었다. 그리고 한 문장 한 문장을 꼼꼼하게 읽어준 찰스-헨리 조지가 내게 보낸 물질적·도덕적 지원을 한시도 잊은 적이 없다. 아마 누구라도 글 쓰는 사람과 함께 살아가기 힘들 것이다. 하지만 CHG는 참을성과 당당함을 잃지 않고 그런 대로 버텨내고 있다.

주

1. 위험요소

1) 논의되고 있는 이 체제에 대해 학문적으로는 '자본주의'라는 용어를 사용한다. 그러나 카를 마르크스의 저술이 나온 이후로 이 용어는 불필요하게 부정적인 의미를 내포하게 되었다. 이미 이렇게 고착화되어 있기 때문에, 앞으로 특별연구팀은 '자본주의' 대신에 '시장자유' 경제 혹은 '시장경제'라는 용어를 일반적으로 사용할 것이다. 우리는 고전적인 의미에서의 '자유주의'의 시각을 견지한다. 하지만 북아메리카에서는 다소 혼란스럽게 '자유주의자들'이 좌파의 핵심을 이루고서 복지국가를 옹호하고 있다. '신자유주의' '신보수주의'(네오콘)라는 용어 역시 우리의 분석에 적용될 수 있을 것이다.

2) *The Entropy Law and the Economic Process*, Cambridge/Mass.: Harvard University Press, 1971.

3) "폐쇄체계의 엔트로피는 시간에 비례해서 증가한다." "항구적인 자기지속 과정에 의해서 열은 절대로 낮은 곳에서 높은 곳으로 흐르지 않는다."

4) 『루가노 리포트』의 이 항목은 1997년 11~12월에 한국과 인도네시아의 금융시장이 붕괴되기 전에 완성되었다.

2. 통제

1) Per Bak and Kan Chen, "Self-organised Criticality," *Scientific American* 1991. 1, pp. 46~53; Per Bak, *How Nature Works*, Copernicus/Springer Verlag, 1996.

2) 미국달러로 돈을 빌려서 자국 화폐로 상환할 수 있는 제도로서, 채무국에 약간 유리한 장기저리 대출제도 ─ 옮긴이.

3) 통계에 따르면, 1980년대 초에는 평균 수준의 자동차 한 대를 구입하는 데 드는 비용이 미국 평균가정의 18주 급료에 상당했으나, 90년대 중반에는 이것이 28주의 급료로 높아졌다(William Greider, *One World Ready or Not*, New York: Simon and Schuster, 1997 참조). Greider가 여러 가지 면에서 전혀 잘못 판단하고 있는 것으로 보이지만, 과잉 생산역량과 디플레이션 가능성에 대한 그의 지적은 매우 적절하다고 사료된다.

3. 충격

1) 이 등식은 폴 에를리히 교수가 맨 처음 제시하였는데, 그는 소비Consumption 대신 풍요Affluence를 사용하여 I=PAT라고 정리하였다(P. Erlich and J. Holdren, "Impact of Population Growth," *Science* vol. 171, 1971, pp. 1212~17). 그후 여러 학자들이 다양한 형태로 이 등식을 사용하고 있다.

2) 이것은 구매력평가Purchasing Power Parity(PPP) 방법에 근거한 비교인데, 이 방법론은 각국 통화를 환율로 바구어서 소비지출을 비교하는 방법론보다 신뢰성이 높거나 적어도 오류가 적다.

3) 장기저장과 안전성, 군사안보, 테러리즘 등을 고려한 핵에너지의 현재적 · 잠재적 비용을 산출하기란 현실적으로 불가능하다.

4) 이 수치는 UN인구분과에서 '현재의 기술발달 수준'에 따라 공식적으로 집계해서 산출한 것이다. 다소 비공식적인 자료들에 따르면 20세기 말의 세계인구 증가는 연간 9천만 내지 1억 명에 이른다.

5) Karl Marx, *The German Ideology*, Material Theory, Dominant Classes and Ideas.

4. 결론

1) Plato, *The Republic*, pp. 459b 이하.

2) Aristotle, *The Politics* Book Ⅱ, ch. Ⅶ.

3) Samuel P. Huntington, *The Clash of Civilisations and the Remaking of World Order*, New York: Simon and Schuster, 1996, 특히 ch. 8.

2부

1. 목표

1) Saint Augustine. Tomas Aquinas, *Summa Theologica*, question 2/article3에서 재인용.

2) 곡선의 기울기를 수학적으로 나타내면 다음과 같을 것이다.
즉 $y=ax2+bx+c$로서, $y=-0.009 \times 2+0.08x+6$

2. 네 개의 기둥

1) Tertullian(AD 150~222?), *On the Soul. Garrett Hardin*, Living within Limits, New York/Oxford: Oxford University, 1993, pp. 105~106에서 재인용.

2) 세계 5대 언론 복합기업은 다음과 같다. 타임 워너Time Warner(연매출 250억 달러), 디즈니Disney(연매출 240억 달러), 베르텔스만Bertelsmann(연매출 150억 달러), 비아콤Viacom(연매출 130억 달러), 뉴스 코퍼레이션/머독News Corporation/

Modoch(연매출 100억 달러). 이들 복합기업의 자산은 신문, 잡지, 영화, 텔레비전방송, 비디오, CD롬, 서적 등으로 구성되어 있다.

3) Matt Ridley, *The Origins of Virtue*, Harmondsworth: Penguin, 1996, 특히 ch. 3
   ~4 참조

3.재앙

1) Coline McEvedy and Richard Jones, *Atlas of World Population History*, Harmondsworth: Penguin, 1980, p. 21.

2) 퇴각하면서 뒤를 향해 쏘는 최후의 화살로서, 파르티아 기병의 전법을 말함— 옮긴이.

3) Michel Foucault, "Cours du 17 mars 1976," *Il Faut Défendre la Société*, Paris: Gallimard-Seuil, 1997, pp. 218ff.

4) Emily Martin, *Flexible Bodies: Tracking Immunity in American Culture from the Days of Polio to the Age of AIDS*, Boston: Beacon Press, 1994. 마틴은 프린스턴 대학의 인류학 교수이며, '포춘 500대' 기업의 피고용인 2만 2천 명을 대상으로 실시한 이 훈련과정에도 참여하였다.

5) 스리랑카 북동부주에 타밀국가 건설을 목표로 하는 과격파 조직 — 옮긴이.

6) Peace Research Institute of Oslo(PRIO), *Causes and Dynamics of Conflict Escalation*, Report on a Research Project, 1997. 6; Dan Smith (with PRIO), *The State of War and Peace Atlas*, New York/Harmonds-worth: Penguin, 1997.

7) 더 많은 정보를 위해서는 다음을 참조. Michael T. Klare, "The Arms Trade in the 1990s: Changing Patterns, Rising Dangers," *Third World Quarterly* vol. 17/no. 5, 1996, pp. 857~74; R. T. Naylor, "Loose Can-nons: Covert Commerce and Underground Finance in the Modern Arms Black Market," *Crime, Law and Social Change* 22, Kluwer Academic Publishers 1995, pp. 1~57; William W. Keller, *Arm in Arm: The Political Economy of the Global Arms Trade*, New York: Basic Books, 1995.

8) Matin van Creveld, *The Transformation of War*, New York: The Press Book, 1991, p. 197.

9) 미군 정보수석참모국 미래전쟁 파트의 책임자로 있는 Ralph Peter 소령이 쓴 몇 편의 글에서 인용하였다. 이 글들은 모두 *Parameters*(1995~97, the US Army War College Quarterly)에 실려 있다.

10) Ralph Peter, "Constant Conflict," *Parameters*, 1997/summer, pp. 4~14.

11) '식량안보' 개념은 "모든 사람이 건강하고 활동적인 생활을 위해서 충분한 음식에 항상 접근할 수 있는 것"(세계은행); "식량안보는 항상 식량을 이용할 수 있는 것, 모든 사람이 식량에 접근할 수단을 가지고 있는 것, 양·질·다양성 측면에서 적절한 수준의 영

양상태를 유지하는 것, 일정한 문화 속에서 수용될 수 있는 것을 의미한다"(FAO)고 정의된다.

12) 포괄적인 의미로서의 녹색혁명은 줄기가 짧은 다수확 밀·벼 품종 그리고 이런 품종들을 재배하는 데 필요한 일단의 산업투입물(비료·살충제·관개시설)과 관계가 있다. 이와 같은 품종들은 처음에 록펠러재단과 포드재단의 재정지원을 받아서 1960~70년대에 친미 성향의 연구자들에 의해서 도입되었다. 이 연구자들은 특히 인도, 멕시코, 필리핀 같은 정치적으로 민감하고 식량이 부족한 지역들에서 활동하였다.

13) 관목이 많이 있는 초원을 일컬음─ 옮긴이.

14) 지하수를 품고 있는 다공질 삼투성 지층을 일컬음─ 옮긴이.

15) 하루에 2700칼로리 이하를 섭취하는 성인은 절대적인 영양부족 상태가 아니지만 대부분의 영양평가에 따르면 심각한 질병과(혹은) 영양결핍에 걸릴 수 있다. 2700칼로리 이상을 섭취하는 성인은 '정상적인' 생활을 할 수 있으며 중노동자의 하루 필요열량은 4500칼로리이다.

16) Lester Brown, *Who Will Feed China? Wake-up Call for a Small Planet*, London: Earthscan Publication, 1996.

17) Justin Yifu, Jikun Huang and Scott Rozelle, "China's Food Economy: Past Performance and Future Trends," *China in the 21st Century*, Paris: OECD, 1996, ch. 8.

18) 멕시코혁명의 중요한 성과 중 하나로서 농민들에게 그들이 일하는 땅에 대한 소유권을 보장해 주는 공동농장을 말함─ 옮긴이.

19) J. L. Fox, "Bt Cotton Infestations Renew Resistance Concerns," *Nature Biotechnology* 1996. 9. 14, p. 1070에서 재인용.

20) J. E. Meade, "Population, the Standard of Living and Social Conflict" (Presidential Address to the Royal Economic Society, 1996. 6. 30), *The Economic Journal* vol. 77/no. 306, Cambridge, 1967. 6, pp. 233~55.

21) 이 질병부담은 신체장애기간(Disability Adjusted Life Years, DALYs)으로 측정한다. DALYs는 특정한 고통과 지속성이 수반되는 신체장애를 가지고 생활한 기간과 조기사망으로 상실된 수명기간을 측정하는 복합적인 방법론이다.

22) World Bank, *World Development Report 1993: Investing in Health*, p. 9.

23) Colonel C. William Fox, Jr., MD(MEDFLAG 작전을 지휘한 사람), "Phantom Warriors: Disease as a Threat to US National Security," *Parameters*, 1997~98/winter, pp. 121~36.

24) Laurie Garrett, "The Post-Antibiotic Era," *Foreign Affairs*, 1996. 1~2, pp. 66~79.

25) Howard S. Gold, MD and Robert C. Moellering, Jr., MD., "Anti-microbial-Drug Resistance," *The New England Journal of Medicine* vol. 335/no. 19,

1996, pp. 1445~53.

26) 현재 버마의 국제적 공식 명칭은 미얀마이지만, 군부쿠데타에 의해 국가명칭이 바뀐 것이어서 버마 국내에서는 지금까지 명칭의 정통성을 둘러싸고 논쟁이 끊이지 않고 있다. 그래서 옮긴이는 원문을 따라 버마로 표기하였다— 옮긴이.

27) PANOS, *WorldAIDS* no. 38, London/Washington DC, 1995. 3.

28) 약효가 없이 단지 생체에 유효한 약제의 효용실험을 위해 투여하는 물질을 말함— 옮긴이.

4. 예방

1) 이 '국가들'은 Meade 교수가 고안해 낸 것이다(J. E. Meade, "Population Explosion, the Standard of Living and Social Conflict"(Presidential Address to the Royal Economic Society, 1966. 6. 30), *The Economist Journal* 77, 1967, pp. 233~55. 특별연구팀은 여러 가지 인구학적 결과들을 충분히 설명하기 위해 Meade 교수의 경제적 변수에 정치적 변수를 첨가하였다.

2) WHO와 UN인구기금 등은 '피임' '낙태' '불임' 각각에 대해 말하지만, 특별연구팀은 이것들을 하나로 묶어서 '재생산 억제수단'이라는 용어를 사용한다. 왜냐하면 이 용어가 여기서 추구하는 목표를 보다 정확하고도 간명하게 묘사해 주기 때문이다.

3) United Nations Population Fund, *The State of World Population 1997*, New York, pp. 22~23.

4) 이 이야기들은 다음의 책에 실린 정보를 토대로 재구성하였다(*Creating Common Ground in Asia: Women's Perspectives on the Selection and Introduction of Fertility Regulation Technology*, WHO Human Repro-duction Programme, 1994).

5) Judith Richter, *Vaccination against Pregnancy: Miracle or Menace?*, London: Zed Books, 1996.

6) Snehalata Vishwanath, "May I Have Some More Milk Pills, Please?," *Reproductive Health Matters* no. 3, London, 1994. 5.

5. 수수께끼

1) Kent E. Calder(미 국무부 동아시아 · 태평양국 수석자문), *Asia's Deadly Triangle: How Arms, Energy and Growth Threaten to Destabilize Asia-Pacific*, London: Nicholas Brealey Publishing, 1997.

2) 농업에 종사하면서 의료활동을 하는 의료보조원을 지칭— 옮긴이.

3) Mark Hertsgaard, "Our Real China Problem," *The Atlantic Monthly*, 1997. 11; *Earth Odyssey: Around the World in Search of Our Environ-ment Futur*, New York/London, Broadway Books, Little Brown, forthcoming. 삼림파괴로 인해 더

욱더 심각한 홍수가 일어날 수도 있다.

4) *Chinese Statistical Yearbook 1996*; Hong Kong Christian Industrial Committee, Kowloon의 연구조사, *Change*, 1997.

5) 군사적 지원에 관한 자세한 내용은 '마약과의 전쟁'에 깊이 관여하였던 두 명의 예비역 미 육군대령이 쓴 다음 글 참조(William W. Mendel and Murl D. Munger, "The Drug Threat: Getting Priorities Straight," Parameters, 1997/summer).

6) Wayne G. Shear(해군소령), "The Drug War, Applying the Lessons of Vietnam," *Naval War College Review*, 1994/summer, p. 120(Peter Zirnite, *Reluctant Recruits: The US Military and the War on Drug*, Washington Office on Latin America, 1997. 8, p. 36.

부록

1) Albert J. Dunlap and Bob Andelman, *Time Books*, New York, 1996.

2) 시적인 정의를 사랑하는 사람들은 Dunlop 자신이 1998년에 규보숙소를 당했다는 사실을 알게 되면 무척 좋아할 것이다.

3) 더 자세한 설명은 United Nations, *World Investment Report 1996*(pp. 123~25) 참조

4) 더 자세한 정보를 알고 싶으면 ITGLWF Federation에 알아볼 것. 주소는 다음과 같다 (rue Joseph Stevens 8, 1000 Brussels, Belgium. fax: 32-2-511-0904).

5) *Coast Hotel Co. v. Parrish*, 1937.

6) 이 주제에 관한 유용한 책으로는 스스로 '신고전학파 경제학자'라고 솔직히 밝히는 Dani Rodrik의 책 참조(*Has Globalization Gone Too Far?*, Washington DC: Institute for International Economics, 1997).

7) Doug Henwood, *Wall Street*, New York/London: Verso, 1998; Paul H. Dembinski(프라이버그 대학 교수)가 Financil Monitoring Centre(제네바 소재)의 여러 출판물에 쓴 글.

8) Garrett Hardin, "The Tragedy of the Commons," *Science* 162, 1968, pp. 124~48.

9) 나는 IMF에서 'qualm'과 조금이라도 비슷한 것을 찾아내는 사람에게는 'Qualm Prize' 라고 이름붙인 상을 현금으로 줄 계획이다(*OED*에서는 'qualm'을 "순간적으로 어지럽거나 아픈 느낌, 현기증, 불안, 양심의 가책, 어떤 일을 제대로 했는지 의심하는 것"이라고 정의하고 있다. 따라서 나는 이 범주에 들어가는 모든 것 혹은 어느 하나와 비슷해도 수용할 수 있다).

10) John McMurtry, *The Cancer Stage of Capitalism*, London: Pluto Press, 1999.

11) *The Great Transformation*, 1962.

12) Boston: Beacon Press, 1957(초판은 Rinehart and Co., 1944).

후기

1) Harmondsworth: Penguin, 1976.

2) *Les Stratèges de la Faim*(Geneva: Editions Groumauer, 1981)로 출판되었다.

3) Harmondsworth: Penguin, 1994.

4) 이 개념들은 특히 John Cavanagh와 Walden Bello가 TNI의 다른 동료들의 자료를 가지고 개발하였다.

5) Susan George, "How to Win of Ideas: Lessons from the Gramscian Right," *Dissent*, 1997/summer.